采购与供应管理丛书

供应链风险管理

北京中交协物流人力资源培训中心　组织翻译

机械工业出版社

识别并管理供应链中各个环节的各种风险因素，确保组织供应链的正常有效运行，是采购与供应管理人员的主要职责。本书的主要内容有：影响供应链的风险的特性，有效的项目管理如何能够缓解供应链中的风险，供应链中风险管理的主要流程，缓解供应链风险的管理战略。能够使采购与供应管理人员掌握并应用常用的风险管理工具和技术，以提高供应链分析水平，熟练应用各种风险的规避、缓解或管理方法。

Original Title: Managing Risks in Supply Chains
by CIPS STUDY MATTERS
Original ISBN: 9781861242341
Copyright © 2012 by Profex Publishing Limited.
All Rights Reserved.
版权所有，侵权必究。
北京市版权局著作权合同登记号：图字：01-2013-8836 号

图书在版编目（CIP）数据

供应链风险管理/英国皇家采购与供应学会（CIPS）著；北京中交协物流人力资源培训中心组织翻译. —北京：机械工业出版社，2014.6（2024.10 重印）
（采购与供应管理丛书）
书名原文：Managing risks in supply chains
ISBN 978-7-111-46971-1

Ⅰ. ①供… Ⅱ. ①英… ②北… Ⅲ. ①供应链管理—风险管理 Ⅳ. ①F252

中国版本图书馆 CIP 数据核字（2014）第 120769 号

机械工业出版社（北京市百万庄大街 22 号　邮政编码　100037）
策划编辑：曹雅君　　责任编辑：曹雅君
责任校对：李云霞　　封面设计：柏拉图
责任印制：单爱军
保定市中画美凯印刷有限公司印刷
2024 年 10 月第 1 版第 18 次印刷
184mm×260mm・26 印张・311 千字
标准书号：ISBN 978-7-111-46971-1
定价：50.00 元

凡购本书，如有缺页、倒页、脱页，由本社发行部调换

电话服务	网络服务
服务咨询热线：010-88361066	机工官网：www.cmpbook.com
读者购书热线：010-68326294	机工官博：weibo.com/cmp1952
010-88379203	金 书 网：www.golden-book.com
封面无防伪标均为盗版	教育服务网：www.cmpedu.com

前　　言

　　随着我国社会主义市场经济的快速发展和世界经济全球化步伐的加快，社会上对采购专业人员的需求越来越大。2007年教育部考试中心与中国交通运输协会在国内开展了中国采购与供应管理职业资格证书考试（Certificates in Purchasing and Supply，CPS）。该项目同时也是中英合作教育项目，引进和吸收了英国皇家采购与供应学会（以下简称CIPS）建立的采购与供应职业资格证书学习体系的内容，为我国采购与供应从业人员学习国外采购管理经验、提高专业技能、提升企业在国际市场的竞争力具有重要意义。

　　由于近几年采购实践的不断发展，CIPS于2012年对其认证体系和培训课程进行了修订和更新，使其更加贴近最新的采购实践。2013版的教材就是在这一背景下产生的。

　　中国采购与供应管理职业资格证书分为初级、中级、高级三个级别。各级证书规定了不同的考试课程。修订后的初级证书包含"采购与供应关系""物流运作基础""采购与供应环境""采购与供应运作概论""采购与供应业务流程"五门课程。中级证书包含"供应源搜寻""采购与供应的组织环境""采购与供应中的合同与关系管理""采购与供应中的谈判与合同""采购与供应策略"五门课程。高级证书除了包括中级的五门课程外，还包含"采购与供应中的管理""供应链风险管理"，共七门课程。中国采购与供应管理职业资格初级证书、中级证书与CIPS国际证书接轨。取得中国采购与供应管理职业资格证书单科合格成绩，可以在全国高等教育自学考试采购与供应管理专业（专科、独立本科段）中顶替相应课程的学分。

  本课程既是中国采购与供应管理职业资格高级证书课程和英国 CIPS 采购与供应高级文凭证书（CIPS 五级）课程之一，又是全国高等教育自学考试采购与供应管理专业（独立本科段）的课程之一。本教材的一大特点是从国际视野的角度，引用了国际上的一些跨国公司的真实案例进行分析，学员在学习过程中应注意国际背景并结合我国的实际情况进行学习理解。本教材由王金玉翻译，北京中交协物流人力资源培训中心组织翻译，李迅吉、唐长虹参与审稿。在此谨向他们付出的辛勤劳动致以衷心的感谢。

  由于时间仓促，编译中难免有不妥之处，敬请读者批评指正。

教育部考试中心

中国交通运输协会

2014 年 5 月

《供应链风险管理》考试大纲

课程目的与目标

完成本课程学习之后,学员应当能够评估常用风险管理工具和技术,用以:
- 建立供应链风险水平评估。
- 推荐这些风险的规避、缓解或管理方法。

本课程旨在使学员能够进行风险分析,并能够应用适当的供应链风险管理工具和技术。

学习成果与评估标准

1.0 理解影响供应链的风险的特性

1.1 分析影响供应链的各种主要风险
- 风险、危险、暴露和风险偏好的定义
- 风险的正面后果和负面后果
- 直接损失和间接损失
- 风险的内部来源和外部来源
- 风险的类别:财务风险、战略风险、运营风险和灾害
- 来自宏观环境的风险:STEEPLE,即社会的、技术的(包括网络空间的风险和犯罪)、经济的、环境的、政治的、法律的和道德的(劳动力标准和供应源搜寻方面的道德风险)

1.2 分析消除供应链中腐败和诈骗的主要方法

- 组织及供应链中诈骗的特性，为什么会发生诈骗以及诈骗的不同类型
- 组织及供应链中贿赂和腐败的特性
- 不同类型的腐败
- 有关贿赂和腐败的法律
- 应用职业道德标准，包括 CIPS 职业道德准则
- 企业治理，包括企业对利益相关者的责任
- 萨班斯—奥克斯利法案

1.3 分析供应链中的主要运作风险

- 合同挫败
- 财务风险，如货币、供应商现金流和破产
- 质量问题
- 供应的安全性
- 技术
- 物流的复杂性
- 外包和海外外包中的风险

1.4 评估供应链中影响组织社会责任和可持续性标准的主要风险

- 定义企业社会责任和可持续性
- 评价企业风险和与品牌相关的风险
- 可持续采购的标准：联合国（UN）、国际劳工组织（ILO）及道德贸易联盟（ETI）的标准

2.0 理解有效的项目管理如何能够缓解供应链中的风险

2.1 分析通过有效的项目管理可以解决的供应链项目中的主要风险

- 项目及项目管理的定义
- 取得成本、质量和时间之间的平衡
- 项目中风险的起因
- 在外包作业和服务以及项目中，与承包商的关系及风险分配

2.2 比较可以缓解供应链中风险的各种项目生命周期模型

- 分阶段项目生命周期模型
- 项目的启动和定义阶段及风险
- 项目计划
- 项目组织与实施
- 测量、监控和改进
- 项目收尾

2.3 评估项目计划对管理供应链中风险的贡献

- 计划制订：识别项目活动、估算时间和成本
- 活动排序
- 应用关键路径分析
- 绘制甘特图和基线

2.4 评估项目的组织、实施和监控如何缓解供应链中的风险

- 工作包的组织与分派
- 确定人员需求
- 工作场所的健康与安全问题
- 建立绩效评审机制
- 实施补救行动
- 发布变更控制指令
- 项目收尾

- 获得客户接受
- 进行审计，总结经验教训

3.0 理解供应链中风险管理的主要流程

3.1 分析合同救济在管理供应链风险中的应用
- 赔偿与负债
- 知识产权的所有权
- 不可抗力条款的应用
- 测试、检查和接收的条款
- 全球供应源搜寻的考虑因素和确保与标准的一致性
- 模板合同（如 NEC——新工程合同和 FIDIC——国际咨询工程师联合会）中用于风险登记、通知和补偿的条款

3.2 分析在供应链风险管理中使用外包第三方
- 将信誉评级和其他商业服务外包给第三方服务提供商
- 将供应链风险审计外包给第三方服务提供商
- 将灾难恢复服务外包给第三方服务提供商

3.3 评估保险在防止供应链风险中的应用
- 保险在防备风险中的应用
- 保险的主要类别：雇主及公共责任、专业责任、产品责任和交易信誉
- 保险的法律原则
- 保险与索赔

3.4 分析应急计划在应对供应链风险中的应用
- 应急计划的意义

- 业务持续计划与灾难恢复计划的组成要素

4.0 能够提出缓解供应链风险的风险管理战略

4.1 分析供应链风险管理中概率和影响评估的应用
- 评估风险发生概率与影响的方法
- 脆弱性评估
- 整理风险的统计证据
- 概率论的应用
- 应用正态分布评估事件的概率
- 二项分布与泊松分布

4.2 用以缓解供应链风险的风险评估和风险登记
- 使用模板进行风险评估和风险登记
- 完成风险评估与风险登记
- 让利益相关者参与风险评估和风险登记

4.3 解释为改进供应链而建立风险管理文化和战略
- 风险管理国际标准，如 ISO 31000 和 ISO 28000
- 风险管理流程
- 企业风险的对外报道
- 改进供应链风险管理所需的资源

4.4 制定降低供应链风险的战略
- 制定风险管理战略以降低供应链风险
- 准备应急计划
- 准备业务持续计划和灾难恢复计划

教材使用说明

制订学习计划

"计划"是一个关键词,没有计划的学习是不够的,特别是在你还有一份全职工作的情况下。

一个好的起点是,为你的学习制定一个大致的时间表,从现在到你的考试日。你准备考几科?每科各有多少章?现在,请计算一下你可以为每章的学习分配几天/几周时间。

注意:

- 并不是每周都有时间学习。例如,你也许要休假,也许某些周工作特别忙。如果这些能够预先计划,应当将其反映在你的时间表中。
- 你也需要一段时间对自己所学的知识进行复习和练习,以准备考试。

做了上述计算之后,请为自己制订一份从现在到考试日的每周学习计划。

学习准备

尽量找一个安静的学习场所,在每天的同一时间段学习,这样的习惯有助于避免浪费时间。在你开始之前,要准备好各种资料,学习中尽量不要中断。

使用本教材

你应当根据自己的实际需要,充分利用本教材。

- 如果你之前对本课程内容不熟悉，则应当仔细阅读学习本书所有章节。对大多数学员而言，可能都是如此。
- 如果你之前对本课程的某些内容已经非常熟悉，无论是你以前学习过相关内容还是在工作中常常用到，那么你都可以越过这些内容的学习。

本教材的内容

本教材涵盖了《供应链风险管理》考试大纲的所有内容。本书内容基本采用了考试大纲的顺序，有个别地方稍有调整，主要是考虑到合理的学习顺序。

每章开头都列出了该章参考的考试大纲的内容和评估标准。每章分为数节，每节的标题一般都与考试大纲的内容一致。这些都便于你对照大纲把握自己的学习进度，并确保自己学习了考试大纲要求的所有内容。

每章的结构如下：
- 对应大纲内容。
- 正文。
- 本章小结。
- 自测题。

学习阶段

开始学习一章时，应先看看该章各节的题目，然后快速阅读完课文，掌握该章要点。课文内容的编排都是有目的的，请不要越过，除非你已经非常熟悉其内容。

然后再从头仔细阅读该章。阅读时，你可以做一些简要的笔记。

最后做该章后面的自测题，测试自己的记忆和理解。每个自测题后面的括号内都标出了参考答案所在的段落号,你可以检查一下答案,以加深印象。

复习阶段

复习要讲求方法,可以参照大纲要求进行复习。应参照大纲对每个重点内容进行逐一复习。重新阅读学习笔记,并做一些练习题。CIPS 网站上有很多以往的试题,你可以找出所学科目的试题进行练习。

课外阅读

本系列教材为你提供了每门课程要求的主要内容,但 CIPS 强烈建议你尽可能广泛阅读其他相关书籍以加深和强化理解。

本教材的主要参考书是塞德格洛夫(Kit Sadgrove)所著的《商务风险管理完全指南》。

关于大纲内容顺序的说明

本课程考试大纲的"学习成果与评估标准"中,将风险的评估、风险降低或减轻战略的制定分别作为风险管理过程的两个部分单独进行说明。

在界定"学习成果与评估标准"时,这是一种有效的方法,因为它认识到在实际中,你根据本大纲学习的知识和技能最终要综合起来解决各类问题,遵循了最新风险管理标准的基于流程的方法。

可是,为了便于学习,我们在本教材中选择了不同的学习顺序。

我们首先在教材的前三章介绍风险管理周期的主要阶段,以便于你对整个风险管理过程有个概览,作为全面理解特定类别风险管理的一个框架。

我们依此讲解大纲中所提各类风险的潜在减轻战略,而不是将每种风险与其应对和减轻措施分隔开来进行讨论。

这样的安排便于学习和提高学习效率，此外，它还反映了：

- 本教材的推荐读物也采用了这种编著方法，因此它更便于你阅读推荐读物。
- 如果特定风险的识别、分析和减轻策略可以形成一个全面的决策周期，也建议你在本课程的考试中采用这样的方法。

目 录
CONTENTS

前言

《供应链风险管理》考试大纲

教材使用说明

第一章　风险识别 ·· 1

　　第一节　风险的定义 ··· 2

　　第二节　风险的后果 ··· 8

　　第三节　对风险的识别 ·· 13

　　第四节　风险分类 ··· 17

　　第五节　内部风险 ··· 24

　　第六节　宏观环境风险 ·· 27

　　本章小结 ··· 34

　　自测题 ·· 35

第二章　风险评估 ·· 37

　　第一节　风险和脆弱性评估 ··· 38

　　第二节　定性工具和技术 ··· 40

　　第三节　统计学（定量）工具和技术 ·························· 46

　　第四节　风险登记簿 ··· 53

　　第五节　使利益相关者参与 ··· 57

本章小结⋯⋯⋯⋯⋯⋯⋯⋯⋯⋯⋯⋯⋯⋯⋯⋯⋯⋯⋯⋯⋯⋯⋯⋯⋯⋯⋯⋯⋯⋯⋯ 64
自测题⋯⋯⋯⋯⋯⋯⋯⋯⋯⋯⋯⋯⋯⋯⋯⋯⋯⋯⋯⋯⋯⋯⋯⋯⋯⋯⋯⋯⋯⋯⋯⋯ 64

第三章 风险管理⋯⋯⋯⋯⋯⋯⋯⋯⋯⋯⋯⋯⋯⋯⋯⋯⋯⋯⋯⋯⋯⋯⋯⋯⋯⋯ 67

第一节 风险管理过程⋯⋯⋯⋯⋯⋯⋯⋯⋯⋯⋯⋯⋯⋯⋯⋯⋯⋯⋯⋯⋯⋯⋯ 68
第二节 风险管理标准⋯⋯⋯⋯⋯⋯⋯⋯⋯⋯⋯⋯⋯⋯⋯⋯⋯⋯⋯⋯⋯⋯⋯ 75
第三节 风险管理战略⋯⋯⋯⋯⋯⋯⋯⋯⋯⋯⋯⋯⋯⋯⋯⋯⋯⋯⋯⋯⋯⋯⋯ 80
第四节 风险管理文化⋯⋯⋯⋯⋯⋯⋯⋯⋯⋯⋯⋯⋯⋯⋯⋯⋯⋯⋯⋯⋯⋯⋯ 86
第五节 可用于风险管理的资源⋯⋯⋯⋯⋯⋯⋯⋯⋯⋯⋯⋯⋯⋯⋯⋯⋯⋯⋯ 89
本章小结⋯⋯⋯⋯⋯⋯⋯⋯⋯⋯⋯⋯⋯⋯⋯⋯⋯⋯⋯⋯⋯⋯⋯⋯⋯⋯⋯⋯⋯ 94
自测题⋯⋯⋯⋯⋯⋯⋯⋯⋯⋯⋯⋯⋯⋯⋯⋯⋯⋯⋯⋯⋯⋯⋯⋯⋯⋯⋯⋯⋯⋯⋯ 95

第四章 欺诈和贪污风险⋯⋯⋯⋯⋯⋯⋯⋯⋯⋯⋯⋯⋯⋯⋯⋯⋯⋯⋯⋯⋯ 97

第一节 欺诈⋯⋯⋯⋯⋯⋯⋯⋯⋯⋯⋯⋯⋯⋯⋯⋯⋯⋯⋯⋯⋯⋯⋯⋯⋯⋯⋯ 98
第二节 行贿和贪污⋯⋯⋯⋯⋯⋯⋯⋯⋯⋯⋯⋯⋯⋯⋯⋯⋯⋯⋯⋯⋯⋯⋯⋯ 102
第三节 规范道德行为⋯⋯⋯⋯⋯⋯⋯⋯⋯⋯⋯⋯⋯⋯⋯⋯⋯⋯⋯⋯⋯⋯⋯ 108
第四节 公司治理⋯⋯⋯⋯⋯⋯⋯⋯⋯⋯⋯⋯⋯⋯⋯⋯⋯⋯⋯⋯⋯⋯⋯⋯⋯ 112
本章小结⋯⋯⋯⋯⋯⋯⋯⋯⋯⋯⋯⋯⋯⋯⋯⋯⋯⋯⋯⋯⋯⋯⋯⋯⋯⋯⋯⋯⋯ 117
自测题⋯⋯⋯⋯⋯⋯⋯⋯⋯⋯⋯⋯⋯⋯⋯⋯⋯⋯⋯⋯⋯⋯⋯⋯⋯⋯⋯⋯⋯⋯⋯ 117

第五章 运营风险⋯⋯⋯⋯⋯⋯⋯⋯⋯⋯⋯⋯⋯⋯⋯⋯⋯⋯⋯⋯⋯⋯⋯⋯⋯ 119

第一节 合同挫败⋯⋯⋯⋯⋯⋯⋯⋯⋯⋯⋯⋯⋯⋯⋯⋯⋯⋯⋯⋯⋯⋯⋯⋯⋯ 120
第二节 财务风险⋯⋯⋯⋯⋯⋯⋯⋯⋯⋯⋯⋯⋯⋯⋯⋯⋯⋯⋯⋯⋯⋯⋯⋯⋯ 124
第三节 质量故障⋯⋯⋯⋯⋯⋯⋯⋯⋯⋯⋯⋯⋯⋯⋯⋯⋯⋯⋯⋯⋯⋯⋯⋯⋯ 131
第四节 供应安全⋯⋯⋯⋯⋯⋯⋯⋯⋯⋯⋯⋯⋯⋯⋯⋯⋯⋯⋯⋯⋯⋯⋯⋯⋯ 138
第五节 外包和离岸外包的风险⋯⋯⋯⋯⋯⋯⋯⋯⋯⋯⋯⋯⋯⋯⋯⋯⋯⋯⋯ 146
第六节 技术和信息风险⋯⋯⋯⋯⋯⋯⋯⋯⋯⋯⋯⋯⋯⋯⋯⋯⋯⋯⋯⋯⋯⋯ 152

本章小结 ·· 160
　　自测题 ·· 161

第六章　企业社会责任和可持续性风险 ············ 163
　　第一节　企业社会责任和道德 ···················· 164
　　第二节　可持续性 ································ 169
　　第三节　可持续性法规框架 ······················ 175
　　第四节　信誉和商标风险 ························ 181
　　本章小结 ·· 189
　　自测题 ·· 189

第七章　项目风险 ·································· 191
　　第一节　项目 ······································ 192
　　第二节　项目管理 ································ 196
　　第三节　项目变量和结果 ························ 202
　　第四节　项目相关风险 ·························· 205
　　第五节　项目风险的分配 ························ 213
　　本章小结 ·· 222
　　自测题 ·· 222

第八章　项目生命周期 ···························· 225
　　第一节　项目生命周期模型 ······················ 226
　　第二节　项目启动与项目定义 ···················· 235
　　第三节　项目计划 ································ 239
　　第四节　项目的组织和实施 ······················ 241
　　第五节　测量、监督、控制和改进 ················ 244
　　第六节　项目收尾 ································ 246

XVII

本章小结 ··· 247
自测题 ··· 248

第九章　编制项目计划 ·· 249

第一节　项目计划的重要性 ·· 250
第二节　活动的计划与排序 ·· 251
第三节　关键路径分析和项目计划评审技术 ························· 257
第四节　甘特图和基线 ·· 265
本章小结 ··· 269
自测题 ··· 269

第十章　项目实施与控制 ·· 271

第一节　项目组织和实施 ··· 272
第二节　项目团队管理 ·· 273
第三节　健康与安全问题 ··· 277
第四节　监督与控制 ··· 283
第五节　收尾 ··· 296
第六节　审计与学习 ··· 299
本章小结 ··· 302
自测题 ··· 303

第十一章　风险控制的合同救济办法 ································ 305

第一节　管理合同履行过程中的风险 ································· 306
第二节　责任、赔款和保险 ·· 311
第三节　合同履行 ··· 315
第四节　知识产权保护 ·· 322
第五节　国际供应源搜寻合同 ··· 325

第六节　模版合同 …………………………………………………… 333

　　本章小结 ………………………………………………………………… 336

　　自测题 …………………………………………………………………… 337

第十二章　风险管理中的第三方 …………………………………………… 339

　　第一节　商业风险管理服务 ………………………………………… 340

　　第二节　风险审计服务 ……………………………………………… 342

　　第三节　灾难恢复服务 ……………………………………………… 346

　　第四节　利用保险 …………………………………………………… 349

　　第五节　保险的类型 ………………………………………………… 358

　　本章小结 ………………………………………………………………… 359

　　自测题 …………………………………………………………………… 360

第十三章　应急计划编制 ……………………………………………………… 361

　　第一节　应急计划 …………………………………………………… 362

　　第二节　业务持续性计划 …………………………………………… 365

　　第三节　灾难恢复计划 ……………………………………………… 375

　　本章小结 ………………………………………………………………… 380

　　自测题 …………………………………………………………………… 381

中英合作采购与供应管理职业资格证书考试（高级）供应链风险管理

　　（课程代码：12374）样卷 ………………………………………………… 383

中英合作采购与供应管理职业资格证书考试（高级）供应链风险管理样卷

　　（课程代码：12374）参考答案 …………………………………………… 387

第一章

风险识别

对应大纲内容

1.1 分析影响供应链的各种主要风险

- 风险、危险、暴露和风险偏好的定义
- 风险的正面后果和负面后果
- 直接损失和间接损失
- 风险的内部来源和外部来源
- 风险的类别：财务风险、战略风险、运营风险和灾害
- 来自宏观环境的风险：STEEPLE，即社会的、技术的（包括网络空间的风险和犯罪）、经济的、环境的、政治的、法律的和道德的（劳动力标准和供应源搜寻方面的道德风险）

引言

　　风险管理近几年来发展迅速，已经站在管理思想的前沿。具体来说，供应链中的风险已经吸引到人们的注意力。例如，供应基础合理化、供应伙伴关系和精益与敏捷供应链的发展等因素，已经提高了买方组织对其供应网络的依存度。供应的中断或变化可能会对组织所依赖的供应链造成严重的后果。

所以，现代企业越来越需要对供应链风险和脆弱性进行管理，它也成为一门重要的学科。

教学大纲的第一部分主要涉及对影响供应链的风险的不同种类和分类进行识别。本章中，我们从风险识别中用到的术语（如风险和危险、暴露和脆弱性）、风险的主要分类和风险的后果开始讲起。

第二章和第三章两章将完整地介绍基本的风险管理周期（包括风险评估和风险减轻），然后在第四章至第六章详细阐述一些主要的风险类别（本课程的大纲中强调的内容）。

第一节　风险的定义

风险与不确定性

1.1　CIPS 将风险定义为："不希望的结果所发生的概率。"概率是某一事件或结果发生可能性的量度。风险管理国际标准（ISO 31000：2009）简单地将风险定义为："不确定性对目标造成的影响。"

1.2　任何在未来结果上包含不确定性要素的交易或工作都携带着风险要素。不确定性源自其易变性和模糊性。

- 易变性：是指某一可测量因素可能是一系列可能值中的某一个值的情形。因为某一情形可能演化或发展出许多可能的方式，所以就产生了不确定性。

- 模糊性：是指含义的不确定性。由于关于某一情形的信息存在多种解释方法，所以产生了不确定性。

1.3　不确定性产生风险：即想要的结果可能不会发生，而不想要的结果可能发生的情形。风险管理包含有关风险本质的认识与分析、风险事件发生概率的计算（常常是计算过去类似事件发生的频率）、风险事件后果或影响的计算、抵消或降低风险的备选方案的制定等方面。换句话说，风险管理本质上是一门应对不确定性的学科。它可以定义为：

- "一个过程。通过这一过程，组织井井有条地处理与他们业务活动有关联的风险，以期实现每项业务活动内及跨所有业务活动组合的持久收益的目标。"（风险管理学会）
- "指挥并控制组织应对风险的各种经过协调的活动。"（ISO 31000）

1.4 风险实际上是不可避免的。我们绝不可能从企业中消除风险，却可以识别并减轻风险：要么降低风险事件发生的可能性（例如，通过实施到位的预防控制措施），要么降低风险事件发生造成的影响（例如，通过实施合理的保险和应急计划）。

风险和危险

1.5 "危险"（Hazard）可以定义为"潜在伤害的来源"（ISO/IEC 指南 51），或者威胁的来源。"风险"（Risk）是指危险实际上造成损失或危害的概率（可能性）。塞德格洛夫举了一个楼梯的例子：楼梯是一个危险（可能对健康和安全造成伤害的原因），带来事故风险（由于人们有可能在楼梯上跌倒）。

1.6 因此，风险可以定义为"危险造成损失或危害的概率"。

风险和脆弱性

1.7 "脆弱性"（Vulnerability）这一术语用来描述：

- 让组织更易于遭受风险的事物或因素，既可以用风险事件发生的概率表达，又可以用风险事件发生的影响来表达。在系统风险管理中（信息保证），脆弱性是让系统更易于遭受攻击的事物，或者在遭受攻击的情况下更易于失败的事物：一个可以利用的弱点领域。例如，在采购和供应中持有高价值的、便携式的、可再销售的品项存货可能会被视为一种脆弱性（遭受被偷窃的风险）。同样的，依赖于唯一的一家海外供应商、建立复杂的物流系统、缺乏对道德或质量的监督机制等，也可能会被视为一种脆弱性（遭受质量或合规性故障及声誉受损的风险）。过分精益的供应链可能会造成质量故障、供应延迟、库存缺货（由于缺乏缓冲库存）或者供应商陷入财务困境等方面的脆弱性。脆弱性"使得风险更大"。

- 组织受潜在脆弱性影响或对风险事件暴露的程度。例如，克兰菲尔德管理学院的报告（《供应链脆弱性》，2002）将供应链脆弱性定义为"由供应链内部产生的风险及供应链外部的风险二者所引起的一种严重干扰"。

1.8 在今天的商业环境中，用于风险监督、控制和减轻的资源就算不是稀缺的，一般也都是有限的。因此，脆弱性概念具有重要的意义，它支持对风险进行优先排序，它可以促使管理者重视组织最易暴露于风险的领域。

风险和暴露

1.9 风险管理中的"暴露"（Exposure）是一个专门术语，用来特指在发现某一特定风险的情况下组织可能经受的后果。实质上，它是可能遭受的最大损失或损害。

- 固有风险（Inherent Risk）是指在采取措施管理风险之前由某一特定风险产生的暴露。
- 残余风险（Residual Risk）是指在对固有风险采取控制和减轻措施之后仍旧残留的风险水平。

- 因此，风险管理的目标是要达到组织可接受的残余风险暴露。也就是说，在经过风险控制和减轻措施约束之后，可能发生的最坏情况是一种可忍受的成本或后果。

风险事件

1.10 到目前为止，我们所定义的所有术语都与不确定性、可能性或概率有关。术语"风险事件"（Risk Event）用于可能事件的实际发生，即危险、威胁或攻击实际上造成损失、损害或伤害的情形。如果楼梯是一个危险，并且有发生事故的风险，那么"风险事件"就是某人实际上在楼梯上跌倒。

1.11 风险事件可能有不同的种类、不同的严重程度，由此，产生出许多不同的专有名词。

- 打击（Shocks）：对组织造成创伤和瓦解的无法预知的事件（例如，全球金融危机来袭或者创始人突然离世）。
- 危机（Crises）：预示要造成对组织及其利益相关者、声誉有重大损害或损失的重大事件（可以预料或者无法预料的）。这方面的事例包括重大事故（例如，歌诗达协和号游轮触礁沉没事故）、环境灾难（例如，石油泄漏）、劳工行动（例如，2011 年澳洲航空公司的所有飞机停飞事件）、消费者联合抵制、产品召回或专利权诉讼损失等。我们经常把危机分为财务危机（例如，短期流动资金问题或者破产威胁）、战略危机（使公司生存都变成问题的商业环境变化）和公共关系危机（负面宣传损害了公司声誉和可信性）。危机管理（一旦危机真的发生时）常常要求我们在很短的时间范围内作出决定；为了降低相应的不确定性，组织常常会制订具体的、有针对性的危机管理计划。

- 灾难（Disasters）：对组织或供应链赖以生存的基础设施造成重大损害，从而使其运营严重中断的重大自然或人为事件（可以预料的或无法预料的）。例如，战略或领土争端、洪水、地震和火灾等。业务持续性计划包括制订应急计划，在这类破坏性事件发生的时候仍能保证企业所有方面都能正常运转。"灾难恢复计划"（Disaster Recovery Planning）这一术语通常更为具体地指代支持企业职能的技术基础设施的恢复（如 ICT 系统）。

风险偏好

1.12 术语"风险偏好"（Risk Appetite）用来描述组织愿意承受风险的大小。

- 有些组织物色高风险的投机或投资，以追求相当高的回报和机会——"没有投机，就没有收益"！这类组织被称为是偏好风险的（Risk-enthusiastic），或者具有较高的风险偏好。新生的、小型的创业型的和创新型企业一般具有这种特征。
- 其他组织则试图将风险尽可能地最小化，重点是要保护利益相关者的利益。这类组织称为风险厌恶型的（Risk-averse），或者具有很低的风险偏好。风险厌恶是指避免或最小化风险及暴露的偏好，这种特征一般见于大型的、传统的、官方的和高度控制的组织（包括公共部门组织，他们暴露在审计监督、透明度和政策规章之下，建立了一种风险厌恶的文化，尤其是在采购领域）。

1.13 风险偏好的概念也可以通过将风险是视为威胁还是视为机会的意识来表达（我们会在以下的几节进一步讨论这个概念）。ISO 31000 标准利用风险态度这一术语来描述组织"评估并最终追求、保持、接受或避免风险的方法"。

1.14 组织可能已经正式或非正式地对风险容忍度（Risk Tolerances）进行了定义，它是指可容忍的或可接受的暴露水平的数值范围。例如，买方组织可能就从某一个供应商那里获得一项给定供应品规定一个最大支出比例，作为它愿意承担的最大风险（关于依赖性、供应商故障或供应中断暴露等）。同样的，也可能对投资到某一单独项目上的最大投资水平（例如，公司收入或资金的一个比例）作出规定。

1.15 可接受暴露取决于某一给定项目、战略或决定的风险与回报计算（Risk-reward Calculation）。

- 最理想的商业机会是低风险、高回报的，但这些机会通常是不容易获得的。高回报常常与高风险联系在一起。
- 高风险、低回报的项目不可能有吸引力。
- 低风险、低回报的项目可能比较适合处于稳定环境中的非常稳定的、官方的组织，而对于更加活跃的、有竞争力的、成长的和追求价值的组织来说，似乎显得毫无意义。
- 公司能够影响回报的水平（例如，通过协商更高的价格、投资补助、税收减免等）和/或风险水平（例如，通过严格的项目规划、建立紧密的供应链伙伴关系、购买保险、利用合同保护等）。

1.16 组织可以从三个不同层级考虑风险偏好概念。

- 公司风险偏好是指从战略层级上判断得出的合理风险总量。在这一层级，董事会估计组织可接受的暴露范围，并制定相应的政策，确保组织较低层级在承担风险时清楚所面临的约束条件。
- 授权的风险偏好是指已经得到同意的公司风险偏好，按组织结构指出各级部门的风险水平。风险升级过程规定了企业单元和职能自行决定的边界（与采购中的支出水平控制类似）：当某风险达到限度水平时，如果没有征求上级同意，就不能接受这个风险。

- 项目风险偏好：由于项目有其自身界定的目标、约束条件和决策结构，所以项目的风险偏好也落在组织日常政策和决策范围之外。针对项目的特定性质（标准化的或者推测的），项目需要选择不同的风险偏好。

第二节　风险的后果

正面后果与负面后果

2.1　尽管风险的常用定义与"不希望的结果"相联系，但风险在引起可能损失的同时也带来了机会。

2.2　消除所有不确定性或风险的尝试可能会使组织处于瘫痪的境地，组织将没有能力承担不确定的投机和投资活动来实现自己想要的结果。创新就是一种风险。进入一个新的市场或者开发一个新的产品，都是一种风险。如果不"赌一把"，企业就会处于停滞状态。风险管理的缺位可能会导致灾难，而另一个极端是过度谨慎（或者风险厌恶）则可能会导致瘫痪、停滞和机会丧失。合理的风险评估（例如，风险排序、暴露评估、风险成本/收益分析等）对于组织保持正道来说是必需的，它能够使企业业绩和利润率达到最大。

2.3　进一步来说，不确定的结果可以是正面的，也可以是负面的。

- 负面风险（Downside Risk）是指带来负面结果的不确定性。例如，用投资的术语讲，负面风险是指一种投资证券或其他投资在市场条件变化时价值下降的概率，和/或由此造成的所能容忍的损失数额（投资人的风险暴露）。负面风险有时也用作"最坏情境"的同义词。
- 正面风险（或正面潜力，Upside Risk）是指带来正面结果的不确定性，结果比预期更为积极的事件，或者一种可能的"最佳情境"。例如，用投资的术语讲，正面风险是指投资证券或其他投资价值增加超过预测水平的概率。

直接后果与间接后果

2.4 风险事件的负面后果包括直接损失和间接（或后果性）损失。

- 直接损失（Direct Loss）是指直接来自风险事件的损失。直接物理或材料损失包括有形财产或资产的损耗、失窃或毁坏，如运输中的交付品、存货、建筑物、交通工具或设备。其他直接损失包括汇率损失、修理或更换成本和供应的中断。这类风险通常可以通过购买保险加以规避，根据损失的金额获取赔偿。

- "后果性"损失（Consequential Loss）这一术语可以用来描述风险事件产生的间接损失。例如，工厂大火会引起（设备、房屋、中断生产等的）直接损失，而中断生产造成的声誉和商誉损失则是间接损失。其他间接损失的例子还有处理风险事件造成的开支、收入或利润上的间接损失、人员流动造成的生产率损失、赔偿和法律成本。保险一般无法考虑索赔风险事件产生的间接损失（事实上，业务中断险已经面世了，可以覆盖到额外开支、租赁价值、利润和佣金等方面的间接损失）。

2.5 间接的后果性损失造成的最严重影响是信誉损失。供应链不道德行为、质量故障、供应中断、项目延迟、违反保密或隐私规定和其他风险事件等，都可能会损害利益相关者的声誉以及公司的信誉资产。

风险与财务损失

2.6 塞德格洛夫指出，大量的风险事件会最终地或间接地导致财务上的损失，如表1-1所示。这就是风险对于企业和供应链管理至关重要的原因。

表 1-1　不可控风险的结果

风 险 类 型	最初的影响	最终的影响
质量问题	产品召回、客户背叛	财务损失
环境污染	不良的公众形象、客户不满意与背叛、法律措施、罚款	财务损失
健康和安全伤害	不良的公众形象、工人赔偿诉讼、员工不满、依法处罚的罚款	对人的伤害、财务损失
火灾	对人造成伤害、生产和资产受损	对人的伤害、财务损失
计算机故障	无法接单、处理工作或发出发票；客户背叛	财务损失
市场风险	收入下降	财务损失
欺诈	金钱偷窃	财务损失
安全	金钱、资产或计划的偷窃	财务损失
国际贸易	外汇汇率损失	财务损失
政治风险	外国政府将资产据为己有、阻碍利润汇回本国	财务损失

2.7　其他类型的损失包括信誉损失、环境损失和机会损失。关键的损失种类如表 1-2 所示。（我们增加了一些可能的减轻措施，以供将来参考。一般减轻流程会在本课程后面部分覆盖到，不过在本章中，和具体风险类型一起介绍是有意义的。）

表 1-2　关键的损失种类

损　　失	影　　响	减轻措施示例
财务的（如事件造成汇率损失、利润损失、成本增加、资产损失）	• 财务损失 • 利润率下降 • 生存能力下降 • 投资损失	• 保险 • 财务控制 • 财务管理 • 安全措施
信誉的（如源于违法的或不道德的贸易、雇佣以及环境实践、质量或交付故障等有关的）	• 吸引高素质员工和供应商的能力下降 • 失去投资者的支持 • 失去商誉和影响力 • 商标权益的贬值 • 加强监督	• 积极主动的问题管理 • 危机管理计划 • 道德和质量政策和政策监督与检查 • 供应商监督和管理

(续)

损　　失	影　　响	减轻措施示例
环境的（如自然力量造成的供应中断、资源稀缺性恶化、资源价格攀升、"污染者支付"的罚款和环境恢复的成本）	• 声誉损失 • 环境恶化 • "污染者支付"的罚款 • 调整的成本 • 压力集团的抵制	• 环境风险及其影响的分析和监督 • 环境政策和控制
健康与安全的（如医疗福利成本、生产损失、更高的保险费、诉讼、赔偿和人员流动率）	• 生产率下降 • 成本（如维修、处罚、赔偿、更高的保险费） • 信誉和员工关系受损	• 健康与安全政策和规定 • 沟通、培训 • 风险循环 • 安全文化 • 防护设备 • 保险
机会丧失（如风险厌恶或成本中心导致投资小和创新少，非协同的关系）	• 投资回报损失 • 改进或协同机会丧失 • 想法、供应和收入等的来源少了	• 支持企业家 • 提高授权风险偏好 • 创建可接受风险的文化

风险管理的相关性和优先级

2.8　所有企业都会面临不确定性和风险。但是，正规的风险评估和管理（或减轻）措施却不是每个企业都会优先考虑的事情，这取决于他们的风险暴露程度和他们的风险偏好等因素。企业及其供应链规模越大、越复杂，所处的环境越是充满变数和不确定性，它从系统性的风险管理中获得的收益也就越大。

2.9　风险管理对下述组织尤其有益（或必要）：多场所（归因于物流复杂性）；海外或全球化运作；不同的流程；复杂的供应链和网络（没有处于管理的直接控制之下）；规模很大，以至于没有一个人可以监测到所有的危险并对之进行很好的把控；老化的房屋和工作场所（可能引起健康与安全风险及合规性风险）；动态的生产和供应环境（带来新出现的威胁）；高度监管的行业，如航空或金融服务业（具有很大的合规性风险）。

有效风险管理的益处

2.10 塞德格洛夫认为,"为了应付外部因素,如丑闻、法律或法规(证券交易所报告要求),公司倾向于引入风险管理。他们不太可能是由于风险管理会帮助企业产出更好的结果才引入风险管理的"。

2.11 事实上,主动积极的和系统性的风险管理可以带来如下好处:

- 避免风险事件、打击和危机等因素引起的成本或将这些因素最小化(例如,通过规避诉讼和损害、资金偷窃或滥用、资产损失或破坏等)。
- 避免没有成功实施风险减轻措施所引起的成本或将其最小化(例如,通过降低保险费)。
- 避免生产和收入流的中断(例如,由于数据或资产损失、供应不足、物流中断、技术故障等)。
- 通过减轻供应链的脆弱性,保障供应安全。
- 保护市场份额(例如,通过对市场营销、与品牌有关的和信誉方面的风险进行控制,通过避免技术陈旧、避免有竞争力的知识产权被偷窃等)。
- 提高企业和供应链弹性,促进业务持续性和支持灾难恢复。
- 保护组织关键人力资源免受伤害、苦难、不安全和贫困(完全撇开人道主义因素来说,这些因素也会影响到他们的动力、士气和表现)。
- 使组织吸引并挽留高素质的员工、供应商和风险伙伴(例如,通过避免雇主品牌和声誉受损、避免因事故和诉讼丧失士气等)。
- 帮助管理层客观地判断哪些风险值得应对(为了抓住机会)以及哪些应该加以规避,从而使组织能成功地利用更高风险的机会(同时,减轻他们的负面风险)。
- 提高制定战略、政策和决策的水平(例如,通过鼓励环境监督、风险意识和对流程与供应链的分析）。
- 促进组织和供应链的合作（例如，通过鼓励跨职能和跨供应链的风险问题沟通）。
- 提高利益相关者的信心和满意度（例如，在关于公司治理、消费者和股东利益保护、风险在供应链中的公平分担等方面作出努力）。

第三节　对风险的识别

3.1　实际上，风险识别和分析流程是指对导致某一活动可能出问题的所有可能因素（即风险来源）进行识别并且估计其发生概率的一个过程。如果没有发现风险，就不可能对其进行评价并管理。风险识别是风险管理中努力发现潜在问题或不确定性领域的一个正式的过程。

风险识别技术

3.2　风险识别是一门不精确的学科，它依赖于人们在潜在风险领域的认识和经验。最初的风险识别可能结合了下述活动：
- 风险顾问对出版的学术研究结果和报告的追踪。
- 环境扫描与公司评估（STEEPLE 和 SWOT 分析）。
- 范围扫描（发现可能带来新机会和风险的未来发展）。
- 监测同类组织中的风险事件。
- 市场情报收集和管理信息系统。
- 关键事件调查（调查重大或意外的合同或项目偏差或问题的原因）。
- 情境分析（例如，利用计算机模型或电子表格来模拟变量变化的效果，或者措施的后果）。

- 过程审计（检查质量管理、环境管理、绩效管理和其他流程的效果）。
- 对健康和安全、质量、维护等进行定期检查和检验。
- 研究项目计划、供应链等，发现可辨认的脆弱性。
- 开展正式的风险评估（针对环境变化中的高价值项目或活动，以及已发现的脆弱性）。
- 征求关键利益相关者和行业专家的意见：利用头脑风暴法、调查问卷、讨论会，以及思维图、石川（因果分析）图、决策树、供应链图析等视觉思维捕捉工具。
- 聘用第三方风险审计和风险管理顾问（如第十二章所述）。

在考试的时候，对于案例研究，当然主要是从可利用的数据中发现潜在的合同风险（例如，本章中讨论的那些类别）。

3.3 由于组织的合同风险状况可能会持续地发生变化，新风险的产生或者微小风险转变为潜在危机（例如，他们吸引了媒体或法律监督），所以风险识别应该是一个持续的过程。对于重要的合同，我们应该在风险登记簿（Risk Register）中收集全面的已识别风险清单。

内部风险来源和外部风险来源

3.4 组织无论是在其内部环境中还是在其外部环境中，都面临着风险、危险和脆弱性。二者之间的主要区别在于，内部风险很大程度上可以受到管理措施的控制，而外部风险因素很大程度上是不可控的。我们可以对风险进行预测和计划，但是引起风险的因素很大程度上超出了组织的直接控制范围。

3.5 某一组织（或者采购与供应职能）的风险环境可以被视为一系列的同心圆，如图 1-1 所示。

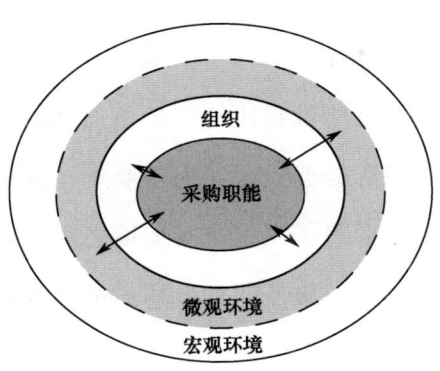

图 1-1 风险来源

- 组织内部环境包括：组织结构和关系、各种职能和人事；风格或"文化"；组织战略目标和计划；体系和技术；政策、规定和程序；沟通流程；房屋、工厂和设备等。

- 组织的直接运营环境或微观环境包括对运营产生直接影响的客户、供应商和竞争者（有关系的利益相关者）。

- 综合的或宏观的环境包括公司运营所处的市场和社会等。更为广泛的因素有行业结构、国家经济、法律、政治、文化、技术发展和自然资源。它也包括组织与间接利益相关者（包括政府、媒体、利益和压力集团、社区和更多的"公众"）之间形成的关系。

3.6 供应链管理活动会受到上述三种环境中所有因素的强烈影响：从内部采购程序到供应商变更，到国家合同法或国际商品价格。反过来，采购职能可以对如下领域的风险施加影响或控制：

- 内部环境（最明显地，通过管理进入和经由组织的材料流动，以及制定采购政策和程序）。

- 微观环境（最明显地，通过努力控制供应商行为和关系，以及通过提高组织竞争优势）。

3.7 事实上，宏观环境一般并不处于买方组织的直接控制之下。买方组织所能做到的仅仅是努力预测、识别和管理出现的威胁和机会，使之对自己有利。理想情况下，买方组织能做得比竞争者更加有效，并有效率。在这种背景下，采购和供应职能就显得尤为重要了。因为采购者借助他们与外部供应市场的联系，横跨了组织及其环境之间的边界。市场营销和公司宣传职能部门借助于他们与外部客户和其他"听众"的联系，发挥了类似的作用。

3.8 因此，每一个环境"圈"都可能成为风险的来源。我们将在本章第五节和第六节讨论内部风险和外部风险的一些来源。

供应链图析

3.9 风险和脆弱性识别的一个有用工具是供应链或价值流图析。来自克兰菲尔德大学的研究（《建立适应性强的供应链》）表明，在价值朝向客户流动中的某个点，或者该链条中的某个"节点"，有必要利用系统的方法，识别供应链内部故障引发的商业、供应和合同风险。

3.10 供应链图析（Supply Chain Mapping）是一种基于时间展示流程的技术，该流程包括货物、材料、信息和其他增值资源沿着供应链移动的过程。该图（如网络图或流程图）显示了链条内连接点之间和移动点上所花费的时间。这可以让组织决定：

- 供应商的交互连接"管道"，增值要素必须通过这条管道才能到达终端用户那里。
- 运输路线，增值要素通过该路线从一个节点转移到链上的另外一个节点。
- 管道中每个阶段半成品和库存的贮备数量。
- 在供应中断的情况下，从管道中的不同点补充库存所花费的时间。

3.11 克兰菲尔德的研究人员认为,这样一种分析得到的信息可以帮助我们识别合同和供应的风险领域,并计划下列行动:

- 征求供应链伙伴的意见并与其合作,控制已发现的脆弱性领域。
- 对于易受攻击的连接点或供应商关系,加强关系保护与合同保护。
- 对于供应链中第一级供应商对更低级别供应商的管理状况进行监督与控制,降低更低层级供应商的脆弱性。
- 确定替代的供应源。
- 增加缓冲库存或安全库存("以防万一"的库存)。
- 在易于中断供应的领域,为备选的运输安排制订应急计划。

第四节 风险分类

4.1 各行各业的风险管理体系与优先风险领域千差万别。不过,任何系统性的风险评估和管理方法一般都包括如下几种风险分类(我们还将在本课程的讲述中作进一步的研究)。

- 战略风险产生于组织的愿景和方向,以及组织在某一行业、市场和/或地理区域的定位。战略风险包括市场、竞争者、技术、经济、消费者需求、公司级的法律问题和合并或兼并风险。
- 运营风险产生于组织追求战略时所依靠的职能的、运营的和行政的程序,它们主要与组织在交付生产或服务中的运营有关。这类风险包括质量问题、健康和安全风险、技术脆弱性、运输和物流、天气事件、欺诈、供应商和供应安全。
- 财务风险。从内部来说,财务风险产生于企业财务结构;从外部来说,财务风险产生于与其他组织的财务交易。财务风险影响着组织为了获利进行经营（或者满足公共服务目标）的能力，如汇率和利率风险、流动性和现金流、利润率和生存能力、成本和信用。

- 合规性风险产生于确保遵守法律、法规和政策框架的需要，以及组织或其供应链的不合规或不合法活动曝光引起的可能损失，包括信誉的、运营的和财务的处罚，如公司法、税收要求、劳动法、环境法规、道德和内部控制。

4.2 在阅读有关文献时，可能还会遇到其他一些风险分类。

- 市场风险属于战略风险，产生于外部供应市场中的因素或变化，如商品涨价、资源稀缺性、技术变革或者强大的或增长的供应商势力（供应商稀少，或者供应市场合并）。由于需求下降、产品老化或竞争者获得主动权（导致丧失竞争优势），也可能引发产品市场风险。

- 技术风险是指由于技术活力降低和技术陈旧、系统或设备故障、数据讹误或偷窃、新技术"初期困难"、系统的不兼容性（例如，当买方与供应商系统需要整合的时候）等引起的战略风险和运营风险。

- 供应风险既是战略风险，又是运营风险，产生的原因包括供应市场不稳定性和资源稀缺性、供应商故障（例如，有可能是财务不稳定性、过度"精益"的供应链或者现金流问题造成的结果）、供应链破坏（例如，由于行业罢工行动、天气、运输问题或运输中供应品的损害而造成的结果）、供应链和物流的长度和复杂性（较长的前置期、运输风险）等。

- 信誉风险分为财务风险和合规性风险两大类，产生的原因包括组织或其供应链所作出的不道德的、没有社会责任感的或破坏环境的活动，可能损害了组织在其客户、投资者、员工和供应市场等组织或个人眼中的形象、品牌和可靠性。

战略风险

4.3 战略风险、运营风险和基于项目的风险这三个术语常常用来区分影响组织不同决策层次的风险。

4.4 如前所述，战略风险产生于组织的愿景和方向，以及组织在某一行业、市场和/或地理区域的定位。约翰逊等人将战略定义为："组织长期的方向和范围；理论上说，它应使其资源与环境变化相适应，具体地，与其市场和客户相适应，以满足利益相关者的期望。"

4.5 因此，战略风险涉及的是较宏观的问题，常常是由董事会这一级来处理的。

- 组织资源、能力和方向与其环境的变化和需求相"匹配"的有效性（在某种程度上，可以用组织战略规划能力的有效性来表述）。
- 组织的市场竞争能力与维持竞争优势的能力：其独特的、难于模仿的能力和增值的来源。
- 组织结构、流程、资源、能力和管理的优缺点。这些因素有可能会促进组织达成其使命和目标，也有可能会对组织有所限制。
- 外部环境带来的机会和威胁。同样，这些因素有可能会促进组织达成其使命和目标，也有可能会对组织有所限制。
- 环境变化引起的风险（包括竞争者采取的行动和客户需求、需要和态度的变化）。
- 组织实施新战略（超出了组织现有的经验、容量和能力）或实施具有内在风险的战略所引起的风险（如外包、单一供应源、全球采购、创新、产品多样化、进入新市场、进入国际市场等）。

4.6 一些关键的战略风险领域（及减轻方法）如表1-3所示。另外，特定战略引起的风险可能还包括技术风险、环境风险和信誉风险。

表 1-3　一些关键的战略风险

战略风险领域	危险（例如）	风险减轻
经济风险	供应商故障、供应链欠佳、供应或客户市场条件变化	• 环境监测 • 产品或市场规划 • 采购研究 • 供应商管理
财务风险	缺乏流动性，财务成本增加，投资风险，汇率损失，信用管理不到位，欺诈	• 财务管理 • 投资评估 • 内部控制 • 公司治理
方向性风险或竞争风险	竞争者的举措或反击，不适当战略引起的失败，核心能力的丧失，品牌的损失	• 系统性的战略分析、选择、评审 • 应用风险循环 • 竞争者研究与监测 • 竞争情报收集与分析
发展风险	兼并或收购：财务风险、文化和系统不兼容 战略外包：成本、不兼容、信誉损失、员工抵触	• 战略分析、选择 • 广泛的伙伴选择标准 • 利益相关者管理 • 过渡计划 • 退出战略
国际化风险	汇率损失，文化和法律差异，市场不熟悉，市场和网络准入受限，运输风险加大	• 货币管理 • 合资企业或机构 • 研究和风险分析保险 • 国际商会国际贸易交易术语解释通则（Incoterms）

4.7　组织应该采用风险管理标准对战略决策进行评价，以确保其战略计划和战略选择能反映组织的风险偏好。例如，人们可能会认为，在中国推出一个新产品的风险太大。我们可以通过与中国当地企业伙伴组建合资企业，将风险降低到一个可接受的残余风险水平（尽管仍旧可能存在次级风险，如陷入一种伙伴关系，而该伙伴与组织并不相容）。

4.8　约翰逊等人（《公司战略研究》）提出三种关键的战略评价标准，作为合理战略规划模型的组成部分。

- 适合性。对于战略评估中所明确的形势（环境分析和公司评估）而言，该战略是否适合于形势？它是否充分利用了明显的组织优势，并发挥了组织的核心能力（以获得竞争优势）？对于明显的劣势，它是否进行了克服？对于明显的威胁，它是否进行了弱化或转移？对于明显的机会，它是否加以利用了？
- 可行性。战略能够实施下去吗？在实践中，它有用吗？对于可行性，我们可以用很多方法来测量（你可能会将这些方法看作另一种"PEST"因素）。
  — 实际的（Practical）：组织是否具有完成此项工作的资源？它是否能够获得或维持所要求的绩效水平？它是否能够响应竞争者可能作出的反击？
  — 经济的（Economic）：财务资源是否是可利用的？在可接受的风险水平下，投资回报是否令人满意？（这是用财务分析和投资评估工具来进行分析的，如利用盈亏平衡点分析、折现现金流分析、财务比率分析和风险分析。）
  — 社会的（Social）：利益相关者是接受战略并支持战略，还是拒绝战略？（这与"可接受性"有些重叠，如下所述。）
  — 技术的（Technical）：该战略是否能够利用可获得的技术（设备、系统或流程）得以实施？
- 可接受性。战略决策中的利益相关者可能包括很多群体，对于战略的成功实施来说，他们的接受是不可或缺的。
  — 该战略是否有足够的利益可图，是否能满足利益相关者的期望？
  — 经理们和员工是支持决定，还是抵触决定？
  — 对客户满意度、忠诚度和需求的影响是什么？
  — 对长期供应链关系的影响是什么？

— "外部"成本是多少？对更广泛社区（例如环境或就业）的影响是什么？

运营风险

4.9 组织在运营层级的规划和决策，是指组织为了达到战略计划的目的和目标，对组织资源能力所进行的配置、控制和最大化。运营的作用是将输入（如材料、零件、人工、资金、信息等）投入到组织中，并将它们转化为输出（如产品、服务、信息、利润、客户和利益相关者价值等）。运营目标关系到实现计划、合同承诺和利益相关者期望等。如果不能满足这些要求，不仅会导致经济上的风险，还可能带来信誉风险。

4.10 正如我们之前提到过的，运营风险主要涉及组织的核心生产或服务交付运作以及有关的活动（如进厂和出厂物流、采购和质量管理）。这类风险包括：产品和过程设计和质量问题；运营能力不足以（或者过剩）满足需求；人力或技能短缺、关键人才丧失和/或员工关系问题（影响生产率）；健康和安全风险；安保风险（关系到房屋、资产和人事的安全）、技术脆弱性、物流复杂性和供应安全问题（如供应中断或供应商故障）；运营层次的财务风险（如现金流问题或无法降低成本基础）。

4.11 本课程提出的运营风险范围如表 1-4 所示（第五章会详细讲述）。

表 1-4 一般运营风险的例子

一般运营风险区域	风险减轻措施的例子
成本结构不合理，无法降低成本基数	• 成本分析和重组 • 分包或外包
产品和服务需求不足（或过量）	• 提高需求预测和管理水平 • 改善客户关系 • 调整市场营销组合
供应商或外包提供者破产	• 加强供应商的选择、评估、监督、绩效管理

（续）

一般运营风险区域	风险减轻措施的例子
供应中断	• 多供应源或后备供应源 • 灵活的和适应性强的供应链管理
生产中断（例如工人罢工、设备故障引起）	• 预防性的和应急的规划 • 保险
健康、安全和福利问题	• 健康与安全政策、惯例、设备、培训、保险
无效的系统、流程和管理	• 过程审计、基准计划、企业流程再造（BPR）或持续改进（kaizen）

项目风险

4.12　由于项目一般涉及战略计划的贯彻实施，所以项目风险可能会被认为是运营风险的一种。事实上，项目常常有别于"照常经营"的运作性流程，它具有特定的和独立的目标、时间范围、组织结构和资源配置。项目管理及项目风险是本课程中独立的几章中的中心内容，我们会在第七章至第十章详细讨论。

AS/NZS4360 风险标准

4.13　1995年，澳大利亚发布了 AS/NZS4360 标准。这是世界上第一个风险管理标准。此标准的问世，标志着公司风险管理专业领域第一次走向成熟。该标准将风险分为八大类，如表 1-5 所示。

表 1-5　AS/NZS4360 的风险分类

类　别	例子与防范措施
商业和法律关系	例如，不合理的合同条款（没能减轻或分担风险），依赖于唯一供应商或狭窄的供应渠道，与战略供应商或承包商形成一种对立的关系 为了发展双方长期的互惠关系，甲乙双方定期讨论风险问题并进行记录，对商业关系进行管理和监督。在法律合同关系中，我们的目标是建立一个基础框架，使双方能够在明确风险责任和义务的同时，发展进一步的关系（如第十一章所述）

(续)

类别	例子与防范措施
经济状况	例如，利率变动和贷款政策（影响财务成本）、经济活动和经济周期（影响消费需求和投资者信心）、汇率波动（影响进出口成本）、就业（影响人力的可利用性和成本）、商品和能源价格（影响运营成本） 对经济指标进行监督，评估它们对组织风险暴露的影响。在这两项工作的基础上，制定风险战略
人的行为	例如，在健康与安全方面不负责任的行为，在技术或系统方面出现用户故障的概率，行为和决策风险意识的缺乏，或者蓄意的欺诈、破坏和其他威胁 为了确保人的行为是相对可预测的，并被约束在可接受的界限内，在商业环境中常常会存在法律、政策的和程序的控制。尽管如此，风险依旧存在
自然事件	例如，火灾、洪水、干旱、地震、暴风雨、海啸以及类似事件（有时被保险公司认定为"不可抗力"，没人对此负责，任何公司也无法对此采取什么控制措施）
政治状况	例如，政府更迭、政府政策的变化（支持企业、贸易保护主义者或者支持自由贸易），政治和贸易"集团"的变化（欧盟），政府开支的削减，政治不稳定性风险（国内罢工、战争、领土争端），与公司利益相悖的压力集团和公众激进主义
技术和工艺问题	例如，信息系统和网站遭受攻击的脆弱性（病毒、黑客或者分布式拒绝服务攻击），技术过时的风险，技术故障或兼容性问题（二者具有高度的依赖性），以及缺乏保护数据和系统的信息保障措施
管理活动和控制	例如，缺乏能够使脆弱性最小化的限度、约束或控制（监督、程序、规定、检查和审计、授权和审批），塑造了不受控制的风险承担（"大男子气概的""莽撞的"）文化，不合理的管理决策（关于项目和投资方面的）
个体活动	例如，组织或供应链网络内部个体所进行的欺诈和偷窃活动

第五节 内部风险

5.1 内部风险是指在组织和/或供应链内部环境中产生的风险。内部环境是指组织和/或供应链的组织结构、体系和流程、战略、政策、治理、技术、管理和人力资源。

5.2　内部风险的例子包括以下几种。

- 人员个性因素：例如，过分自信、粗心，对规定和政策有抵触情绪等。
- 文化价值观和行为准则：例如，"大男子气概文化"（在风险承担方面鼓励危险的"胡闹"或竞争性的冒险）；指责文化，阻碍开诚布公和问题汇报等。
- 团组动力学：例如，团队过于凝聚（由于"团组思维"）导致冒险决策，团队涣散，缺乏领导力等。
- 人的差错和不成熟：例如，缺乏培训、指导或监督，工作有关信息和绩效反馈不畅达，目标和指令不清楚，绩效管理不到位（没有认识到改进的和学习的必要性，缺乏改进干预）。
- 企业管理：例如，成本不受控制，战略规划、产品和市场规划或财务管理不到位，供应链关系管理不善，缺乏产品开发投资，不良的投资评估等。
- 恶意的活动：例如，欺诈、破坏、偷窃、数据剽窃或工业间谍，公司治理混乱引起的不道德行为，道德管理不到位，缺乏对举报者的支持，缺乏安全规定（针对偷窃、计算机病毒和黑客等）。
- 技术、设备或系统崩溃：例如，由于缺乏维护、不当使用和缺乏应急计划（停电时的应急处理）等因素所引起的技术、设备或系统崩溃。
- 安全风险：例如，设备使用未经保护或未经授权，现金、资产或数据处于不安全状态，员工受到的攻击（包括绑架、赎金和勒索），工业间谍。
- 缺乏内部控制：例如，财务控制、安全系统、政策和政策审查、风险监督与评估、内部和外部审计、应急计划。
- 工作场所危险：由一系列健康与安全危险所引起的事故和疾病风险，包括材料的处理、人体工程学设计不合理、工作环境没有得到很好的保持或是不卫生、工作带来了压力、设备没有得到很好的保持或使用不当、危险物质的使用与存储、防护设备没有得到利用或者被误用、某类员工的额外风险（如年轻工人、怀孕工人、新工人或临时工，或者夜班工人）。

- 雇员关系欠佳：引起罢工、生产率低下、士气不稳定而且低下（人员流动率过高所致）、难于吸引和挽留人才等风险。
- 关键人才和知识的流失：例如，通过自然流失（没有继任计划）、加速流失（由于失败的挽留政策）、规模削减或外包。

5.3 关于内部风险，重要的是它们应该受到组织及其管理流程（风险评估、监测和监督）和内部控制措施（政策、规定、检查和风险管理措施）的控制。第四章至第六章将进一步详细阐述一系列内部风险。

内部控制

5.4 组织的内部控制系统旨在管理内部风险。内部控制提高了运营效率与效果，有助于实现风险控制目标。内部控制不仅可以帮助我们管理内部风险来源，而且也能让我们控制风险外部来源的影响。

5.5 不同的组织，其内部控制系统也千差万别。但不管怎样，至少应涵盖以下几个关键领域。

- 与组织有关的风险的性质和程度。
- 组织可以承受的风险程度与风险类别。
- 风险发生的可能性。
- 组织降低风险发生及其对业务影响的能力。

5.6 内部控制面临着一些限制，而且这些限制应该被视为风险管理过程的组成部分。

- 董事和经理对内部控制的建立、实施和连续性负责。尽管这些流程仍有待于接受检查和审计，但有效的管理是成功实施的保证。
- 内部控制提供了合理的保证，但并非能保证消除所有风险。
- 在任何组织中，总会存在可能被个人利用的漏洞。内部控制应该能够对系统中的可能漏洞作出响应。

5.7 我们将在第四章进一步介绍与公司治理有关的内部控制等内容。

第六节 宏观环境风险

6.1 组织的"开放系统"模型强调了在公司风险管理中考虑外部环境的重要性。首先，是因为组织依靠其所处的外部环境获取其输入，并将输出投放到市场。外部环境是组织获取反馈信息的重要途径。其次，是因为组织在获取输入、创造输出（既包括产品，如货物和服务，也包括"副产品"，如废料、污染、供应商发展或本地就业）的过程中，也对环境施加了影响。

6.2 外部环境通过以下三种方式，对组织及其供应链的脆弱性施加着重要的影响。

- 它既是威胁（如法律限制、竞争行为、技术过时或供应短缺），也是机会（如消费需求、技术改进，或者富有革新精神的供应商进入供应市场）。这影响着企业在其市场上竞争的能力和实现其目标（战略风险）的能力。环境威胁与机会是形成企业（及供应链）战略和计划的关键因素。
- 它是组织所需资源（人力、材料、供应品和服务、能源、资金、信息等）的供应源。环境决定了组织以合适的价格、合适的数量、合适的时间获得或无法获得这些资源的可能性有多大，以及为了确保供应哪种供应链战略、政策和做法是有帮助的。

- 它包含了对组织活动试图施加影响或有权施加影响的利益相关者。这些利益相关者既包括供应商及其供应链，也包括在供应链道德、管理和绩效表现中有利益关系的法律制定者、监管机构、行业协会和其他有关方面。利益相关者可能会给组织战略、运营、信誉和价值带来风险。

STEEPLE 模型

6.3 分析外部宏观环境或供应市场因素的一个常用工具是"PEST"工具（而且还有更全面的 PESTLE）。"PEST"是用首字母拼成的缩略词。该模型最全面的版本（本课程大纲所提的）是 STEEPLE，如表 1-6 所示。我们选出了一些 STEEPLE 因素示例，可能属于组织和供应链风险因素。

表 1-6 STEEPLE 框架

因 素	示 例
社会文化因素（S） （变化是如何影响客户、供应商或其他利益相关者的需求或期望的）	• 影响货物和服务需求、劳工需求的人口统计因素（如年龄、性别、种族和人口流动等） • 消费主义和消费力量 • 教育和职业技能基础（影响劳工雇佣和工资） • 价值观（例如，重新整合社会责任和多样性，并且形成心理契约） • 工作态度、就业公平和员工关系 • 文化差异（对跨文化和多文化管理具有影响） • 性别角色（影响对公平权利的预期）
技术因素（T） （是否存在发展机会或者过时的风险）	• 信息与通信技术（ICT）的发展改变了产品和商业过程（如电子商务） • 自动化和 ICT 促进劳动力合理化或裁员；"虚拟"组织；外包（通过完善的沟通、整合和控制） • 自动化和 ICT 改变了工作岗位和组织；用工需求

（续）

因　　素	示　　例
经济因素（E） （变化是如何影响产品需求和/或输入供应及成本的）	• 经济力量和行业或市场稳定性（如影响就业、人力资源投资、企业生存的优先事项、竞争优势来源） • 通货膨胀率、利率和税收（影响可支配收入、企业财务成本、工资费率和预期） • 在国际供应市场，汇率、比较工资和税收、人才流动和资本移动的自由、贸易协定等
环境因素（或生态因素）（E） （哪些因素会引起供应问题、合规性问题、市场压力和信誉风险）	• 对环保产品的消费需求和公众对环保制造过程的要求 • 环境方面的法规（和有关遵守风险），如污染、碳排放和废弃物管理 • 新出现的或当地应优先考虑的绿色生态问题，如水资源的管理、森林砍伐、气候变化和温室气体排放 • 自然资源和商品的可利用性、稀缺性和价格
政治因素（P） （政策或政策变化的可能含义是什么）	• 政府政策（例如，在国际贸易方面的政策、支持工商业和创新的政策、公共开支削减政策、人事政策如工作生活的平衡、终生学习与培训） • 雇员、供应商和地方发展所能利用的资助和补贴 • 在运营地或供应和劳工市场的政治风险（如国内动荡或战争）
法律因素（L） （组织为了做到合规，需要如何适应政策和惯例）	• 在很多方面存在法律和法规问题，如用工权利和义务、工作场所健康和安全、平等就业权利、工作时间、最低工资、环境保护、消费者权利和条款、数据保护和政府采购程序
道德因素（E） （哪些问题会造成市场压力或信誉风险）	• 对采购或生产环节符合道德要求的货物和服务的消费需求（如公平定价、供应链的用工标准、避免动物实验、不可再生资源的可持续性采购等） • 消费者和供应商、专业团体（如 CIPS）、工会和压力集团等出版的道德准则和标准 • 供应链上不道德行为的曝光或关联所产生的道德或信誉风险 • 组织的"雇主口碑"（在人才的眼中，组织是否达到了雇主的道德要求。这种认识影响着组织吸引人才和挽留人才的能力）

6.4 不论是在实际工作中还是在考试的时候,这都是识别和分类外部环境风险来源的有用框架。

财务危机和供应链脆弱性

6.5 许多财务风险可能都被严峻的经济形势加重了,如 2008~2009 年全球金融危机和 2011~2012 年欧洲主权债务危机。所以,毫无疑问,你应该慎重考虑风险管理在如下几方面的作用。

- 管理经济衰退带来的正面风险和负面风险(原因在于,对于适应性强的供应链和投资者来说,也许存在很多可利用的机会)。
- 帮助组织及其雇员应对危机。
- 推进业务持续性和恢复。

6.6 对于风险经理来说,下面是宏观经济"危机"引起的各种问题的检查表。

- 降低风险偏好,关注重点从长期竞争优势转变为企业和供应链的生存。
- 为了避免供应中断,确保风险管理计划的及时更新,作为品类战略的基础,这就要求我们要全面、详细地了解关键的供应市场。
- 受衰退影响的利益相关者(包括供应商)的道德的、责任的和有关风险的问题,需要追求效率、互相支持和关系建设等来促进整个供应链的恢复。
- 非常需要监督供应商财务生存能力、保护供应连续性,辅助以强大不间断的供应商关系管理,不太重视单一或双重供应源采购安排和供应商失败应急计划。
- 由于规模削减和外包、发展预算缩减等因素的影响,有失去组织核心竞争能力的风险。作为业务持续性计划的组成部分,需要发展生存和恢复的关键技能(见第十三章)。

- 迫于财务压力，增加了欺诈的风险（如第二章所述）。
- 需要对更广泛的利益相关者的需求（包括社会的和环境的可持续性，会带来短期成本）和主要利益相关者（股东）的当下利益进行平衡，并需要经济上的生存。由于受成本压力的限制，对于要引入 CSR 和可持续性的公司来说，面临着一个困境。
- 谈判和雇员关系风险，如裁员、工资冻结、重组、恢复计划等。
- 经济衰退带来的潜在机会（正面风险）：实力弱小的企业倒闭了，留下的生存者处于更强大的竞争地位；由于企业伙伴关系及其利润基线的贡献，采购专业人员提高了他们的影响力。

6.7 《供应管理》中的一篇文章（《超越低价》，2009 年 5 月 28 日）将衰退风险应对措施划分为战略应对和战术应对两种，这是一种有用的分法，如表 1-7 所示。

表 1-7 经济衰退风险的应对措施

	行　　动	工具和技术
战略的	更新供应链风险管理计划	风险分析、风险应对计划
	理解主流供应市场中的变化	五种力量（竞争环境）、STEEPLE 分析
	与关键供应商沟通	共同需求规划、共同降低成本、财务分析
	支持供应商的现金流	按时支付、尽早付款折扣、在线折扣谈判
战术的	确保质量不会降低	加强对交付货物的检验 与供应商讨论质量问题 考虑 QA 现场访问来验证供应商
	适当类别的最优价格	利用电子拍卖、杠杆谈判
	管理价格波动	在上升中的市场，用固定价交易来保证低价 利用升级和降级条款

国际商业环境

6.8 随着企业全球化的速度越来越快，现在组织需要审视各个层级上的不同风险。

- 本地的——公司周围的直接或微观环境。
- 地区的——组织和它的许多利益相关者打交道的区域。
- 国家的——组织运营所处的国度。
- 国际的——组织推销其产品和服务的其他国家,或者从这些国家组织获取其供应品,并且在其中开设运营场所（或者"海外"外包运营）。
- 全球的——更广泛的全球环境,包括经济活动、贸易、通信、政治结构（如联合国或世贸组织）和各种相关问题（如全球变暖或可持续发展）。一个组织在全球的范围内扩展和一体化的程度越深,就越需要频繁地、充分地监测风险。

6.9 在本地的、地区的和国家的风险之外,国际的或全球的贸易环境给组织带来了新的一系列风险。

- 国家风险是指某一具体国家（其中有组织的供应商、客户或运营）可能会没收资产、缺少支付货币、经受政治的或经济的动荡、规定进出口配额或关税或者在贸易交易中涉及广泛贿赂的风险。
- 支付风险是指难于确保国外买家付款（利用支付风险控制方法可以解决,如信用证和汇票）。
- 货币和汇率风险是指在汇率波动的环境中,需要用一系列不同的货币交易（利用风险受控战略可以解决,如外汇期货合同或议定的通用货币）。
- 运输和物流风险是指货物在长途供应线上可能遭受丢失、损坏、变质的风险（一般通过包装和运输战略、保险和 Incoterms 来分配风险和责任）。
- 法律和合同风险是指由于法律体制的差异、法律管理范围界定不清、无法提供国际争端仲裁等,遭受合同模糊不清、无法执行或者争端诉讼的风险（一般通过协议措施解决,如使用标准合同条款和仲裁条款）。
- 合规性和信誉风险是指由于标准上的差异以及对合规监督的困难,供应商与供应网络伙伴在合规、质量、道德或环境事故等方面的有关风险。

竞争环境

6.10 本课程大纲中没有明确提到竞争环境，但是很明显，竞争者的活动给组织品牌定位、市场份额、利润率和股东价值带来了重大的外部环境威胁。因此，竞争者的活动是战略风险的主要来源。

6.11 迈克尔·波特教授（《竞争优势》）建立了一个很有影响的基础框架，从中可以看出，某一行业的竞争程度以及由此给行业中任一参与者带来的吸引力和潜在利润率均取决于组织行业环境五种势力的相互作用，如图 1-2 所示。

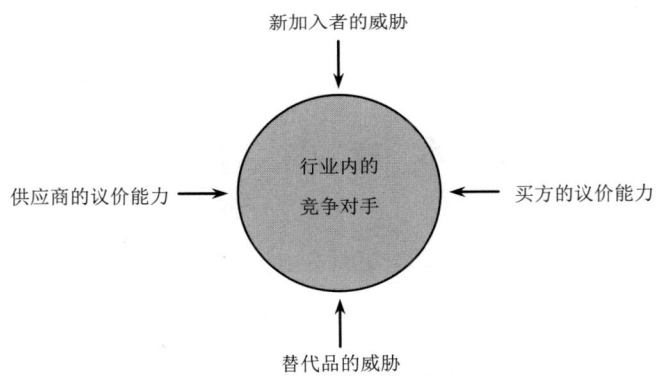

图 1-2　波特的五力模型

6.12 不断变化的竞争环境动态要求我们，在上述五个维度中，对每个维度都要持续监测，避免受到未预料到的战略风险的影响。

桑德斯环境因素模型

6.13 马尔科姆·桑德斯（Malcolm Saunders）提出了一个模型，如图 1-3 所示。这一模型对影响组织及其供应链的外部因素进行了更加全面的综合，可以用作系统性的环境扫描和监测的基础框架,来识别战略风险。

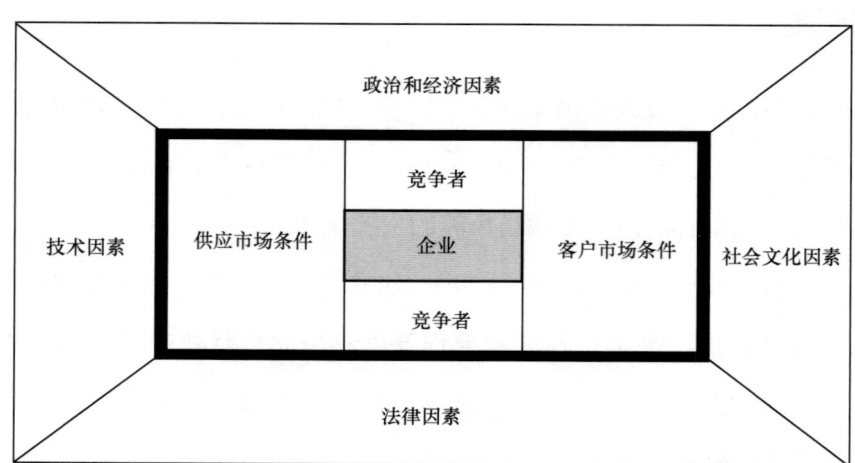

图 1-3 桑德斯的全面环境因素模型

本 章 小 结

- 风险可以定义为"不希望的事件发生的概率"。不同的组织表现出不同水平的风险承受度(即不同的"风险偏好")。
- 具有积极结果的不确定性可以叫做"正面风险"。
- 风险可能造成直接损失和间接损失(即"后果性"损失)。
- 风险管理的第一个阶段是识别内外部来源的风险。
- 一个重要的风险分类是将风险分为战略风险、运营风险、财务风险和合规性风险。
- 内部风险有许多来源(如人的个性因素、文化价值等)。一个组织的内部控制系统应该可以控制这类风险。
- 外部风险来源也有许多,利用 STEEPLE 模型可以帮助你识别这些风险来源。

第一章 风险识别

自测题

括号内数字为参考答案所在段落。

1. 请给出风险管理的定义。（1.3）

2. 解释为什么不同的组织可能具有不同的风险偏好。（1.12）

3. 间接损失的含义是什么？（2.4）

4. 请列出有效的风险管理的优点。（2.11）

5. 列出风险识别的一些技术。（3.2）

6. 关于风险的供应链图析有什么优点？（3.10）

7. 请区分战略风险和运营风险。（4.1）

8. 列举运营风险的例子以及可能的减轻策略。（表 1-4）

9. 列举内部风险的例子。（5.2）

10. 组织内部控制系统应该覆盖哪些与风险有关的领域？（5.5）

11. 外部环境以什么方式对组织施加影响？（6.2）

12. 在国际贸易环境中增加的额外风险有哪些？（6.8）

第二章

风 险 评 估

对应大纲内容

4.1 分析供应链风险管理中概率和影响评估的应用

- 评估风险发生概率与影响的方法
- 脆弱性评估
- 整理风险的统计证据
- 概率论的应用
- 应用正态分布评估事件的概率
- 二项分布与泊松分布

4.2 用以缓解供应链风险的风险评估和风险登记

- 使用模板进行风险评估和风险登记
- 完成风险评估与风险登记
- 让利益相关者参与风险评估和风险登记

引言

在本章中,我们从风险识别转移到风险管理过程的下一个阶段——风险评估。在这一阶段,对已识别风险的概率和影响进行评估,并且尽可能进行量化,以便为下一步的排序奠定基础，从而最终降低风险发生的可能性或者减轻风险事件一旦发生时所造成的影响。

我们还将介绍一个重要的风险管理工具，即风险登记簿。尽管这一工具是用在所有风险管理阶段中的，但它是风险评估记录、监督和检查的基本工具。

在第三章中，我们将通过讨论风险管理战略完成对风险管理周期的介绍——用有关风险的信息（在风险识别与评估阶段收集到的）来减少组织的残余风险和暴露的方式。

第一节　风险和脆弱性评估

风险评估

1.1　风险识别（Risk Identification）是要识别出所有可能导致某一活动出岔子的事件。风险评估是要对潜在的已识别风险事件的概率和严重程度进行评估。换句话说，就是问"它发生的可能性有多大，它可能造成多坏的结果"。

1.2　正如第一章所述，对于风险，可以用基本公式进行量化，其公式为

$$风险 = 可能性（概率） \times 影响（负面的后果）$$

- 风险可能性（Risk Likelihood）是指在假定风险性质和当前风险管理做法的情况下发生的概率。它可以用0（没有机会）到1（确定）之间的一个数字来表示，或者用百分比（100%表示确定）、分值（1~10）或等级（低、中、高）等来表示。风险事件发生的可能性越高，风险的总水平越高，风险管理的优先级就越高。

- 风险影响（Risk Impact）是指给组织造成的可能损失或成本，或者对组织完成其目标的能力可能的影响水平。对影响的严重性可以进行量化（例如，用估算的成本或损失）、计分（1~10）或评级（低、中、高）。

1.3 高概率事件不太可能找到将事件发生风险最小化的方法。相反，我们要调动资源来使它们造成的影响最小化。低概率事件不值得我们投入资源。然而，如果它们的影响很大，那么我们还需要制订应急和恢复计划，这样组织就可以在事件发生的时候有效地进行响应。更应该引起我们重视的是那些发生可能性很低却会造成灾难性后果的事件，而不是发生可能性大但造成影响轻微的事件。

脆弱性评估

1.4 脆弱性评估（Vulnerability Assessment）是指一个过程，凭借该过程，我们可以对系统、组织或供应链中特别易遭受风险或攻击的领域进行识别、量化和排序。换句话说，是风险评估的一种形式，专门用来识别风险状况中的薄弱环节。"脆弱性分析的目的是对关键资产进行分类，并且促进风险管理过程。"（美国能源署）

1.5 脆弱性评估常常是针对 IT 系统、能源和水供应系统、运输和物流系统及通信系统而开展的，既是在单独的企业中，也是针对大型地区或国家的基础设施的。就本单元的目的而言，你也可以考虑评估供应链和供应链流程的脆弱性或"薄弱环节"。

1.6 脆弱性评估一般包括如下四个基本阶段：
- 列举某一系统中的资源（资产和能力），并对其进行分类。
- 给这些资源赋一个量化的数值、分数或等级顺序。
- 识别每种资源的脆弱性或潜在威胁。
- 对于最有价值的资源，为减轻或消除最严重的脆弱性进行计划安排。

1.7 "脆弱性评估"这一术语也用来描述人口、基础设施和环境威胁评估的灾难管理过程。洛维科维斯特·安德森等人（《社会管理极端事件能力建模》）

认为:"传统的风险分析基本上关注的是围绕工厂(或者其他一些对象)及其设施和运营的风险调查。这类分析倾向于强调所研究对象的原因和直接后果。另一方面,脆弱性分析既强调了对象自身的后果,也强调了对周围环境造成的直接和间接后果。它也考虑减轻这类后果并提高管理未来事件的能力的可能性。"

1.8 塞德格洛夫建立了脆弱性审计(Vulnerability Audit)的一个基本模板,如表2-1所示。

表 2-1 脆弱性审计模板

危险类型	脆弱性 ("低"到"高")	优先级 ("末位"到"第一")	行动 (降低脆弱性)	成本 (英镑或美元)
质量				
环境				
健康与安全				
火灾				
安全				
欺诈				
财务				
IT				
市场营销				
建筑物				
人力资源				
其他				

第二节 定性工具和技术

风险概率/影响矩阵

2.1 我们可以利用矩阵或风险图来进行一次简单的风险或影响评估。根据威胁和危险发生的可能性及其一旦发生所造成影响的严重性,在图上绘出相应的点，如图 2-1 所示。

图 2-1　风险评估栅格

2.2　现在，我们依次来看一下每个栅格：

- A 格包含的事件是不太可能发生并且一旦发生后造成的影响比较轻微的事件。比如，在供应商配备了应急后备发电机的情况下发生的一次供应商工厂停电事故。假定影响的程度比较低，组织就可以把这些因素当做低优先级的因素而忽略掉。

- B 格包含的事件是相对可能发生并且一旦发生后造成的影响比较轻微的事件。比如汇率波动（如果组织参与国际采购的程度比较低）。合理的应对措施是对这些因素进行监测，以防形势发生变化并且影响超过预期。

- C 格包含的事件是不太可能发生但是一旦发生后造成的影响比较严重的事件。比如，满足关键需求的供应商倒闭或者自然灾害（在平时不太容易发生地震或海啸的区域发生了这类事件）。合理的应对措施是制订应急计划使影响最小化，以防事件发生（例如，建立供应的后备供应源，并购买保险）。当我们在可以减轻风险且不会产生较大成本的情况下，应该考虑这样做。例如，飞机失事导致高级管理团队遇难，这一事件的风险比较大，为了规避这一风险，许多组织制定政策，禁止"关键人物"同时旅行（并给"关键人物"购买保险）。

- D 格包含的事件是既可能发生而且造成的影响又比较严重的事件。比如，出现一项新的改变供应市场的技术。合理的应对措施是应对已察觉的威胁或机会，并将其包含到战略分析和规划之中。

2.3 塞德格洛夫通过对影响的严重性（微小的、较小的、严重的、惨重的）和发生概率（非常不可能、不太可能、相当可能和确定/非常可能）进行了简单的、定性的分类，建立了风险图析方法。然后，将风险绘制在一个简单的栅格上，如图 2-2 所示。对角线代表一个分界线，即将大体上可以接受或不可以接受的风险区分开，分为风险管理的高优先级（线上）与低优先级（线下）两类。

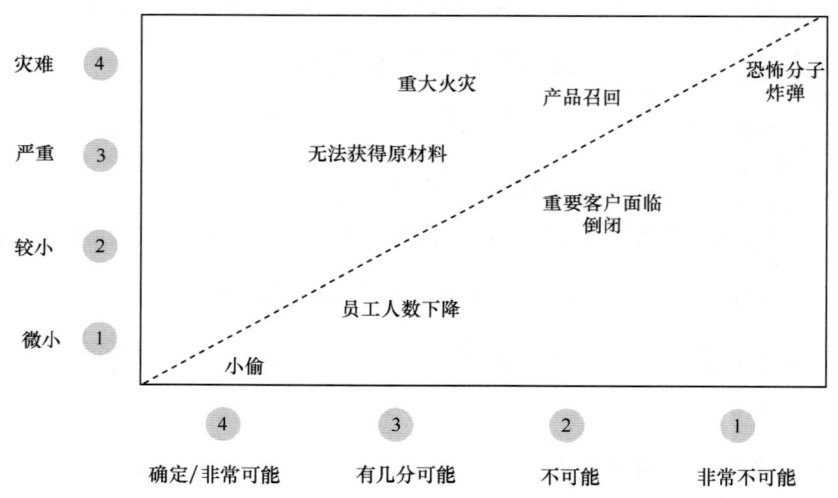

图 2-2　定性的风险矩阵

风险评分

2.4 其他风险矩阵工具则试图对风险进行量化。例如，卡洛夫和拉维恩森（《管理概念和模型大全》）根据"概率×后果"的公式，建立了一个简单的风险矩阵。概率是用百分数来表示的，后果是用从 1 到 10 的数字（1 表示可以忽略的后果，而 10 表示灾难性的后果）来表示的。例如，在评估一个信息技术职能的外包合同时，可以识别出如下一些关键风险要素。

风险要素	概率	后果	风险水平
系统故障	20%	10	2.0
员工罢工	80%	6	4.8
（项目、新产品的）初期问题	30%	4	1.2

2.5 我们可以多种方式来利用这一分析。

- 员工罢工包含了最大的风险，所以这是优先得到管理层重视的风险（例如，从供应商那里获得在员工关系谈判上的保证，开展员工沟通和征求意见活动等）。

- 事实上，可能要设置对后果的容忍水平（例如，对潜在后果达到 7 以上的所有风险，必须采取相应的措施）。因此，"系统故障"就成为管理层优先采取行动的因素（例如，确保应急计划和支持系统到位）。

- 风险的不同要素可以用图表的方式来表示，如图 2-3 所示。据此我们可以制定出决策指导方针：对于"可接受的"风险水平，无须采取任何行动；对于"适中的"风险水平，需要进行风险管理；对于"不可接受的"风险水平，则要避免或消除风险。

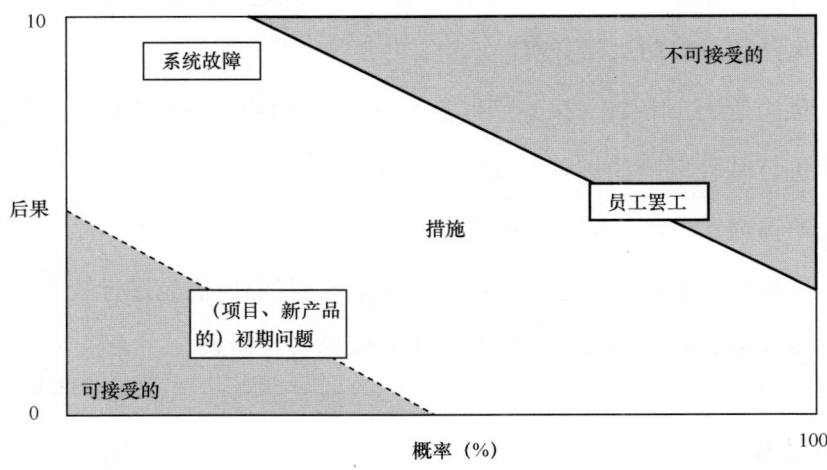

图 2-3　风险分析矩阵

2.6 另一种风险评分方法仅仅是为可能性分配数字分值,从最低(1)到非常高(5),并且影响是从微小的(1)到惨重的(5)。迈克·布鲁克思(《会计学》,2007年1月)提出了对这些分数进行界定,如表2-2所示。

表 2-2 对可能性和影响进行评分

可能性的分值	影响的分值
1. 行业内从未发生过	1. 没有可觉察出的影响
2. 行业中发生过,但在本集团中从未发生过	2. 如果发生,会耗费这一业务部门净资产的10%
3. 在本集团中发生过,但在本业务部门中从未发生过	3. 如果发生,会彻底摧毁这一业务部门
4. 在本业务部门中偶尔发生过	4. 如果发生,会耗费集团净资产的10%
5. 在本业务部门中经常发生	5. 如果发生,会彻底摧毁这一集团

2.7 相乘得出的分数(可能性分值×影响分值)范围是1~25。

- 风险值在 6 以下(风险程度低),不需要采取减轻措施。而且还要审视一下现有的控制措施,确保措施与风险水平是相称的。

- 风险值为 8~12(风险程度中等),提醒我们应审视现有的控制措施,并且可能需要执行额外的控制措施。在降低风险和其实现成本之间应有一个平衡,可以利用成本收益分析对此进行评估。应每年检查一次风险值,以防风险升级。

- 风险值为 14~20(风险程度高),提醒我们应检查现有的控制措施,并进行减轻风险的规划。我们可能需要将问题提交到更高的层级或风险委员会。风险值应每季度检查一次。

- 残余风险值在 21 之上(最大的风险),我们应优先进行较高层级的风险减轻和避免的规划,而且应不间断地进行检查。

影响的量化

2.8 我们将在下一节阐述风险概率的量化统计技术。事实上,通过对严重性进行定义和分类，我们也可以对风险后果、严重性或影响进行部分地量化。塞德格洛夫推荐了一个"影响尺度"定义，对一系列已识别风险的影响分别定义为"惨重的"、"严重的"、"较小的"和"微小的"等四个级别。例如：

	惨重的	严重的	较小的	微小的
收入损失	超过1000万美元	100万～1000万美元	10万～100万美元	10万美元以下
健康和安全	死亡	重伤	轻伤	摔倒/滑倒

情景分析和规划

2.9 "情景"（Scenario）可以定义为"反映因果作用的一个未来发展的梗概"（《钱伯英语词典》），或者"关于未来会演化成什么样子的内部一致的看法——并非一种预测，而是一种可能的未来"（伯特，《竞争优势》）。情景分析中，必须回答"如果……会怎么样"之类的问题，并试着预测决策的结果和行动。例如，如果原材料价格翻倍情况会怎么样呢？如果我们失去两个最大的客户会怎么样？如果因特网崩溃了会怎么样？如果希腊退出欧元区会怎么样？

2.10 简而言之，情景分析（Scenario Analysis）包括以下几个方面。

- 利用头脑风暴法或团组研讨会，以激发对企业或供应链、行业或市场以及更广外部环境中问题和可能性（既有正面的，也有负面的）的识别。
- 描述或计算机模拟（利用电子表格或更为复杂的模拟软件）某情景中的关键变量。
- 改变所选变量（根据"如果……会怎么样"的问题）并观察对其他变量和对总体结果的影响。
- 创建最优的、最可能的和最坏的情形来测量影响。

第三节 统计学（定量）工具和技术

核对统计学上的风险证据

3.1 估计事件发生概率的关键技术是从历史经验数据外推，预测未来事件发生的可能性。在风险评估的例子中，过去一个风险事件的发生是推断其未来发生可能性的很好的指导。风险评估师会对一系列历史风险数据感兴趣，包括风险事件发生所处的环境，当时采取了（或者没有采取）哪些减轻或预防措施。事实上，我们应该特别注意可计量的、可统计的数据，如发生频率和成本。

3.2 人们经常会用到统计抽样。在许多情况下，数据的"总体"可能是巨大的，要收集并核对所有可能的数据几乎是不现实的。作为代替的一种做法，分析师会选择一个精心安排的样本来使用。假定所选的样本具有代表性，那么我们就可以从样本数据外推，对更广泛的"总体"得出有效的结论。

3.3 举一个风险评估的例子：有的公司为了将市场营销风险降至最低，可能会对新产品受消费者欢迎的概率很感兴趣。通过在具有代表性的消费者正交样本中开展市场研究工作，公司可以预测更广泛市场可能的反应。

3.4 为了从样本得出统计上有效的结论，样本必须具有足够的规模，而且能够代表更广泛的总体。也就是说，不能从某一特定地理区域或人口统计组中抽样，否则会扭曲结果。

3.5 我们可以从许多途径收集到风险统计数据。

- 关于风险事件分类与分析的公开出版报告、统计文摘和在线数据库（如企业破产、各类投资的效益、工业事故、环境影响等）。
- 公开发表的各类商业风险评估和监测报告。

- 对各类利益相关者的统计调查。
- 组织的记录和文件（如风险登记簿、事故和事件报告、质量故障报告等）。

运用概率理论

3.6 概率是我们在日常生活中经常会碰到的一个概念。我们所有人都会泛泛地说今天有没有可能下雨，以及我们买的彩票中奖的可能性有多大。人们将概率理论用作量化工具，旨在给"非常可能"或"相当可能"等概念加上一个用数字表示的比例量度。

3.7 按照惯例，测量尺度范围从 0（不可能）变化到 1（确定）。因此，0.5 表示相等的或 50:50 的概率。

3.8 如果某次试验有 m 个同等可能性的结果，其中，n 个导致了某一结果 x，那么该结果的概率（用 $P(x)$ 表示）就是 n/m。

例如，如果以公正的方式丢掷一枚骰子，那么结果为 1 到 6 中的每一个都具有相同的可能性。投出一个偶数号码的概率可以按下面的公式进行计算：P（偶数）$=3/6=1/2$（6 个结果中有 3 个结果是偶数号码：2，4 和 6）。

3.9 如果两个事件互斥（即其中一个事件发生则另一个事件就不会发生），则 P（A 和 B）$=0$。事实上，A 或 B 发生的概率则是每个事件单独发生的概率之和，即 P（A 或 B）$=P$（A）$+P$（B）。所以，掷骰子时投出 1 或 6 的概率是：$1/6+1/6=2/6=1/3$。

3.10 如果两个事件是互相独立的（即一个事件发生或不发生，不会影响另一个事件是否发生），则 A 和 B 同时发生的概率是单独事件发生的概率之积，即 P（A 和 B）$=P$（A）$\times P$（B）。举例来说，一次包含 12 个零件的交付中有 4 个缺陷品而其余是好的，那么 P（缺陷品）$=4/12$，而 P（合格品）＝8/12。抽取两件合格品（假设你在选择第二件之前，放回第一件）的概率计算如下：

P（第一个零件合格）＝8/12；P（第二个零件合格）＝8/12

P（第一个和第二个零件都合格）＝8/12×8/12＝2/3×2/3＝4/9（即 0.44）

概率分布

3.11　概率分布主要有三种类型，如表 2-3 所示。

表 2-3　概率分布

类型	要点	应用示例
二项分布	只有两个结果的离散事件概率（p 或 q：如成功或失败，具有或不具有某种属性，答案是"是"或"否"，事件会或者不会发生） P（p+q）＝1 所以，如果 P（p）＝1/2， 则 P（q）＝1-1/2＝1/2	• 某一批次包含缺陷品或非缺陷品的概率；含缺陷数等于 x 或不等于 x 的概率 • 客户购买或不购买某一品牌 • 项目成功或失败；准时或延迟交付
泊松分布	一个离散事件（p）在事件序列或试验序列（n）中的概率 如果该事件在一个单独试验中发生概率较小且试验的总数非常大，则采用泊松分布	• 质量控制：在一定长度的电缆上或在一定时间期间出现缺陷（或者不出现缺陷） • 风险评估：在给定时间间隔发生问题或成败
正态分布	概率范围以及它们发生的可能性有多大，基于连续的历史数据，形成一个频率分布，用直方图来呈现	如果缺陷是正态分布的，计算每次交付中出现 3 到 7 个缺陷品（容忍水平）的概率

决策树分析

3.12　决策树分析（Decision Tree Analysis）是一项处理一系列决策的技术，其中每一个决策都涉及许多可能的结果。决策树以一种结构化的方式，将决策和结果的各种组合图示出来。通过估算各种可能结果的概率，并且为其分配货币值。这张图提高了决策相关风险的可视性，从而让经理人作出最优决策方案的选择。

3.13 举一个例子，假设一家公司正在考虑生产一个产品生命周期为 5 年的新消费品。为了生产该产品，需要建立新的工厂。管理层有以下三个可选方案。

- 方案 A 是现在以 100 万英镑的成本建立一个大型工厂。如果市场状况良好（概率为 70%），公司预期 5 年内每年从新产品获得利润 35 万英镑。如果市场状况不好（概率为 30%），则在 5 年内每年会遭受 7.5 万英镑的损失。

- 方案 B 是现在以 55 万英镑的成本建立一个小型工厂。如果市场状况良好，公司可以每年赚得 20 万英镑的利润；如果市场状况不好，公司每年会遭受 2.5 万英镑的损失。

- 方案 C 是等待一年，以便收集到更多的信息。如果分析出的情况不利（概率为 20%），管理层会放弃这一想法。如果结果是有利的（概率为 80%），管理层或者建立一个小型工厂，或者建立一个大型工厂，但仍需要考虑市场状况是好还是坏的情况。

3.14 我们可以用如图 2-4 所示的示例图来反映上述状态。方块表示决策点，即经理人下决心如何进行下去的点。圆圈代表随后产生的可能结果，即市场状况可能良好，也可能不好；在方案 C 中收集的信息可能是有利的，也可能是不利的。财务结果既取决于作出的决策，也取决于之后占优势的经济状况。

3.15 利用估算的概率和来自每个结果的估算现金流，可以计算出每个方案的期望值。一般情况下，管理层会选择那个利润期望值最高的方案（尽管还存在许多我们不应该忽视的非财务决策因素）。

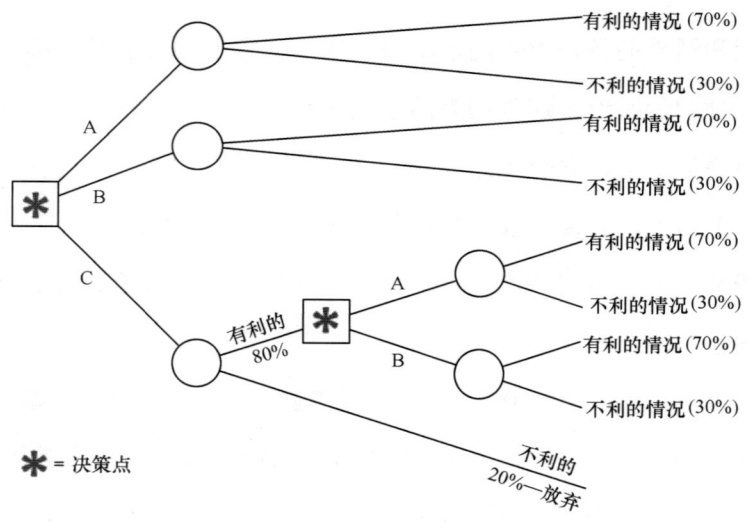

图 2-4 简单的决策树示例图

3.16 在上面的例子中,由于超出了本课程的范围,所以没有给出数学运算过程。在实际工作中,现在可以利用合适的计算机软件来绘制决策树,这样就没有必要进行手工计算了。

3.17 在下列情况下,决策树是很有用的:具体的供应管理问题或项目决策可以抽象为一套互斥的要素(二者取其一的决策);每个决策都有一套可识别的方法,对每个结果都可以评估出发生可能性(概率)和现金价值(收入和成本)。

故障树分析

3.18 故障树分析(Fault Tree Analysis)是一个与决策树分析相类似的方法,它将一个系统或过程内的可能事件(特别地,可能会导致故障或不利结果的事件,如人的失误+硬件故障+软件失败)的组合以图表示出来,以便计算某一故障或风险发生的概率。

3.19 这是因果分析(Causal Analysis)的一种形式。例如,故障树可以用来分析某交叉路口发生撞车事故的概率。我们通过故障树追溯回去，分析可能是什么故障导致了撞车事故的发生。可能的情况有：在主要交叉路口已经有一辆车，从侧路上出现另一辆车而且没能停下来；还可能是由于驾驶技术不好或者道路状况不良造成的。通过给撞车事故中所有可能的引发因素分配一个概率，就有可能估算出一段时间内交叉路口预期发生的撞车事故有多少。

3.20 你应该能够想象如何利用类似的技术来绘制供应中断、质量故障或工作场所事故的可能原因（及其发生的可能性）。

相关性建模

3.21 风险不一定是由于某个单一的故障引起的。相反，常常是由于多种因素结合在一起从而产生了风险，如人、系统和环境等。相关性建模（Dependency Modelling）是一个软件工具，我们可以利用该工具来分析那些共同导致风险产生的相关变量之间的联系。

3.22 在该模型之中，我们可以从公司目标开始，沿着实现目标所需的所有变量组成的互相依赖的网络分析下去。模型的输出包括：组织所面对的风险的分析；这些风险可能的影响（从财务和经营角度看）；在杠杆关键点上可能的应对措施。

风险价值

3.23 风险价值（VaR）是用来评估组织风险暴露程度的测量工具。它由银行和金融部门开发出来，最初主要用于进行许多不同投资的组织（如银行和证券公司）。不过，VaR原理同样适用于非金融组织。例如，一家大型建筑公司在某一时间点可能有许多正在进行的项目，其中每个项目都可以被视为一项金融投资。

3.24 根据市场条件和不同投资之间的相关性（因为对 A 项投资产生不利影响的市场发展，可能会对 B 项投资产生有利的影响），通过测量公司投资组合的波动性，VaR 对风险暴露进行评估。

3.25 风险价值可以定义为组织在一段给定时间范围内在某项投资上预期（在预定的概率水平上）遭受的最大损失量。例如，在概率为97%的条件下，估算的 VaR 是一个季度内损失不超过 15 万英镑。

3.26 VaR 的计算中，包括以下四个步骤。

- 确定公司估算损失的时间范围。
- 选择所要求的可信度。以 95%的置信度估算我们可能的损失够了吗？或者有必要采用更高的置信度吗（如 99%）？
- 利用历史市场数据，结合前期市场状况的评估，建立可能的投资回报的概率分布。
- 计算 VaR 估算值。

风险调节资金回报率

3.27 风险调节资金回报率（RAROC）是用于测量利润率的一个基于风险的框架，它是以分析经风险调节的财务效益为基础的。换句话说，它是以了解风险与回报之间的权衡关系为基础的，使组织能够管理其投资的风险暴露，同时更好地预测他们的经济效益，维持财务完整性，增强利益相关者的信心。

3.28 RAROC 可以定义为风险调节回报（预期的或实际的风险调节净收入）与经济资本（预期的风险）之间的比率。"经济资本"（Economic Capital）是指为了确保公司在最坏情形下的生存所需的资金数量（类似于"资本充足性"的概念)。换句话说,就是帮助公司抵挡市场价值冲击、保持清偿债务能力的资金数量。经济资本是市场风险、信用风险和运营风险等的一个函数,常常利用 VaR 来计算。因此,RAROC 可以用如下公式表示:

$$RAROC = \frac{预期回报}{风险价值(VaR)}$$

3.29 RAROC 可以用于投资评估,以确定一个项目是否值得投资。如果 RAROC 等于或大于"最低预期资本回收率"(可接受的最低回报率),则交易可行,或者说是成功的。如果一项交易的预期净收入是 1.5 万美元,并且其 VaR 是 10 万美元,则 RAROC=15%。如果最低预期资本回收率是 20%,则回报不值得冒险。由于投资者和经理人想要获得能弥补风险的回报,所以项目或投资风险越大,最低预期资本回收率就越高。

第四节 风险登记簿

4.1 风险状况(Risk Profile)是关于组织所面临的风险的总体评估文件,它涉及风险的排序。

4.2 风险登记簿(Risk Register)是一份简洁的、结构化的文档,列出企业、项目或合同中包含的所有风险,以及风险分析结果(影响和可能性)、最初的减轻计划和每个风险当前的状态。为了保证风险状况的时效性,应定期更新风险登记簿(至少每月更新一次)。

使用风险登记簿的目的和好处

4.3 使用风险登记簿的目的和好处如下所述。
- 将有关已识别风险的所有分析和决策集中到一个调节的、集中的(但可访问的）数据存储器中。
- 提供一个模板文档，使风险信息得以系统性地记录下来，并且是用标准的格式，以便于分析与使用。风险登记簿可以轻松地实现计算机化（例如，利用电子表格或定制的软件包），以支持访问、合并、分析、更改、风险警报的触发、采取减轻措施等。
- 在组织上下建立风险可视度，包括当前风险状态和暴露的直接可视性，用于决策制定和问题解决的相关的、准确的和最新的信息。
- 明确风险监督和管理的职责。
- 提供一个风险监督、管理和检查活动的框架。对于单个项目或单元来说，模板方便了操作层级的使用，但也可以合并数据以用于战略风险管理。
- 为分配风险监督、管理和检查所需的资源提供基础，并且为风险管理的商业论证奠定基础。
- 促进（或者充当一个工具）关键内部、外部利益相关者对于风险问题的沟通，促进有关风险的学习、利益相关者参与和输入等。
- 向项目发起人、合同经理和其他被委任的风险责任人提供一个文档化的框架，根据这一框架，生成风险状态报告。

风险登记簿模板

4.4 风险登记簿一般包括以下数据栏目。
- 识别每个风险的唯一参考号或代码数字。
- 风险类型和性质的说明。
- 风险被第一次识别出来的日期。
- 风险责任人，即对风险监督和管理负有领导责任的个人（或角色/岗位）。

- 风险事件发生的概率：用适当的等级、分数、百分比或类别来表示。组织可能对低（L）、中（M）、高（H）有标准的定义；中间的等级，如 M-或者 H+等；范围从 L~M 之类的，这种情况适用于风险没有完全或准确评估的情形。
- 风险事件如果发生所造成的影响、成本或后果（用适当的成本价值、分数、等级或简单的描述来表达）。
- 为了减小概率或减少影响，或者兼而有之，明确可能的应对措施或减轻措施。当风险具有较高的影响时（不管概率是多少），应包含应急计划（或者链接到，或者交叉索引指向有关应急计划）。它也应包括恢复计划（一旦风险事件发生，为了恢复正常的操作，所采取的有计划的措施）。
- 选择的风险减轻措施及其效果（如果有的话）。
- 定期更新每个风险的状态信息（到位的应对措施以及它们是否有效），并注明最近一次更新的日期。

4.5 表 2-4 为采购和供应职能所用的一个简单的风险登记簿（记住，这只是一个一般的例子，登记簿应当反映实际中风险、脆弱性和责任的具体性质）。

表 2-4　风险登记簿模板

ID	风险	概率等级	影响等级	战略/控制	采取的措施/当前状态	责任人	检查	更新
1	关键供应商企业破产	低	高	处理：评价/选择多个供方	评价标准，建立备用途径	核算经理	[日期]	[日期]
2	质量故障	低	中	处理：规格、质量保证	征求供应商意见	质量经理		
3	进度偏差（前置期延长了）	中	低	接受：监督	监督	核算经理		
4	价格/成本偏差	高	中	处理/转移：合同条款	定死价格	核算经理		

（续）

ID	风险	概率等级	影响等级	战略/控制	采取的措施/当前状态	责任人	检查	更新
5	材料的不可利用性	低	低	接受：监督	监督	材料经理		
6	采购欺诈	中	高	处理：道德准则、内部控制	内部控制到位	财务官		
7	供应商CSR问题引发的信誉损失	中	中	处理：CSR政策监督	征求供应商的意见	琼斯		
8	运输中货物的损失/毁坏	高	中	转移：保险、合同条款	购买了保险、使用了Incoterms	物流经理		
9	技术/系统故障	中	中	处理：后备系统	调查了计算机部门	IT经理		

交通灯系统

4.6 "标示"风险登记簿中风险水平的一个简单方法就是所谓的"交通灯系统"（Traffic Light System），即将决策（或者采购组合中的物料项目和类目）标示为高风险（红灯）、中风险（黄灯）或低风险（绿灯）。这样一种方案被用在一些计算机系统中，如用作快速可视风险评估的工具。在采购风险登记簿中，我们一般出于如下几个目的利用该系统来标示个别采购或合同。

- 促进基于风险的沟通和决策。
- 增强风险意识，鼓励更频繁地对中风险和高风险的采购或合同进行监督和检查。
- 标示出红灯决策所需的额外审批或授权。
- 使采购经理人能够分析采购决策、评估职能风险偏好、评估采购决策是否符合组织的风险偏好。

维护风险登记簿

4.7 在以下几种情况下，组织应该检查和修订风险登记簿。

- 当运用了风险减轻战略的时候(改变了当前的风险状态)。
- 当发现新的风险或现有风险升级的时候。
- 当检查和监督计划与时间表有此要求的时候(每个已登记的风险均应该确定检查和监督计划与时间表)。

第五节　使利益相关者参与

5.1　至此,我们还没有明确地讨论如何在组织内部对风险管理活动及责任进行组织或分配的问题。我们已经强调了风险管理是所有经理人和组织成员的责任。可是,在风险管理中实际上存在许多关键的利益相关者,他们可能会对风险识别和评估流程提供输入。

董事会

5.2　组织高级管理层(如董事会或理事会)负责代表股东或投资者对组织进行管理。因此,高级管理人员可能会参与到如下活动中。
- 战略风险的评估和管理,这是战略规划和管理过程的一个组成部分。
- 组织风险偏好的表述,这是组织核心价值观和政策的一个组成部分。
- 在较高层级上制定风险管理政策(职能经理和风险管理人员会据此制定风险管理程序和规定)。

5.3　确保根据组织目标、政策和风险偏好实施风险管理程序,对此高级管理层也承担最终的责任。在英国,"证券交易所联合准则"认为,对所有材料控制(包括财务、运营和合规控制)和风险管理体系控制进行检查是董事会的责任。特恩布尔报告明确了董事会在以下几方面负有责任。
- 考虑哪些属于重大风险,并且评估如何有效地识别、评价和管理这些风险。
- 在管理重大风险的过程中评估内部控制系统的有效性，尤其关注所报告的内部控制的任何重大缺陷或弱点。
- 考虑是否采取了必要的措施来及时纠正任何重大缺陷或弱点。
- 考虑调查结果是否表明还需进行更广泛的监督。

风险管理职能

5.4 组织可能配备了专职的风险管理人员或职能部门（取决于组织的规模），赋予其制定风险政策和程序、评估组织范围内的风险、协调风险管理规划计划与应对风险事件等职责。

5.5 被选定的风险管理人员也可能是在职能层级上委任的，旨在协调关于某些种类风险的风险评估、管理和汇报工作。举例来说，被选定的风险管理人员可能包括运输安全经理、健康和安全经理、合规性经理和环保经理等。

一线管理

5.6 一线经理和团队领导人在职能层级上承担他们部门内的风险识别、通知和管理的职责。
- 制定和/或实施组织已制定的风险政策和程序。
- 落实遵守风险减轻的规章和计划（必要时，通过培训、辅导、征求意见和纪律惩处或绩效管理干预等方法）。
- 加强风险意识文化（通过领导风格、沟通、树立角色典型和表彰负责任的行为）。
- 确保目击者按有关政策和规定的要求报告风险事件。
- 从员工（如建立风险"小组"或提出建议计划、支持通风报信者，或者鼓励向上汇报问题）、其他利益相关者（如供应商）和更广泛的环境中（如学习他们职业、行业或专业领域中最新的风险知识）收集有关危险、脆弱性和风险的信息。

风险责任人

5.7 指定的风险责任人（Risk Owner）应当对所有已识别的风险及风险过程的所有环节负责。应该向责任人授予必要的采取措施和调动资源的权限。ISO 31000 将风险责任人定义为"具有管理风险责任和权力的个人或实体"，强调了以下内容。

- 向责任人授予必要的采取措施和调动资源的权限。
- 风险责任应属于管理层，而不仅仅属于"风险经理"。

5.8 应该对责任人的角色和责任进行清晰的界定与沟通，尤其是与一线经理和指定的"风险经理"有关系的角色和责任。风险经理一般会向风险责任人汇报风险状态和减轻措施，而风险责任人的任务则是维护风险登记簿的有关部分。

外部和内部审计职能

5.9 在英国，随着"证券交易所联合准则"、特恩布尔报告和公司治理的引入，现在已经出现越来越多的风险管理内部、外部审计角色。

5.10 专业的外部审计员（External Auditors）会针对公共公司的财务和内部控制，开展独立调查工作。在英国的公共部门，类似的角色是由审计委员会和国家审计办公室来执行的。审计报告一般包括潜在脆弱性和未管理的风险领域的识别。外部审计只是按一定时间间隔才进行一次（常常是一年一次），而且具有有限的目标（常常是汇报组织财务效益）。内部审计的责任则是持续性的，以确保内部控制是充分的和有效的，而且需要向董事会（有时候还包括审计委员会）定期汇报。

5.11 内部审计部门（Internal Audit Department）的工作覆盖了组织业务的方方面面，不仅仅是财务，还包括仔细检查和测试组织中的所有内部控制，并且提出改进建议。在风险评估工作中，内部审计部门会与其他部门（如采购）紧密合作，识别并评估这些部门面临的潜在风险。内部审计部门会定期向高级管理层和/或审计委员会汇报工作。

5.12 识别风险的主要责任落在一线经理身上，但是内部审计部门通过对内部控制和流程进行系统的测试，在控制已识别风险方面发挥重要的作用。以采购为例，审核员可能会测试内嵌于供应商评估、招投标程序、合同制订、合同管理等之中的控制是否足够。内部审核员也可能执行与项目有关的任务。如果考虑签订一个大型外包合同，审核员就可能会检查该业务在企业内部开展得怎么样。

跨职能风险管理团队

5.13 跨职能团队常常用来评估、预防和最小化风险。这一方法在以下几方面具有优势。

- 通过选派那些日常工作中涉及危险的人员，提高大家的风险意识，确保有人对风险管理流程负责，并且促进风险管理文化的形成。
- 确保那些在危险和工作环境与流程中有最直接经验的人的投入，并让那些与宝贵的风险信息源（如供应商）联系密切的人参与，以获得风险问题上的多种观点。
- 促进完整的、过程导向的、跨职能的风险管理方法和文化，而不是零碎的，或者以"部门隔离"为基础的方法。

采购和供应职能

5.14 采购和供应职能在减轻整个组织的潜在损失方面可以发挥特定的作用，途径包括以下几个。

- 监督、识别和评估供应链、供应商和供应市场风险（通过持续的采购研究）。
- 开展供应商资格预审和评估，将供应商风险降至最低。
- 签订合同，利用合同条款将商务和供应风险降至最低。
- 以一种将财务、项目、运营和信誉风险降至最低的方式，管理合同、供应商和供应商绩效，尤其是在关于高风险采购战略方面，如国际采购、单一供应源搜寻和外包。
- 为战略决策风险评估提供信息和专长（如自制/外购决策、投资和项目评估、供应链结构）。
- 为跨职能项目团队提供信息和专长，以识别项目的采购、供应链关系和供应链风险。
- 管理组织外部开支的商务和财务风险。
- 管理采购合同和其他供应结构及关系中内在的风险。

5.15 运用严密的风险管理思想，我们可以将采购的"五个合适"重新定义为以合适的（可接受的）风险水平，在合适的时间，以合适的数量、合适的价格、合适的质量交付到合适的地点。

第三方风险审计和评估服务

5.16 对于已确定的公司风险领域所作的识别和评估，可以让第三方的风险管理顾问（或风险审计服务）承担持续的或基于项目的责任。我们将在第十二章详细讨论这些内容。

风险咨询流程

5.17 在公共部门，对关键利益相关者（包括更广泛的利益和参与团体）的咨询与参与，常常有更广泛的要求。英国国民应急秘书处提出了如下方法，来确定利益相关者是否应参与某一问题或管理决策的风险评估流程。

- 潜在的问题有哪些？
- 谁将受到管理决策风险及后果的影响？
- 哪些组织或个人具有对相关讨论有用的知识和专长？
- 哪些方面或个人对这一特定的或类似的风险问题表现出兴趣？
- 哪些利益相关者做好了倾听和尊重各方观点的准备，并且可能做好谈判的准备？

公共领域的风险管理角色

5.18 传统上，公共部门机构由于公众问责和透明性这种关键的公共部门原则，在治理和风险管理方面领先一步。

5.19 英国公共部门机构的活动受到许多有影响力的团体的监督，并受政策领导和最佳实践指导。

- 在风险的全面治理和有效治理原则方面，英国财政部向公共部门组织发布了建议和指导。
- 英国国家审计办公室代表国会核查公共开支，其定期检查计划覆盖中央政府部门和其他广泛的公共团体。这一角色包含了对风险管理政策、程序和效果的审计。
- 对于地方政府当局，审计委员会也发挥着类似的作用。

- 公共会计委员会（PAC）对花费是否正当以及所获得的资金价值进行审计和审查。对于会计官来说，这是一个有力的激励，以确保制定适当的程序来避免公共采购领域中的金融违规行为或者缺乏经济性、效率和效果。
- 政府采购办公室（OGC）向公共部门提供采购、计划和项目支持。它在日常工作事项中非常重视风险管理，从而开发并获得了类似 OGC 入口检查一类的工具。也就是说，在项目生命周期的关键阶段对计划或项目进行检查的过程，确保它们可以顺利地进展到下一个阶段。

5.20　这种公众问责极大地影响着公共采购。其中一个关键的影响就是要坚持详细的程序和进行记录，否则之后就很难对违反规定程序或记录不完善的一系列活动进行解释。公共会计委员会指出了公众问责所要求的各类行为，包括需要记录所有决策的原因，采购官员需要申明采购决策中的个人利益，需要避免利益冲突，需要确保合理授权，以及需要广泛地监督和管理欺诈风险。

5.21　人们常常会怀疑，审查和公众问责体制也在公共部门官员中间带来了一种"规避风险"的文化。国家审计办公室指出，在试图将风险降至最低的过程中引起灵活性和创新性等方面的不足，可能会造成资金价值无法实现。举例如下：

- 不顾及需求性质、市场条件和与潜在供应商的关系，对所有合同都使用相同的条款与严格的程序。
- 不愿意在早期让采购人员参与到跨职能团队中，使其能与客户、技术专家和用户合作。
- 不愿意使用创新性的方法，如在初期就市场可利用性和规格与供应商进行对话，到潜在供应商现场访问，或者观看潜在供应商所作的展示。
- （常常是财务部门）不愿意扩展采购卡的使用范围。

5.22 国家审计办公室提出了一个更为灵活的方法,采购人员或许可以采用。它包括以下内容:

- 均衡的风险管理方法(控制风险,而不是消除它)。
- 就过度控制的成本和风险,邀请外部的和内部的审计员参与对话。
- 创造性地应用官方指示和规定来满足客户需求。

本 章 小 结

- 风险常常可以利用公式"风险=可能性×影响"来量化,可以用风险评估栅格来绘制各个风险在这两个维度上的图示。
- 脆弱性评估是专门用来识别风险状况中薄弱环节的风险评估形式。
- 数学上的概率理论可以用来对风险进行量化。关键的工具包括概率分布(如二项分布、泊松分布和正态分布)、决策树分析和风险价值。
- 风险登记簿是对所有已识别风险的记录,其中,将每个风险的责任分配给明确的个人或团组。
- 风险管理中的关键利益相关者包括董事会、风险管理职能部门、一线经理、外部的和内部的审计员、采购和供应职能部门。

自测题

括号内数字为参考答案所在段落。

1. 请分别解释风险可能性和风险影响的含义。(1.2)
2. 列出脆弱性评估包含的阶段。(1.6)
3. 请解释风险评估栅格每个格中推荐的风险方法。(2.2)

4．请解释情景分析中包含的步骤。（2.10）

5．列出有关风险的统计数据的来源。（3.5）

6．请举例说明二项分布和泊松分布。（表 2-3）

7．列出 VaR 计算步骤。（3.26）

8．列出使用风险登记簿的好处。（4.3）

9．列出一线经理在风险方面的责任。（5.6）

10．列出采购和供应职能在风险管理中的责任。（5.14）

第三章

风 险 管 理

对应大纲内容

4.3 解释为改进供应链而建立风险管理文化和战略

- 风险管理国际标准，如 ISO 31000 和 ISO 28000
- 风险管理流程
- 企业风险的对外报道
- 改进供应链风险管理所需的资源

4.4 制定降低供应链风险的战略

- 制定风险管理战略以降低供应链风险

引言

在本章中，我们将完成对风险管理过程的概述，作为本书后面内容里全面探讨各种风险类别和一般风险减轻措施的基础。

首先，我们来介绍风险管理过程或风险管理"周期"（认识到该过程是持续的或连续的）。对于已识别的和经过评估的风险，该过程可以帮助我们制定许多应对的战略或"方法"。

然后，我们将考查两个最新的国际风险管理标准，它们整合了各个风险管理过程。ISO 31000 是一个全面的标准,将一般风险管理原则、一个建立并维持风险管理的基础框架和针对特定风险的风险管理过程联系起来。

在本章剩下的部分,我们介绍组织和供应链层级上风险战略的关键内容:如何制定风险战略,如何建立一种风险意识文化,以及促进组织和供应链内有效风险管理所需的资源。

第一节　风险管理过程

风险管理周期（Risk Management Cycle）

1.1　风险管理包含三个关键要素:风险识别、风险分析和风险减轻。ISO 31000 提出:"组织通过对风险的预测、理解和控制,实现对风险的管理。通过这一过程,他们与利益相关者沟通,征求利益相关者的意见,并且对风险及改变风险的控制措施进行监督和检查。"

1.2　"风险周期"（或"风险管理周期"）表示风险监督和管理过程是连续的,可以描绘为一个周期,如图 3-1 所示。

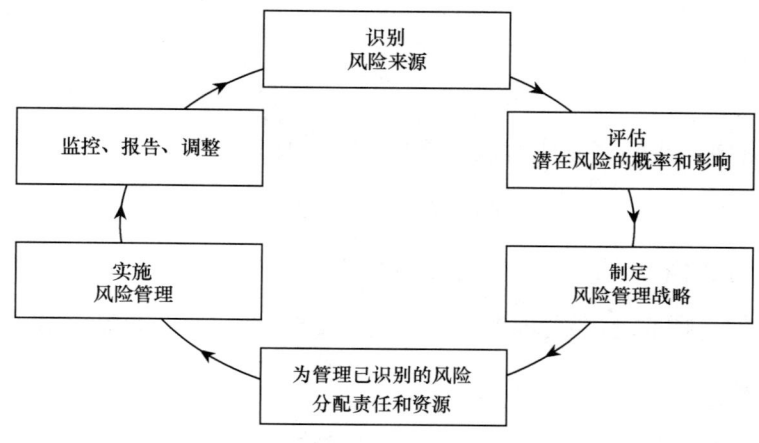

图 3-1　风险管理周期

1.3 到目前为止，本课程主要强调了如下环节。

- 风险识别（Risk Identification）是指尝试识别潜在问题或不确定性领域的过程。换句话说，就是提出"哪些环节容易出错"这样的问题（我们已经在第一章讨论过这个问题，当时我们强调的是要识别不同种类的风险）。
- 风险评估（Risk Assessment）是指对已识别的潜在风险事件概率和重要性的评估。换句话说，就是提出"它的可能性有多大，影响可能有多坏"这样的问题。要回答这些问题，常常需要用基本公式来量化：风险＝可能性（概率）×影响（不利的后果）（在第二章有所阐述）。

1.4 现在，让我们来概述风险管理过程的其余阶段，来看看整个风险管理周期。

风险管理和减轻战略

1.5 风险减轻（Risk Mitigation）是指减轻风险事件的不利影响。风险减轻的目标是降低固有的风险，使其达到组织可以接受的残余风险水平（记住，这不一定是消除风险。过度的"安全行为"水平会妨碍灵活性、创新性、创业精神或机会的充分利用）。

1.6 脆弱性的识别与量化可以使组织能够对计划和资源进行优先等级排序，以应对最严重的风险，并且设定明确的风险阈值，在这个阈值上触发关于某问题的管理行动。

1.7 人们通常把风险管理战略（"我们能做些什么"）总结为"四个T"。

- 容忍（或接受）风险（Tolerate）：如果评估后风险的可能性或影响可以忽略不计（或者没有可行的方法来降低风险），那么当下就不需要或者没有理由（根据成本收益分析和商业论证）采取进一步的措施。这种情况下，我们仅仅是确认并登记风险。或者如果风险的可能性或影响升级到预先确定的可接受暴露阈值，则将其标示出来以便进行监督和定期的重新评估。不论在哪种情况下，都应该对接受风险的理由和根据进行清晰地记载。

假定对于资源需求存在竞争性，那么对于低水平的风险，忍受可能是合适的应对措施。

- 转移（或者分散）风险（Transfer）：通过购买保险，或者不要把所有鸡蛋放在同一个篮子里（换句话说，就是选择双或多供应源搜寻）；或者利用合同条款，确保风险事件成本由供应链伙伴承担或分担（如通过明确合同各阶段风险的责任、利用违约金条款、坚持供应商保险，或者将分担风险监督的责任作为合同管理过程的一个组成部分）。

  风险转移减少了组织的风险暴露，但是付出了保险成本、可能的规模经济损失（由于分解），以及可能对供应链关系造成的损害。

- 终结（或者避免）风险（Terminate）：如果与某一具体项目或决策有关的风险太大，并且不可能减轻，组织则可以考虑不投资或不参与到这项活动或机会中。就像外包核心职能、进入政治不稳定的国外市场（例如，进入南美国家的合资企业，这些国家最近将许多外资能源公司收归国有化）这样的决策，可能仅仅是由于太过冒险而被束之高阁。

  终结风险使组织避免不可接受的风险，但该方法并不总是可行的。另外，还可能丧失机会和组合的协同效应。

- 处理（减轻、最小化或控制）风险（Treat）：采取积极的步骤对风险进行控制，将风险可能性或潜在影响减少或最小化，或者同时将二者减少或最小化。关于供应风险，包括如下一些措施：供应商监控和绩效管理、行为准则、供应商认证或资格预审、关键事件或偏差的报告和分析、应急和恢复计划（如替代的供应源）等。

  风险减轻的目的是将残余风险降到可接受的水平，尽管它也会产生减轻措施成本，而且会产生次级风险（由风险减轻措施引起的）。

1.8 处理或减轻风险常常从控制运用的角度加以说明。

- 预防性控制（Preventative Controls）的目的是限定负面结果发生的概率。例子包括义务的划分、监管、审批和授权要求，或者在信誉管理领域中的主动性"问题管理"。

- 指导性控制（Directive Controls）的目的是确保达到预期的结果。例子包括健康与安全规定、供应商道德政策和监控、员工培训、提供保护设备和应用电子采购程序。

- 探测性控制（Detective Controls）的目的是确定何时发生了没预料到的风险事件。它们通常是监督、项目评审、审计或汇报流程的组成部分，如供应商评级、项目评审、事故报告、客户和供应商态度调查等。

- 纠正性控制（Corrective Controls）的目的是：一旦发生没预料到的结果，就着手减轻其后果。例子包括合同违约的法律或契约补救办法、违约金条款、保险、危机管理和灾难恢复计划等。保险和损害赔偿金基本上是用来使组织恢复到损失没发生之前的相同财务状况。

1.9 本课程大纲中强调了一些具体的"一般性"风险减轻方法（如项目管理、合同救济办法和保险的使用），本教科书后面的章节将进行讨论。事实上，第四章至第六章介绍风险各种类别的时候也会提出一些风险处理和减轻的方法。

1.10 就像风险周期图反映的那样，所有风险减轻措施都需要采取下列步骤。

- 分配风险管理责任。
- 识别减轻风险所需的资源。
- 制订行动计划（包括资源预算和时间范围）。
- 获得管理层对风险减轻计划的批准（需要时）。
- 获得利益相关者对风险减轻计划的认可（必要时开展协调工作）。

- 实施经过审批的风险减轻计划（也许是通过专门的风险管理或风险应对团队）。
- 列出对于持续风险监测的风险汇报要求。

1.11 除了针对高概率风险要实施风险减轻计划之外，组织还需要针对低概率、高影响的风险制订应急计划。此计划包括备选的行动路线、备选供应源、权变措施和退却位置（"如果……我们做什么"）。我们将在第十三章讨论风险周期的这一重要内容。

监控、报告和审查

1.12 正如前文所介绍过的，组织应针对每一个识别的风险都任命一名风险责任人，旨在监控风险状况、更新风险登记簿，并定期向风险管理团队汇报情况。

1.13 监控、报告和审查（"发生了什么，并且我们能学习到什么"）是风险管理的一个重要组成部分，其目的有以下几项。

- 弄清组织风险状况或暴露是否正在发生变化，并且识别最近出现的或升级的合同风险或涉及关系的风险。
- 通过有效避免或减轻风险，确保组织的风险管理流程是有效的。
- 指出合同风险管理流程哪个环节需要改进，或者从紧急事件和合同问题中能吸取哪些教训。

1.14 英国财政部橘皮书提出，审查流程应做到以下几点。

- 确保每年至少审查一次风险管理流程的所有环节。
- 确保以合理的频率检查风险自身（针对管理层自己的风险审查和独立审查或审计，有适当的规定）。
- 针对新风险或已识别风险发生的变化，制定提醒适当的管理层级注意的规定,这样才能适当地应对变化。

1.15 审查可以利用许多工具和技术。

- 个人、工作组和项目团队的角色应包括长期持续性的自评估,并进行定期检查、审计和报告,包括 SWOT 分析、供应商评估、员工绩效评估、质量保证体系(如统计过程控制)、环境管理体系、健康与安全检查等。

- "风险自评估"(RSA)或者"控制和风险自评估"(CRSA)属于内部控制,借此组织各个领域均可利用一个文档化的框架或结构化的专题讨论会方法来检查其自身的活动。RSA 允许风险责任人展示和发展他们对风险过程的参与和对风险管理问题的理解。

- 部门汇报或管理工作汇报要求经理人向上汇报他们领域中当前的风险状态和他们在保持其各自领域中风险和控制程序更新的过程中所完成的工作。

- 英国财政部制作了一份"风险管理评估框架",它是评估组织风险管理成熟度的一种工具。

- 内部审计职能会就风险管理的适当性提供一份重要性、准独立的和客观的报告。不过,它不能取代风险责任制,即在整个组织和供应链植入风险管理。

公司风险的对外报道

1.16 正如本教材第四章所述,组织在改进公司治理和透明度方面承受着越来越大的压力。随着投资者、财务分析人士和其他外部利益相关者越来越意识到风险管理的作用,商业风险的外部披露要求也相应地越来越大。通常,外部报告的压力可能来自如下几个方面。

- 法规要求。
- 外部利益相关者的期望,包括投资者、金融市场、客户、供应商、商业同盟以及在组织风险状况和暴露中有利害关系的其他各方。
- 组织自己的治理、企业社会责任(CSR)和风险管理政策。
- 有计划的、自愿的披露所带来的信誉和其他好处(既是针对内部听众,又是针对外部听众),减少了法规监督、提高了透明度方面的信誉、减少了不合规的处罚等。

1.17 "利益相关者想得到更多的信息,如组织面临的各种风险,以及组织如何应对风险;并且对组织风险的兴趣远远超出了传统的财务风险范畴。他们想要的是实实在在的保证,即组织建立了健全的识别、评估和控制风险的体系和过程,这样他们就可以更好地评估公司效益,并且进行更有根据的决策。针对更广泛的风险加强测量和汇报是必要的,不仅是为了满足新的规定要求,而且也是为了提升管理绩效和利益相关者的信心。"
(CIMA 全球管理会计指导原则:《用于内、外部决策的组织风险报告》)

1.18 在英国,董事撰写年度董事会报告的义务是法令规定的。
- 大型公司的报告中必须包括对业务的评估,解释董事们是如何履行他们促进公司成功的义务,即如何保证所有利益相关者的长期利益(包括维护公司声誉)。
- 根据《欧盟账户现代化指令》,"经营和财务评估"必须包括如下几方面的分析。
    — 公司的目标和战略。
    — 企业可利用的资源。
    — 资本结构、财政政策和目标、企业的流动性。
    — 影响公司效益、结果和市场地位的主要因素。关键因素包括原材料稀缺性、对主要客户或供应商的依赖性、自我保险、技能短缺和环境成本。

— 对于企业面临的风险和不确定性的公正的看法（包括对利率风险和货币波动的敏感度）；定量说明对结果的潜在影响；如何管理已识别的风险。

1.19 大型公司还必须在评审中报告非财务指标，包括：组织可持续性政策的有效性；公司环境和社会影响；公司与雇员、客户和供应商的关系；适当的话，对有关雇员、供应商和环境事宜、社会和社区等问题的 KPI 分析。

1.20 各种专业协会已经提供了附加的自愿披露指导原则（"自愿披露"是指在财务报表范围之外、公认的会计原则或法规没有明确要求的披露）。例如，在北美，"COSO 企业风险管理整合框架"提出在财务报告中包含一节内容，专门说明公司面临的广泛风险。

1.21 对组织风险和风险管理举措的合理外部披露（同时应注意到信息和合规性风险）：

- 让股东和财务分析师更恰当地评估公司股份价值。
- 如果表明风险管理健全且对此认真负责，则可提高公司品牌、供应商信心和客户忠诚度。

第二节 风险管理标准

ISO 31000：风险管理

2.1 ISO 31000：2009 是由国际标准化组织制定的用于实施风险管理的一族标准。它的作用是提供适用于"任何公共的、私营的或社区的企业、社团、团组或个人"的通用原则和一般指导方针。其目的是提供一种通用的、和谐一致的方法，支持广泛的现有特定行业、特定风险或特定地区的标准和方法。

2.2 ISO 31000 替代了以前主要的风险管理标准 AS/NZS4360（澳大利亚标准），代之以 AS/NZS ISO 31000：2009。鉴于最初的澳大利亚标准描述了系统的风险管理过程，ISO 31000 也明确了支持该过程的整个管理体系。该标准"建议组织应该建立一个基础框架，将风险管理过程整合到组织整体治理、战略和规划、管理、报告流程、政策、价值观和文化之中"。

2.3 《ISO 31000：2009 实施原则和指导方针》提供了风险管理的原则、风险管理基础框架和系统的风险管理过程，如图 3-2 所示。

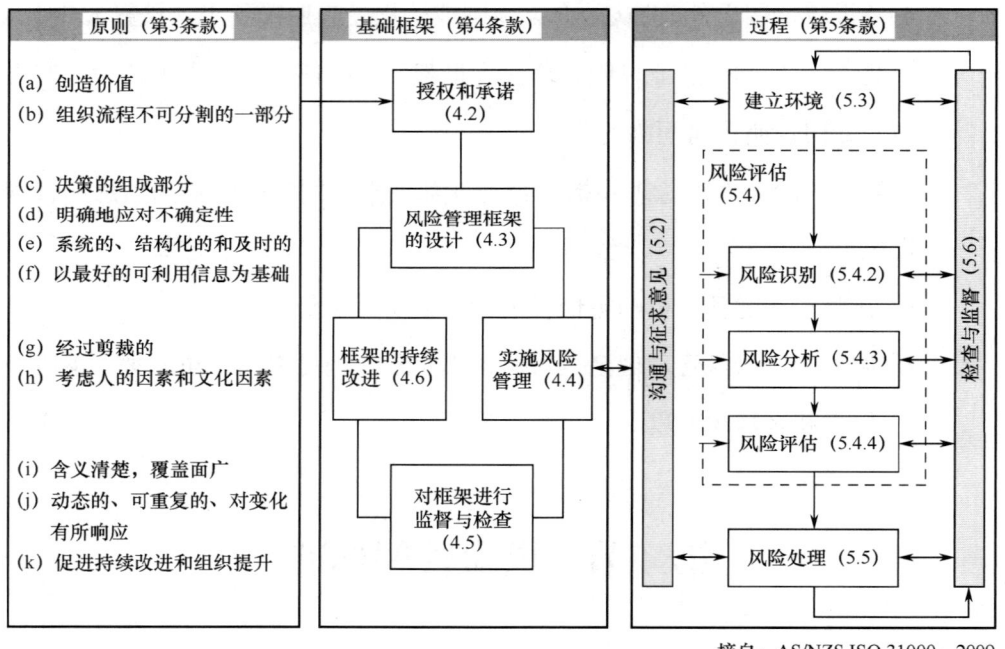

摘自：AS/NZS ISO 31000：2009

图 3-2　ISO 31000 原则总结

2.4 风险管理原则是有效风险管理所需的"基本特征"。

- 风险管理创造并保护价值。该标准简介中列出了风险管理的 18 项好处，包括提高实现目标的可能性、提高利益相关者的信心以及降低损失等。

- 风险管理是组织流程不可分割的一个组成部分：不是与企业活动和流程相分离的，也不是某个单独管理"层级"的职责。
- 风险管理是决策的组成部分：帮助管理人员在所有领域作出更好的决策。
- 风险管理明确地解决不确定性问题：对于固有的不确定性，试图减轻其后果，并且建立快速恢复的能力。
- 风险管理是系统的、结构化的和及时的：它必须是有计划的和有控制的，以确保取得连续一贯的结果。
- 风险管理建立在最好的可利用信息的基础之上：信息常常是有限的、代价高的和不完美的，但是风险管理应该从有效的和多样化的来源获取信息（如观察、经验、预测、专家等）。
- 风险管理是因具体情况而异的：每个组织都是唯一的，所以风险管理必须"适合"每个组织的环境、风险状况和利益相关者等。
- 风险管理将人的因素和文化因素考虑在内：包括人们的技能、能力、知觉、动机和意识。
- 风险管理是透明和包容的：认识到在建立环境和决定风险标准时需要邀请内、外部利益相关者参与。
- 风险管理是动态的、重复的并对变化有所响应的：不是一次性的活动，而是持续的、动态的、重复的过程。
- 风险管理促进持续改进和提高：不断提高迅速恢复的能力，最大限度地利用机会。

2.5 关于该标准的框架部分。

- 授权与承诺。风险管理需要持续的承诺；为了确保延续性，必须得到董事会（或者同级机构）的授权，由高级经理实施，并且得到各级管理层的支持。
- 风险管理框架的设计。有效的实施需要得到设计完善的框架的支持：

制定风险管理政策；将流程与实践结合起来；分配资源；确定责任；做好向利益相关者定期沟通和汇报的计划。

- 实施风险管理：确保风险责任人理解了风险管理过程（通过宣传与培训）；确保实际发生了风险管理活动（通过风险评估、风险专题讨论会、内部控制等）；确保决策和业务流程将风险考虑在内。
- 监督与检查：确认各种风险管理要素是符合预期的；识别、记录和缩小绩效"缺口"。
- 持续改进：逐步提高（"稍稍调整"）基础框架，优化现有的流程，并随着时间提高框架的成熟度。

2.6 关于风险管理过程。

- 建立环境是指确定风险偏好和风险管理活动等方面的参数：STEEPLE分析；与内部因素（如战略、资源和能力）协调一致；建立风险管理政策、流程、方法、计划、风险评级标准、培训和汇报流程等。
- 风险评估包含风险识别、分析和评估的流程（ISO/IEC 31010：2009 在系统的风险评估技术的选择与使用方面提供了附加的指导）。
- 风险处理包含风险规避、风险源处理、改变可能性的大小、后果变化或风险分担的战略，将残余风险控制在既定的风险偏好范围之内。
- 监督与检查：根据需要和风险的变化对过程进行调整。监督的任务是由风险责任人、管理层和董事会（或同级机构）承担的，同时，组织还应定期开展独立的检查工作。
- 沟通和征求意见：在整个风险管理过程中，需要邀请内、外部利益相关者参与。ISO 31000 推荐使用"咨询团队方法"（包括风险管理人员、风险责任人和利益相关者之间的沟通），以确保利益相关者的投入与认可。

2.7 该标准总结了提高风险管理的五个特征（作为组织测量其风险管理成熟度的基准），具体如下所述。

- 持续改进（绩效目标、测量、评审和调整）。
- 风险的充分问责（指定的风险责任人，具有管理风险的权力）。
- 在所有决策中运用风险管理（在所有流程和活动中，比如在会议中，体现风险管理思想）。
- 持续沟通（包括重要风险和风险处理措施的汇报）。
- 组织治理结构的完全一体化。

《ISO 28000：供应链安全管理体系》

2.8 《ISO 28000：2007 供应链安全管理体系规范要求》是关于供应链安全管理体系（SCSMS）开发、实施和维护的国际标准。不像 ISO 31000，ISO 28000 是一个认证标准，组织需要根据这个标准来获得 ISO 颁发的资质（为了提高可信性和品牌知名度）。

2.9 安全管理体系（SMS）是一个旨在预防、抵制或抵挡对供应链造成蓄意破坏或损害的未经授权的行为。换句话说，它是保护供应链运营所涉各方人员、财产、信息和基础设施安全的管理体系。安全威胁可能包括：海盗、恐怖主义或劫持；车辆、货物或数据的偷窃；货物的污染或偷运（如走私）；蓄意破坏；运输中货物的损毁；非法获取货物或数据（如工业间谍）等。

2.10 ISO 28000 提供了安全计划管理的一个系统性的方法，目标主要是通过确保供应链成员是确认的"安全交易者"来促进国际贸易。它的基础是建立一个安全保护方案，对风险进行识别、排序和控制。就像 ISO 14001（环境管理）和 ISO 9001（质量管理）一样，ISO 28000 使用一个以 PDCA 循环为基础、要求持续改进的、基于过程的方法。

2.11 这为开发、记录、实施和维护一个有效的 SMS 提供了一个最佳实践过程框架，包括如下组成要素。

- 安全管理政策：目标和指标，以及计划。
- 安全管理结构（角色、责任和权力）。
- 安全管理能力（沟通、意识和培训）。
- 安全计划：风险识别与评估，制定控制措施。
- 法律和法规要求。
- 文件、数据和信息系统与控制。
- 运营控制措施：应急计划和程序（应对突发事件和违约），安全响应程序（调查安全事件并采取措施）。
- 监督和测量安全绩效。
- 审计并评估SMS，寻求持续改进。

2.12 斯坦福大学的一项研究（2006）表明："当公司应用了安全最佳实践之后，他们接受的海关检查减少了，进口自动处理增加了，运输时间节约了，运达客户的时间更准时了，存货偷窃现象减少了，过量存货的现象减少了，客户摩擦事件减少了。"

第三节 风险管理战略

3.1 我们可以两种不同的方式来使用"风险管理战略"这个词，它是指：
- 对于已识别的风险，制定处理的"方法"或"计划"。从这个意义上说，所有层级上的风险经理和团队都会制定风险管理战略，运用风险管理周期，选择最合适的风险减轻措施（"四个T"）。
- 制定公司（全组织范围的）长期的、积极主动的战略框架用以管理组织和供应链风险，包括职责和治理结构、风险政策和承受度、风险管理流程和程序。根据组织的预期风险偏好，创建风险意识文化，从而制订实施这些管理安排的计划。

3.2 从风险战略第一个意思的角度看，我们已经提出了一个广泛的风险管理战略计划和实施框架。但是，从其第二个意思来说，完整的、系统的和战略层次的风险管理方法包括如下要素。

- 组织所有风险的综合管理。
- 从公司高层次视角来看，将风险当做一个战略问题来处理。
- 意识到战略成功常常取决于承担风险。
- 邀请过程涉及的所有职能和直线管理层级参与。
- 超越传统的风险领域"条块壁垒"（如财务的、战略的、供应、健康和安全、技术、信息和信誉等各方面的风险）。

3.3 风险管理战略包含组织风险识别、评估、管理、检查和汇报的过程。不过，风险战略应比风险管理机制走得更远一些。风险战略的目标应当是在整个组织和组织文化中植入风险意识和风险管理的原则和价值观（本章后面内容专门论述）。

3.4 一般的风险战略过程如图 3-3 所示。

战略性的风险计划框架

3.5 公司风险战略和辅助计划必须承认组织所面临的所有重大威胁，同时确定风险管理的结构和汇报机制。战略通常是按年发布的，由于外部报告需要财务输入和审计，因此较为常见的是将它与年度报告和报表一起发布。

3.6 发布的风险管理战略一般可能包括六个部分。

- 第一部分：介绍和目的。

  风险战略通常要界定组织面临的风险是什么，并且概述组织的战略目标及风险管理在保证达成这些目标过程中的作用。

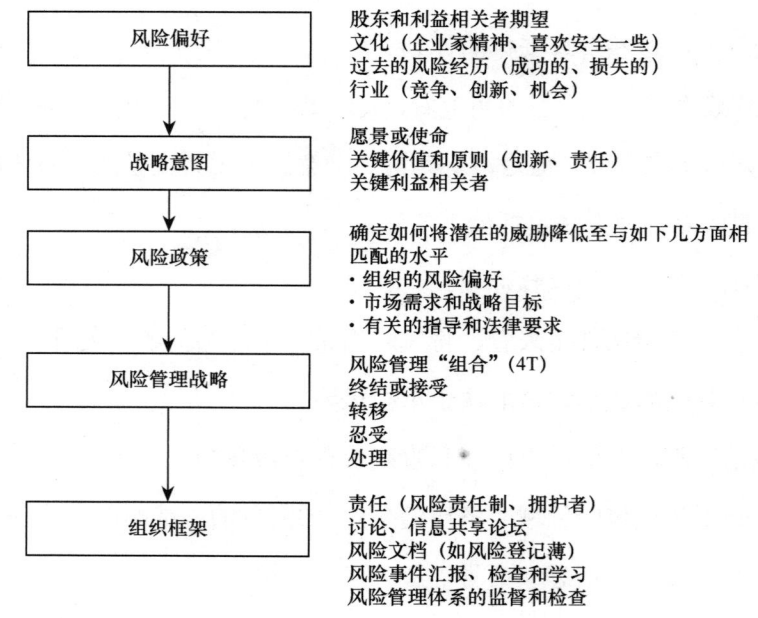

图 3-3 风险战略过程

- 第二部分：目标、原则和实施。

目标（例如，"在风险管理领域及对威胁的创新性管理方面，成为领先的组织之一"，或者"在风险和机会之间实现平衡"）搭建了战略的背景。

原则陈述应表述组织在风险管理方面的核心价值（如透明性、跨职能和供应链的整合、对利益相关者的保护、创业精神、公司社会责任等），应尽可能地对组织的风险偏好进行识别和定义。

实施计划应规定战略实施的各种角色和职责。

- 第三部分：风险识别。

该战略应定义和详述组织面临的主要风险的类型，同时说明组织应如何识别新的风险。

- 第四部分：风险分析与评估。

对已识别的风险，评估其可能性和影响，任命风险责任人（持续负责对评估进行检查和维护风险登记簿）。

应制定出风险评估方法、风险承受度和升级指导方针（当自下而上报告风险事宜的时候），确保所有风险都以一种系统的、协调的方式，在适当的组织层级上得到监督和评估。应明确制定出对组织的风险登记簿的要求。

- 第五部分：风险处理。

对于处理风险的战略选择（承受、处理、转移、终结）以及应何时使用何种选择，都要提出相应的指导方针。

另外，还应说明针对某特定层级或类别风险的应急计划的重要性，包括业务持续性和灾难恢复计划的必要性等内容。

- 第六部分：风险检查与汇报。

该战略必须确保适当的、有效的检查与汇报安排就位，包括利益相关者沟通计划（已识别利益相关者的风险信息需求，以及如何开展与他们之间的沟通）。

风险战略的例子

3.7 为了展示一个系统的公司风险管理战略，我们引用了巴尔弗·比蒂集团出版的公开的风险管理战略，如图3-4所示。

风险管理的治理结构

3.8 战略领导力对有效的风险管理来说是至关重要的。具体来说，为了避免未得到管理的风险带来进一步的风险暴露从而造成本可以避免、预测或减轻的损害或损失，需要对风险管理责任进行清晰地分配（用治理结构来表达）。

3.9 制定一致的风险管理战略，董事会最终负责治理结构和内部控制，这可以确保持续的战略支持。董事会在风险管理中具有重要的作用，包括：

> 董事会对集团的风险管理体系和内部控制负有最终责任并须检查其有效性。董事会已在2005年期间，根据提交给董事会、审计委员会和商业实践委员会的报告，持续评估了风险管理流程和内部控制的有效性，包括：
> - 对内部财务控制所做的内部审计结果回顾。
> - 集团范围内的认证：是否维持了有效的内部控制，或者在哪些环节发生了重大的、造成损失或没有损失的不合规事项或故障，纠正措施的状态。
> - 由管理层准备的一份关于重大风险的性质、程度和减轻以及关于内部控制体系的报告。
>
> 集团的体系和控制旨在确保集团的重大风险暴露得到了恰当的管理，不过董事会认识到，内部控制系统旨在管理而非消除故障风险，以便实现企业目标，同时，仅能对重大误报或损失提供合理的而非绝对的保证。另外，并非所有的有集团参与的合资企业都为此得到了相应处理。对于那些没有处理的，须根据合资各方之间达成的协议，运用内部控制体系。
>
> 集团内部控制体系的中心就是风险管理流程和框架。这些与特恩布尔内部控制指导方针是一致的，至这份报告签署之日的过去一年内都遵循该方针。
>
> 集团内部控制体系是通过许多不同的流程来运作的，其中一些流程是相互联系的。这些包括：
> - 为了识别集团实现其总体目标的风险及相关的减轻措施，对每个运营公司及集团总体的战略和计划进行的年度检查。
> - 由执行董事和一线管理层对照预算进行的月度财务报告、结果检查和预测，包括具体的业务领域或项目风险。这用来更新管理层对集团运营环境的理解，也用来更新所采用已识别风险减轻和控制的方法。
> - 各个招投标和项目的评审程序，这些评审是在运营公司层级上进行，如果价值或感觉到的风险暴露突破了某个阈值，则在董事委员会层级进行。
> - 定期汇报、监督和检查健康、安全和环境事宜。
> - 通过董事会专门委员会和董事会，评审并批准提议的投资、撤资和资本开支。
> - 对集团范围的具体风险领域进行检查，并且确定和监督风险减轻措施。
> - 制定并检查适当的政策和程序文件，通过信息的自由和定期的流动对政策和程序文件进行更新，以应对变化着的商业风险。
> - 集团财务手册中规定的具体政策，覆盖集团财务管理工作，包括与集团赞助者和债券提供者的约定，对外汇交易和控制，对货币和利率暴露的管理，保险，资本开支流程，核算政策及财务控制的应用。
> - 集团范围的风险管理框架，适用于集团所有职能，不管是运营职能、财务职能，还是支撑职能。在该框架约束下，集团各组成部分所面临的关键风险以及避免或减轻这些风险的步骤会得到定期的检查和评估。这些检查的结果会记载在风险登记簿中，必要时会研究制定具体的措施。
> - 由内部审计团队对关键业务财务流程和控制进行检查与测试，对高商业风险的领域进行抽查。
> - 集团的举报政策。

图3-4 巴尔弗·比蒂集团的风险管理战略

- 从外部审计员和/或内部审计委员会那里接收年度意见，包括风险管理和内部控制过程的检查。
- 考虑风险问题，因为它们会对战略规划、决策制定和董事会层级的决策造成影响。（对影响组织生存能力、持续性和声誉的前十位风险应该在董事会层级上得到一致的确认、负责和解决。）

- 作为年度运营计划监督的一部分，对风险进行定期的检查。

3.10 董事会可能会任命一位责任官员，作为对风险管理最终负责的人员。

- 对于有可能阻碍达成公司目标的风险，建立清晰的、最新的认识和理解。
- 确保组织具有有效的风险管理流程和控制。
- 保证风险流程和控制正在得到有效的管理和执行。

3.11 在大型组织中，这一角色可能由风险顾问团或风险管理委员会承担，它们由高级执行官或董事会成员领导。委员会审议的事项包括如下活动。

- 对于那些涉及整个组织，或者风险严重程度超过指定阈值的问题和活动，考虑相应的风险管理政策（由一线风险经理自下而上提交）。ISO 31000将风险管理政策定义为"组织有关风险管理的总体意图和方向的说明"。
- 评审并同意组织中的风险管理过程，包括风险意识培训。
- 对于新出现的战略和运营风险，向董事会报告；对于较低水平（"焦点"）的风险，向有关职能的一线经理汇报。
- 检查并更新风险登记簿（如通过任命的风险协调人），并且在某一给定的时点对组织面临的所有风险进行回顾。
- 支持风险管理，确保在组织范围内共享最佳实践。

3.12 随着风险管理学科变得越来越深入人心，一些公司正在设置董事会级的首席风险官（CRO）的职位。在较小的组织中，财务执行官或首席执行官常常在其职责中包含了风险管理的角色。

3.13 事实上，组织范围内的经理和员工应该意识到风险与其目标实现的相互关系。应当使他们具备有关的技能和工具，让他们能够有效地控制风险。

第四节 风险管理文化

4.1 AS/NZS4360 将风险管理定义为"在控制负面结果的同时旨在利用潜在机会的文化、流程和结构"。这个定义强调了需要将风险意识和合理的风险偏好植入组织,不仅仅是在政策和程序的层面,而且要在核心价值观、态度和行为准则的水平上。

4.2 克兰菲尔德管理学院(《供应链脆弱性》)提出了四个培育供应链脆弱性管理、持续性管理和恢复弹性等方面成功的关键变量,它们是:

- 顶层管理者的风险意识。
- 作为供应链管理不可分割一部分的风险意识。
- 每个员工对其在风险意识中的作用的认识。
- 关于商业战略变化对供应链风险状况影响的理解(所以必须经常更新风险意识)。

组织文化

4.3 组织文化被定义为"组织成员共有的信仰和期望模式,由此产生的行为准则又有力地塑造着组织中个体和群体的行为"(H. 施瓦兹和 S. 戴维斯,《组织动力学》中的"公司文化与商业战略的匹配")。组织文化被总结为"我们做事的方式"(埃德加·H. 沙因,《组织文化与领导力》)。

4.4 约翰逊等人(《公司战略研究》)用"文化网络"(Cultural Web)来描述"一个组织的被视为理所当然的假设和范例,以及组织文化的行为表现",如图3-5所示。

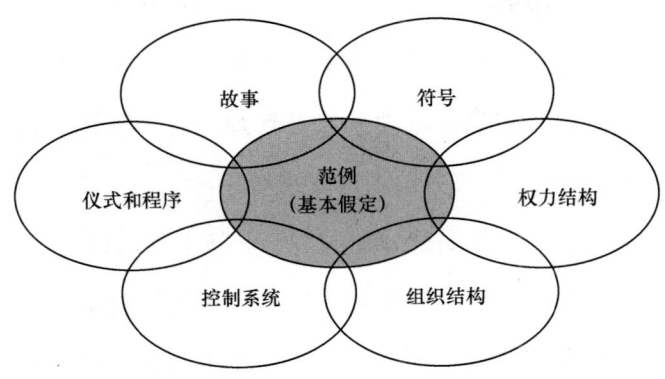

图 3-5 文化网络

4.5 我们可以将网的组成要素当做分析各种组织文化的框架。(记住,所有组成要素都是彼此相关的,任何一个要素都能够影响其他要素从而使文化发生改变。)

- 范例包括有关下列各方面的核心价值观和假设:风险和风险接受、风险偏好、创新、企业家精神,或者从另一个角度说,注意义务、可靠性、安全性、利益相关者保护等。

- 故事编织了组织的"神话":过去成功或失败、灾难或救援的故事,通过对冒险行为所带来危险或回报的认识的典型化和强化,塑造风险文化。

- 程序包括风险评估和管理的正式程序,也包括实践中形成的非正式行为准则和"捷径"(这些可能会绕过风险管理规定和安全程序)。仪式是更具象征性的行为。例如,一个组织可能每年会纪念灾难,或者在每周的简报中或者项目团队组建的时候进行安全和风险提醒。

- 控制系统是指组织中行为的一系列控制途径。风险意识文化可以通过下列途径进行强化:有关的政策、程序和规定;员工培训、监督和管理;奖励与惩罚;强化风险控制行为的机制(如机器的安全防护,或者采购审批要求）。

- 风险管理的组织结构包括：分配的风险管理角色和责任；治理机制，如责任划分、授权和批准要求以及管理；升级路线（自下而上汇报风险事宜）；风险信息共享的沟通渠道等。

- 权力结构是指权力是如何分配的；它是基于正式权力，还是领导魅力，还是对专长的尊重；富有影响力的个人和团组是谁。组织的风险文化不仅仅通过正式的自上而下的权力而产生，也可以依靠非正式的"有影响的人"来形成。这样的个人和团队必须被指派为风险带头人，推动组织想要的风险价值观；否则，他们的影响可能会被用来削弱正式的风险举措和信息。

- 符号是指任何在组织内呈现出符号价值的对象。例如，如果一个组织的标识是一对骰子，则表示一种喜好风险的文化；如果一个组织中员工奖章上呈现的是"安全稳健"的形象，则表达出一种风险意识、安全和可靠性的文化。

4.6 组织文化会从组织运营所处的其他文化氛围（国家、区域和行业分支）中吸取养分，所以从某种意义上讲，组织文化要素也是由其所处的环境孕育的。它也会吸收组织中颇具影响力的人物和团组的一些文化价值观：某些专业或职业团体、社会阶层等。查尔斯·汉迪指出："组织就像世界上的国家和社会一样，彼此各不相同，极具多样性。不同的组织具有不同的文化……其中的影响因素包括过去的事件、现在的氛围、某种工作技术、组织目标和组织中员工的类型。"

创建想要的风险文化

4.7 那些功能失调的风险接受或风险厌恶的文化（也许是由于文化没能适用变

化着的组织风险状况）是可以改变的。文化变革的关键工具如下所述。

- 高级管理层（自上而下的）、领导人和有影响的人（针对领导者倡议，可能需要将这些人选定为带头人）对新价值观的一致表述和模式化。

- 在讨论新思想和行为的必要性时，与员工沟通、对其教育并让其参与，从而改变潜在的价值观和信仰。传播新的价值观和信仰，并且鼓励员工进行贯彻（通过激励、指派人员来教育其他人、请员工参与风险小组并提出建议等）；强化变革（通过表扬、表彰和奖励）。

- 将想要的态度和行为植入政策、程序、规定、系统、员工沟通、管理风格等之中。这样它们会变成"惯常行为"，并且会受到所有必要的信息、资源和控制的支持。

- 利用人力资源管理机制来强化变革：在招聘和选拔、员工评价和奖励等方面建立新的价值观和行为准则；将它们列入能力简介和学习需要评估（为了制订培训和发展计划）之中；实施教育、培训和辅导；必要时运用处罚措施、制裁和罚金等。组织可能需要引入新的"适合"新文化的人员，同时对于不"适合"的人员，如果其态度和行为不可能发生改变，就需要将其淘汰出去。所以，上述这些机制是非常重要的。

第五节　可用于风险管理的资源

5.1　分配给风险管理的资源反映了企业运营所处的业务领域、其脆弱性的性质及其暴露的程度。例如，像航空、制造、采掘和卫生保健等运营类型可能具有较高的风险管理预算，原因在于它们需要遵守健康和安全法规。那些已经在建立高知名度公司品牌上投资大量时间和金钱的组织，同样会给信誉风险的管理分配资源。高度依赖ICT和知识系统的组织（如社会媒体和电子商务组织），则会认为需要对信息保证进行投资。如此等等。

5.2 管理层会根据一系列商业论证或损/益因素，作出将资源调配给风险管理的各种战略决策和战术决策。这些考虑因素包括：

- 风险的不可容忍性（例如合规需要）和脆弱性及暴露的优先级。
- 管理层时间的可利用性和成本（以及风险经理人的效率及排序技能）。
- 现有控制、基础设施、体系（例如质量保证体系）和信息资源的可利用性。
- 偏差和威胁自动识别和报告系统的可利用性。
- 得到控制的风险给组织带来的潜在好处，包括定性的和定量的。
- 没有实施风险管理体系（暴露）的成本。
- 开发和维护风险管理体系的成本。

5.3 从商业论证的角度来说，风险减少和减轻（预防和评估）所引发的成本应当小于风险事件和/或丧失的机会所引发的潜在损失。可是，值得记住的是，不管取得多少可计量的收益，一些风险管理投资应当被视为沉没成本或不可避免的成本。例如，健康与安全就可以归于这一类成本之中。

为风险意识与减轻提供资源

5.4 实施有效的风险管理战略需要多类资源。

- 信息资源。风险判断必须以全面的信息为基础，这就要求组织建立一个强大的内、外部管理信息系统（MIS），通过该系统以适当的格式提供适当的、及时的数据。组织可能不得不建立环境扫描系统、供应链和行业网络、对标、利益相关者调查和其他风险识别流程。组织还要开发风险数据库和登记簿，增进强大的、可访问的风险信息和知识共享。信息资源包括：内部记录和数据库；管理信息和决策支持系统（例如用于情形模拟和统计风险测量）；买入的环境或市场调查、报告和风险评估（或者咨询和建议）；以风险为中心的利益相关者沟通战略和计划。

- 人力资源。风险管理的实施，需要分配管理人员和员工进行风险识别、评估和减轻活动。这可能仅仅是穿插到日常工作负荷之中（如团队短会、工作规划、监管、程序的遵守），不过它也可能要求额外的责任（如安全或风险官的职责）、额外的以风险为中心的活动（如风险委员会成员、进行风险审计和检查）或者增加管理层级（如风险经理）。风险管理人力资源包括：管理层投入；受训的和有意识的员工；风险委员会和审计团队。

- 新的风险管理举措可能需要基础设施开发，如开发管理和风险信息系统、模板（风险登记簿）、委员会和治理结构等。

- 技术资源，用以支持风险管理。技术资源包括：风险管理信息系统、自动风险监控和报告系统、基于技术的风险减轻措施（如安全设备、基于机器的提醒和警告、危险任务的自动化、用于风险事件分析的运输"黑匣子"录音机、计算机库存管理系统等）。

- 时间资源是指管理层和员工为风险管理活动分配足够的时间，以及有效的进度安排和时间管理（作为减轻项目风险的一个工具）。

- 物质资源包括：安全的和维护良好的建筑物、工厂、设备和运输工具；保护和安全设备；用于危险物质和一般库存货物的安全而牢固的仓储设施；由需求控制的库存水平等（很大程度上取决于危险或脆弱性的类型）。

- 财务资源。用于风险管理的财务资源包括提供足够的预算，用以支付信息成本、管理层和员工时间成本、实施减轻措施的成本以及把握机会的成本（如投资、创新、产品开发等）。

提高风险意识

5.5 风险意识是一种观念模式,它使人们意识到威胁和脆弱性的存在,并且在决策和问题解决的时候将(正面的和负面的)风险考虑在内。

5.6 风险意识对组织或供应链的好处包括以下几点。

- 将风险管理原则嵌入到每天的日常工作中,不需要建立单独的机制和付出成本来管理已识别的风险。
- 组织(和供应链)的所有成员都能够为风险识别和应对过程作出贡献,充分利用"一线"(和供应市场)知识和专长、风险责任制和信息共享。
- 风险意识鼓励更大范围的环境扫描,这可能对组织学习、创新和机会(及威胁)作出连锁的贡献。
- 风险意识可以不断提高组织认识和管理新的、涌现的和升级的风险因素和脆弱性的能力。

5.7 作为构建风险文化的一部分,风险意识的提升包括如下一些流程。

- 愿景宣传:通过风险政策陈述、公司形象和故事、顶层管理者垂范。
- 逐级分解风险管理目标:通过员工和利益相关者沟通计划、部门和团队短会、在员工的企业内部网页、程序手册、快讯等中增加风险事宜。
- 教育和培训利益相关者:在风险意识和危险识别方面;有关的风险管理程序等。
- 共享风险信息:例如,通过风险登记簿、风险管理手册(印制的或者发布在公司内部网上的)、跨职能风险团队和委员会、风险审计和报告。
- 对成功的风险识别和风险最小化(和/或弹性和恢复)进行奖励和认可。
- 鼓励在风险问题上"跳出框框思考"、提出质疑、挑战与有分歧的观点、"举报者"。不鼓励"团组思维",即亲切友好的、自鸣得意的、思路狭窄的、强迫合议思维(欧文·詹妮丝)。

- 监督和检查风险意识：通过内部的和外部的审计、自评估等。

风险沟通

5.8 沟通是风险管理的一个关键要素，但它常常是个人技能和组织结构中的一个薄弱环节。利益相关者风险信息需求分析可以帮助组织确保针对风险的沟通目标明确、快速及时，而且以利益相关者最易接受的方法来发布。

5.9 组织需要做到：
- 识别所有关键的风险利益相关者。
- 确定利益相关者所需的风险信息类型和水平、他们需要这些信息的目的、要求提供的时机掌握和频度、喜欢的媒介或格式。

5.10 然后，应设计一系列输出，包括：
- 内容，即生成一系列有详有略的信息表格，从高层执行概要，到更详细的运营风险描述和减轻程序。
- 针对每个利益相关者群体的需求，合理的发送方法。
- 责任，指定负责每项输出制作、审批和更新的责任人。可以利用 RACI 表（责任人、审批人、制作人、知悉人）来跟踪沟通进展和发送。
- 接收人。针对不同类型和水平的风险信息，应起草一份传播计划。有些利益相关者可能只需要风险状况或风险登记簿复印件，或者一份有关的摘录、摘要报告或记事。

让供应商参与

5.11 供应商可以通过下列机制参与实施风险管理战略。
- 完全参与。在供应网络的所有接触点（采购员、合同经理、项目团队、核算经理、高级管理联络人、专家网络等），鼓励风险意识。
- 跨职能合作。开发一个整合的、以过程为中心的方法，用以跨内、外部价值链的风险识别和管理，避免责任的条块分隔和对风险沟通与问题解决造成的障碍。这样的机制包括利用项目和合同管理团队和风险委员会。

- 供应链的协作与贡献。
  - 从供应商那里正式或非正式地收集有关供应市场风险因素的信息（尤其是供应商脆弱性）——不仅是在特定项目的市场契约和供应商评估和资格预审阶段，而且是在长期的时间范围之内。
  - 收集供应商关于买方系统和流程所产生的风险因素的反馈（如沟通或需求管理的失败）。
  - 通过谈妥的协议、规格和合同条款，合作努力将风险最小化（如公平地分担风险和责任、成本/价格协议、保险、担保和赔偿金等）。
  - 供应商早期参与新产品和服务开发，或者分包商早期参与项目定义：利用供应商的知识进行风险、脆弱性和机会的识别。
  - 保护、激励和奖励供应商分担风险的意愿（如分担伙伴关系的或合资的风险、运输或储存风险和成本等）。
  - 促进供应链的信息流通（取决于信任），提高风险可视性，通过改进风险预测支持风险减轻，支持精益的和敏捷的供应，优化成本（买方和供应基础的经济可持续性）等。
  - 对供应商在质量、道德和公司责任问题上的合规和勤奋进行保护、激励和管理，将买方声誉损失、环境损害、外包质量问题等的风险降到最低。

本 章 小 结

- 系统的风险方法可以用六阶段周期模型来表示，即识别、评估、战略制定、资源分配、实施、监控和报告。
- 风险管理战略可以归为四个 T，即接受、转移、终结和处理。
- 国际标准中列出了风险管理原则，比较有名的是 ISO 31000 和 ISO 28000。
- 组织文化可以描述为一个要素的"网络"，风险管理必须恰当地嵌入到文化网络中。
- 有效的风险管理过程需要各种资源，包括信息、人力、基础设施开发、技术、时间、物质和财务资源。

 **自测题**
括号内数字为参考答案所在段落。

1．"四个 T"的含义是什么？（1.7）

2．请描述风险管理"监督与检查"阶段用到的工具。（1.15）

3．ISO 31000 确定的风险管理原则是什么？（2.4）

4．什么是安全管理体系？（2.10）

5．解释系统性的风险管理战略中包含的阶段。（图 3-3）

6．列出风险顾问团负责的活动。（3.11）

7．根据克兰菲尔德管理学院，孕育供应链脆弱性管理成功的四个关键变量是什么？（4.2）

8．解释"文化网络"的七个要素。（4.5）

9．请描述为了实施有效的风险管理战略所需的资源类别。（5.4）

10．描述供应商参与实施风险管理战略的几种机制。（5.11）

第四章

欺诈和贪污风险

对应大纲内容

1.2 分析消除供应链中腐败和诈骗的主要方法

- 组织及供应链中诈骗的特性，为什么会发生诈骗以及诈骗的不同类型
- 组织及供应链中贿赂和腐败的特性
- 不同类型的腐败
- 有关贿赂和腐败的法律
- 应用职业道德标准，包括 CIPS 职业道德准则
- 企业治理，包括企业对利益相关者的责任
- 萨班斯—奥克斯利法案

引言

在本书的前三章，我们介绍了理解风险和风险减轻的一个框架，大体上可以视为风险管理过程。

在第四章至第六章，我们将讨论影响供应链的几个关键风险类别，这也是教学大纲的重点。本章中，我们将介绍供应链中欺诈、行贿和贪污的性质，以及消除这类风险的一些主要方法。

这包括几个关键的问题，如组织为预防和发现欺诈而采用的内部控制、法律框架（主要适用于行贿和贪污）、更广义的"公司治理"框架（指导和控制公司的结构，以便保护股东和其他利益相关者的利益）、更广泛的"公司道德"框架（公司所坚持的、被社会认为"适当的"或"正确的"的价值体系）。

公司社会责任的概念包含了公司治理和道德。我们将在第六章结合可持续性概念（它显然会涉及环境和社会风险）和信誉和品牌风险的关键问题，专门讨论公司社会责任。

第一节 欺 诈

组织和供应链中欺诈的本质

1.1 关于欺诈，没有精确的法律定义。一般的定义是"一种蓄意欺骗的行为，目的是获得一些利益"（《韦伯简明字典》），或者更具体地，"通过欺骗剥夺"，即通过欺骗行为从某人那里拿走某物。由于这种行为引发财务风险、合规风险和信誉风险，所以成为风险管理的关键领域。

1.2 在公司环境中，欺诈一般分为以下两个主要类别。

- 挪用组织现金或资产。最典型的例子是窃取现金或其他资产（如库存、设备或文具）。可是，你应该能够认识到，这种类型的欺诈也包括更为复杂的和微妙的方法，如虚报开支费用、批准对不存在的人员支付工资、制作虚假发票而谎称发票来自供应商并据此支付款项（实际上是行骗者获得）等。

- 故意虚假陈述企业的财务状况，以误导股东、税务部门或司法当局。这包括公司报表中的删节或错误记录，以及财务报表中数据的弄虚作假，如夸大（或者低估）利益或存货价值等。

1.3 很明显，挪用组织现金或资产在几个领域内给组织带来了威胁。例如，利润可能因此而低于预期，组织净资产状况受到削弱；库存水平低于预期，造成库存用尽的情况或者紧急补货（成本更高）；由于充满猜忌的气氛，士气受到损害。大规模欺诈引发的后果可能是非常严重的。比如，由于大规模偷窃或资金挪用造成流动资金大幅减少，使公司难于有效地运作，从而最终造成破产（就像巴林银行事件一样）。

1.4 故意虚假陈述企业的财务状况同样可能造成严重的后果。如果利润被夸大了，那么在流动资金方面就会出现没有预料到的亏空，而且根据不准确的资源信息作出的决策也是不合理的。像供应商一类的利益相关者也会面临风险，如在虚假信息的基础上延长信贷。如果利润被低估了，信贷资金获取受限，股东信心丧失，就会影响公司的股票价格。

为什么会发生欺诈

1.5 塞德格洛夫认为，判断欺诈有以下四个先决条件。
- 犯罪者必须有一个动机，即他之所以需要资金或者感到有权诈取组织的理由。
- 必须具有值得偷窃的资产。
- 必须有机会来挪移资产，并从中获益（如通过卖掉这些资产）。
- 在内部控制或欺诈风险管理中一定存在不足。

1.6 因此，欺诈的发生主要出于以下三个原因。
- 因为它是获得（非法）财务收益的一个机会。BDO 会计公司的一份报告（《供应管理》，2009 年 2 月）指出，经济衰退展现出值得注意的欺诈诱惑，2008 年期间英国采购欺诈金额增加了 347%。"经济衰退在鼓励买方、供应商以身试法和非法获得资金方面起到了重要的作用。"

- 由于个人或团队士气低落且缺乏团队精神，或者对组织怀有很大的敌意，促使他们通过对组织造成损害来满足他们的心理。例如，欺诈行为人可能觉得有资格获得更大的金钱报酬，或者为了受到的明显不公平的待遇而对雇主怀恨在心，或者仅仅是由于对工作不满意和发展或晋升前景暗淡而变得不合群。
- 因为用于阻碍、预防和检测欺诈行为的预防和检测控制做得不够。换句话说，人们作出欺诈的行为，是因为系统给他们提供了机会或者诱惑他们这么做。

欺诈的不同类别

1.7 组织需要注意那些被认为可能存在欺骗（或者欺诈风险）的各种活动，并且应该清晰地制定有关的组织政策、规定并提出希望。表 4-1 就欺诈的每种类别，给出了一些示例。塞德格洛夫对不同的"欺诈种类"提出了另一种分类方法。

- 网络欺诈：使用伪造的或偷来的信用卡，从电子商务企业那里购买东西。
- 电话欺诈：雇员和/或黑客滥用办公室电话（如拨打昂贵的国际长途电话）。
- 被用于欺诈：组织成为雇员欺诈行为的"媒介物"（如洗钱或共谋）。
- 盗用公司身份："网络钓鱼"，即在电子邮件和网站中伪造公司身份，获取人们的银行账号信息和密码。
- 小的欺诈：例如，雇员为了达成自己的目的，利用公司的设施、设备或人员；小偷小摸等。
- 竞争者欺诈：竞争者通过不道德的手段获取数据或竞争情报（例如，通过对客户或员工进行行贿）。

表 4-1　欺诈的示例

挪用组织现金或资产	偷窃现金或库存。经常接触现金、库存、设备或消费品的雇员可能会面临着偷窃的诱惑
	工资总支出欺诈：例如，为了获取加班工资篡改时间表的雇员，或者篡改工资名单的工资官员
	采购欺诈：例如篡改供应商发票（以及侵吞付款），或者将公司采购卡用于个人用途。采购员也可能代表组织欺骗供应商（不是为了获取个人利益），可能利用的手段包括：不实地声称存货还没有交付，临时以虚假的借口拒绝付款，并且根本不进行发票结算
	滥用资产。例如： ● 利用公司养老金作为获得贷款的担保物，或者用作其他目的 ● 操纵资产的账面价值：例如，为了将资产出售给共谋的受益人，对资产快速折旧；或者为了虚报公司养老金而将转移给养老基金的资产过高估值
	与客户串通来欺骗企业：例如，通过折扣价格或送出多余的货物（反过来在节约额中取得回报），或者勾销债务以换取经济利益
	与供应商串通起来欺骗企业：例如，供应商按照比实际交付多的货物量来开具发票，多余的钱由这些违法者分掉；或者采购员以缺陷为由退回已购买付款的货物，让供应商按新的重新销售一次
故意虚假陈述	过分夸大利润。例如： ● 对库存过高估值和/或过高计数（例如，通过少记录流出的库存） ● 夸大销售额（例如，通过产生虚假的发票、对客户要价过高或者操纵销售返回安排） ● 操纵年终核算（例如，通过蓄意地对年终销售额过高计价，或者将年终采购推迟记录） ● 没有记录开支和负债（或者为了少报折旧，运用不正确的比率） ● 没有取消坏账
	低估利润（为了避免纳税），利用与上述策略相反的方法
	故意虚假陈述以便拿到合同。例如，一个供应商在其财务资源、它提供的条款或其人员专业资质方面，蓄意误导买方，从而使其赢得合同。用法律术语来讲，这就是所谓的"虚假陈述"。以虚假陈述为基础的合同是"无效的"，受侵害的一方可以取消合同。可是，如果虚假陈述是欺骗性的（即供应商为了其利益蓄意有计划地误导买方并且造成买方的损失），那么还可以追讨额外的赔偿

1.8 "挪用"（Embezzlement）这一术语是指受托管理现金或财产的一方欺骗性地挪用属于其他人的现金或资产。例如，一位律师或会计师可能会挪用客户托付保管的现金，组织的一个代理人或雇员可能会以组织的名义挪用他所控制的现金或资产。挪用和偷窃的关键区别在于，挪用者具有主宰、使用和/或获得问题资产的法定权利，只是之后以一种违背所有者意图或授

权的方式调动、挪用和使用了它们。

1.9 "挪用"常常是在很长的一段时间期间内发生的,受托的个人挪用的仅仅是在任何一次分配或交易中他/她接收或控制总量中的很小一部分,从而降低了被查到的风险。挪用的例子包括移走现款或资产,并且篡改记录来隐藏挪用行为。例如,生成虚假的供应商报表和交易,这种行为与所谓的"撇取"欺骗行为有所区别。"撇取"是指少报收入或收益,并且隐瞒记录数量和实际收到数量之间的差异。

欺诈预防措施

1.10 《采购专业人员》(2007年6月/7月)中的一篇文章提出了许多预防雇员发生采购欺诈的常规措施。

- 通过制定严谨的政策和对政策进行广泛地宣贯,使所有人清楚欺诈的定义和后果。
- 建立应对欺诈的管理流程,包括管理证据的方式。
- 尽可能减少零余现金报销,鼓励使用受到良好控制和管理的公司信用卡或采购卡。
- 应用开支分析技术,以便达到清晰的可视性,跟踪并监督开支情况。

1.11 我们将在本章第三节详细介绍旨在预防欺诈的内部控制。

第二节 行贿和贪污

行贿和贪污的本质

2.1 "贪污"(Corruption)本质上意味着"道德败坏"或不正直,它一般是指某种蓄意的或故意的犯罪。就我们现在的用法,最有用的定义是世界银行所给出的。它将贪污定义为："为了私人利益滥用公职。"换句话说，贪污覆盖了个人或实体为了他们自己的利益滥用职位信任、权威和权力的一系列情形，一般会损害到其他利益相关者。

2.2 聚焦公共部门，世界银行简报文件（《帮助国家战胜贪污》）提出："当官员接收、索求或敲诈贿赂时，即是为了个人利益滥用公职。当私营机构为了获得竞争优势和利润而积极地提供贿赂来绕过公共政策和流程，已是公职的一种滥用。即使没有发生贿赂，通过赞助和裙带关系、盗窃国家资产或转移国家收入，也可能是为了个人利益而滥用公职。"

2.3 很明显，类似的过程也可能发生在私营部门。

- 采购者接受贿赂或者其他刺激物，在谈判或合同授予中偏袒某个供应商或承包商。
- 采购者向供应商提供特惠条款或者授予合同，而他们（或与他们有密切联系的人）在其中具有个人利益或财务利益，这会影响他们的客观性。
- 私营部门公司提供贿赂或刺激物来影响外部利益相关者（包括政府官员），促使其支持公司计划或项目。（有时这也被称为"润滑金"，因为它"润滑了行业的轮子"……）

2.4 随着近几年对贿赂的高调曝光，这些问题被重新引起关注；调查显示，贿赂和贪污在一些海外供应市场很普遍。2007年贪污感知指数（由非政府组织"透明度国际组织"发布）显示，接受调查的180国家之中，有40%的国家被认为在其公共部门采购领域中贪污现象很猖獗（《供应管理》，2007年10月）。

- 慕尼黑法庭发现，德国某公司于2001~2004年在77个案例中犯有行贿罪，以获得尼日利亚、利比亚和俄罗斯的合同。最终，公司同意支付2.01亿马克的罚款。
- 据报告，英国兰贝斯市议会涉及采购欺诈，涉及从某项目经理在其中有利益关系的公司采购货物。官方的审计员报告称，其在采购、合同监督和付款审批等方面"存在检查不足、过失和遗漏"。（《供应管理》，2006年2月16日）

- 美国工程公司KBR在承认为了获得尼日利亚60亿美元的合同向官员行贿之后，同意支付高达4.02亿美元的罚款，作为民事处罚。KBR也同意在三年的期间内雇佣一名独立的审计员，设计并负责监督一个项目，用以帮助确保公司遵守反贪污法。（《供应管理》，2009年3月5日）

2.5 显然，对于犯事儿的组织或雇佣违法者的组织来说，贪污是重大的合规风险和信誉风险。另外，在某些地区，如果没有向地方官员、监管者和商业伙伴行贿，运营就可能受到明显地制约。这样，贪污也可能会被视为"开展业务的一种必要风险"。

利益冲突

2.6 商业道德中的一条关键原则是，不要提供或接受可能（或可能被视为）影响收受者决定的礼物或刺激物。有条关联的原则是，个人不应为了个人收益作出决策（或者泄露机密信息）。这类情形会带来利益冲突，原因在于公司或内部客户的最佳利益（如以最优价值为基础授予合同）与个人的私人利益（如私人收益）会有所冲突。另一个这类情形是，采购者因为在某供应公司中有其财务或私人利益（作为股东，或者与供应商管理层有密切关系）而力推该供应商。

行贿、礼物和招待

2.7 赠送礼物或提供款待是商务交易中常见的礼节。采购专业人员面临的问题是决定这种行为在何种情况下是企图引诱获得有利的采购或合同授予决策、获取信息或其他有利待遇。显然有这样的情况，即采购人员与卖方人员串通，以保证该卖方赢得合同，该采购人员并因此收取酬金；这被定义为贿赂与腐败，在英国（特别是针对公共机构有严格的立法）这是非法的。

2.8 更多的问题出现在礼物与业务授予之间没有明显联系的情况下。主要的困难在于，采购人员与卖方人员对礼物在看法上存在差异。在卖方人员看来，一个礼物可能仅仅是表达他们谢意的象征，是他们企业希望赠予大多数或全部客户的东西；而在采购人员看来，该礼物可能成为该供应商希望获得优待的物质引诱（在国际商业交易中，这种认识上的差异也是一个文化问题）。

2.9 很多组织对于收取礼物与接受款待有明确的规定，这也是采购职业道德准则中的一个主题。作为一般原则，为了保证交易过程的透明与便于控制，应当声明潜在的利益或利益冲突。

2.10 《CIPS 职业道德准则》明确地阐述了这些问题。

- 除了像日记簿或日历等固有价值非常低的商品，不应接受任何商业礼物。
- 只能接受适度的款待，不得接受可能或者可能被认为会对商业决策产生影响的款待。接受款待的频度和级别应该公开地、谨慎地受到控制，而且不应该超过接受者的雇主所能回报的程度。

2.11 实际中，围绕着如下一些问题，《供应管理》杂志的读者来信栏目持续有激烈的争论。

- 关于可接受礼物的价值，"合理的"限度应该是多少？
- 任何礼物是否应该由个人保管（或者捐赠给慈善机构）？
- （不论任何价值的）礼物是否应该正式记录下来（作为纳税的基础）和/或经过批准。
- 关于礼物赠予和款待，是否存在文化差异上的灵活性？

贿赂和贪污方面的法律

2.12 英国《贿赂法案 2010》于 2011 年 7 月生效。在贿赂方面，它废除了所有以前的法律规定（包括《公共团体贪污实践法案 1889》和《贪污预防法案 1906 和 1916》），代之以下列各种罪名。

- 贿赂（Bribery）：当某人提出、给予或许诺为另一个人提供"财务的或其他的有利条件"（如非货币礼物、合同或提供工作岗位），以此为交换，"不适当地"履行"有关的职能或活动"。
  - "有关的职能或活动"被定义为："任何具有公共性质的职能；任何与企业、贸易或职业有关联的活动；任何在个人聘用过程中执行的活动；或者任何由团体或代表团体执行的活动。"——如果期望履行该职能的个人以良好信用或公正性履行这一职能，或者如果在那个人的角色上附带有信任要素。
  - 如果违背了人们对良好信用和公正性的期望，或者如果处于信任位置上的人没有按所期望的方式履行这一职能，那么该活动就被认为是"不当"履行——考虑到在英国一位公道的人士对处于这样一个位置上的这样一个人的期望会是什么。

  以前的法律体系基本上是适用于公共机构，现在这个法律既适用于公共部门又适用于私营部门，还适用于英国机构在英国之外履行的活动。

- 受贿：作为不当履行这类职能或活动的交换，索取、接受或同意接受这样一种益处。
- 向国外公共官员行贿：许诺、提供或给予财务上的或其他的好处。
  - 向国外的政府官员（为外国的国家及其公共机构执行公共职能的个人，或者公共国际组织的官员或代理人）。
  - 不论是直接的，还是通过第三方（防止使用代理人或"中间人"）。

— 当这样一种好处不是合法的时候（意味着如果外国法律允许或要求官员接受，那么就不算作犯罪）。

- 商业组织未能阻止行贿：这适用于所有在英国开展业务的商业组织。如果某位员工、代理人、子公司或第三方（如代表买方的某一供应商）进行了贿赂，则该组织就犯有贿赂罪。组织要想辩护，就必须举证，证明当发生贿赂的时候组织已经设计了"完善的、旨在防止与其关联的个人作出这种行为的程序"。英国国务大臣的指南中提出，"完善的程序"应包括适当的程序、顶层的承诺、风险评估、尽职调查、沟通（包括培训）和监督与检查等方面的规定。

2.13 根据该法案，触犯这些罪行之一的处罚包括监禁、无条件罚款、没收财产（根据《非法收入法案 2002》）和剥夺董事的资格（根据《公司董事资格剥夺法案 1986》）。

洗钱

2.14 洗钱是指罪犯试图隐藏其非法活动收入的真实来源和所有权的过程。在英国法律体系中（《非法收入法案 2002》，《洗钱法规 2007》），如果你知道或怀疑他们是非法行为的收入或恐怖主义者的基金（"非法财产"）的情况下，获得、隐藏或投资基金或财产都是违法行为。这包括避税收入、通过贿赂和贪污获得的收益以及从没有遵守法规要求中（如健康和安全规定）获得的收益（如节省的成本）。

2.15 所有企业都必须采取具体的措施，来识别并阻止洗钱和恐怖主义者金融活动。具体包括以下内容。

- 执行尽职调查（如在客户验收中）、记录保持和内部怀疑报告措施（包括任命洗钱汇报官员）。
- 不得作出任何可能侵害这类事件调查的事情（如"暗示"被调查的对

象）；如果有侵害这类事件调查的事情发生，就要进行披露。

- 向有关当局（《重大有组织犯罪机构：SOCA》）披露任何有关洗钱活动的见闻或嫌疑（基于合理的依据）。不管目前有什么保密协议或职业保密义务的约束，这种披露的义务始终存在。

采购和供应链管理的其他道德问题

2.16 日常采购和供应商关系管理可能会产生一系列更广泛的道德问题。以下是在采购职业道德准则中涵盖的一些关键道德问题。

- 关于公平的、真实的和准确的（不是虚拟的或误导性的）信息的规定。例如，为了获得在承认真实用量情况下不可能得到的折扣价格，蓄意夸大未来订单规模的估算，这种做法就是不道德的。
- 某些情况下的信息保密。在业务开展过程中所获得的机密信息未经适当的和特定的授权，不应被披露；除非在法律要求披露的情况下，比如在有洗钱或恐怖主义者活动嫌疑的情况下，才可以披露。
- 与供应链伙伴公平交易。例如，在以下几种情况下可能会出现诱惑：当供应商在报价或发票中犯了一个可被利用的错误；当协商的付款可能延迟或发生争议的时候；当不打算从某供应商购买却又邀请其报价的时候；在招投标场合中有些供应商得到了超过其他供应商的优待。在这些情形下，欺骗或不公可能会被视为不道德的并可能损害长期贸易关系的因素。

第三节 规范道德行为

内部控制

3.1 在采购和供应链管理领域，欺诈风险侦查和预防措施尤其重要，这是因为负责拟定和管理商业合同与关系的个人：

- 在"管理"岗位上工作，负责保管属于企业股东的资金和资产。
- 可能控制着非常大量的组织资金。
- 有许多机会为了个人收益进行资金欺诈或滥用系统、权力或信息。
- 在企业内担任受信任的职位。
- 在其与供应链伙伴和其他利益相关者打交道的过程中，对组织的立场、可靠性和信誉负责。

3.2 健全的采购治理（Governance in Procurement）的支持机制，特别是欺诈和贪污的预防，包括如下几方面。

- 一个旨在支持商业目标并管理已识别风险领域的强大内部控制环境（健全的内部政策、检查和控制机制）。
- 采购活动道德行为准则的建立与应用。
- 跨组织采购费用的有效预算、控制和监督。
- 清晰界定的采购角色、职责、责任、汇报结构。
- 对单个采购人员的权力大小进行控制。
- 对请购、采购和支付等的批准和授权有清晰的要求。
- 严格检查采购卡结算单、发票和其他采购证据、交付和支付。
- 要求保持清晰的审计踪迹或"纸质踪迹"，以便能够追溯采购决策。
- 采购职责的分离或划分（举例来说，这样同一个人就不会同时为审批和付款负责，减少了篡改交易的可能性）。
- 项目采购员的轮岗，以避免某个特定的采购员与某个特定的供应商变得太过"亲密"。
- 强制使用假期补助（在职工缺勤时，提供了让欺诈暴露的时间）。
- 对首选供应商清单和单供应源搜寻交易实施控制，确保它们符合组织的最佳利益。

- 使用电子采购工具，将现金交易最小化；将可能欺骗性地干预程序的人员减至最少；自动地显示差异的（不匹配的）数据。
- 利用物理安全措施（如保险柜、密码保护、设施的受控访问）来保护资产、现金和数据。
- 对负责的人员（和供应商）进行有效的审查、选拔、监督和发展。
- 使用标准合同条款和条件。
- 对采购流程、决策和控制进行内部审计，包括会计检查和对账，以及定期的采购审计。
- 鼓励供应商和雇员报告违反道德的事件（"举报者"），不要害怕报复。
- 建立一个道德论坛或委员会，讨论工作过程中产生的利益冲突和道德问题。公开沟通是"基于正直的"道德管理方法的基石。

道德准则的使用

3.3 大型企业组织中一般开始运营的第一个步骤是要准备书面的、希望员工遵守的行为标准。这些标准不仅适用于采购人员，也适用于企业中可能受到诱惑或影响而作出不道德行为的其他人士。这样的书面政策在提高和维持标准方面发挥着重要的作用，在发生违反标准的事情的时候支持公平的惩罚措施。

3.4 为了确保书面政策在实践中得到遵守，经理应该确保它们是广泛发布的，并且通过员工评估、发展和培训活动（有时也包括持续专业发展）对它们进行强化。组织应系统性地对绩效进行监督；许多买方组织都向其供应商提供了标准，从而在识别可能的滥用方面希望获得供应商的帮助。最重要的是，经理应该（通过模范带头作用）培育一种精神，使大家将道德行为视为一种正面的、关键的组织价值，对违反采取零容忍的态度，并召开座谈会，讨论员工关心的道德问题。

3.5 代表采购专业人员的国家与国际机构发布有采购的职业道德准则,(通常较宽泛地)设定了用于指导采购人员行为的道德原则或价值观,以及什么行为被认为是不道德的。

3.6 《CIPS 职业道德准则》是采购专业人员的道德标准与纪律框架(最佳行为的基础)。该道德标准明确指出,要求成为 CIPS 会员必须遵守本职业道德准则,违背者将按确定的纪律程序进行处理。

3.7 CIPS 的这一行为指南强调一个最重要的原则,即会员不得为私利使用授权。同样重要的是,会员有责任维护采购职业与本学会的信誉(尊严与声誉),在自己所服务的组织之内与之外妥当行事。

3.8 该道德准则还在下列方面提出了具体行为指南。

- 可能影响或被他人视为影响会员在履行其职责时公正性的任何个人利益,都应当申报。
- 会员必须尊重信息的保密性,绝不出于个人私利而使用所收到的信息。在履行职责的过程中所提供的情报应当真实而公平。
- 会员应当避免可能妨碍公平竞争的任何安排。
- 除了价值很小的物品之外,不得接受任何商业礼物。
- 只能接受适度的款待。会员不得接受可能或者可能被认为会对商业决策产生影响的款待。

 (读者可以从 CIPS 网站上下载《CIPS 职业道德准则》,作为自己学习与工作的一部分。)

举报者

3.9 风险管理的一个最重要的工具是支持雇员和其他利益相关者对违法、不道德或危险做法进行报告,不过违反者或被赋予利益的其他人则可能会蓄意忽略或隐瞒。

3.10 社会和组织文化一般对揭露行为并不支持（尤其是对他人行为的负面报告），而且大家很不愿意成为负面报告的传递者。可是，最近实施的法律将"举报者"的行为合法化并加以授权，以支持公司治理、预防欺诈和洗钱、保护健康与安全等风险管理问题。

3.11 例如在英国，《公共利益揭露法案1998》保护雇员不因在组织内或向适当的管理者揭露机密信息而被解雇，如果他们这么做是善意的、且有合理的理由相信：

- 违法行为已经发生、正在发生或有可能要发生。
- 人员健康或安全已经、正在或有可能受到危及。
- 环境已经、正在或有可能遭到破坏。
- 上述任何一种信息已经、正在或有可能被蓄意隐瞒。

3.12 更一般地讲，关于揭露和报告那些违反组织政策、程序或规定风险偏好的新识别风险、升级的风险和/或冒险行为，公司文化应对这方面的透明度给予支持和奖励。

3.13 围绕一家澳大利亚大银行外汇损失的事件开展的调查，显示了这种重要性。它揭露出这些损失到2004年1月被公布时为止的两年内增长到36万美元左右。根据审计报告，这些损失这么长时间没有被发现的一个原因是，问题从未被升级到董事会及其委员会（坏消息被交易团队压制住了）。近几年来，有很多类似事件的报道。

第四节 公司治理

4.1 "公司治理"（Corporate Governance）是指一套规则、政策、过程与组织结构，组织以此进行运作、控制与监管，以确保遵守可接受的道德标准、优良实践、法律与法规。卡德伯利报告（Cadbury Report）将公司治理定义为："按照商业道德及对利益相关者所负的责任，对组织进行领导与控制的一套体系。"

4.2 《CIPS 关于 CSR 的实践指南》强调："好的公司治理本质上是管理公司所依赖的操守，它是健全的 CSR 管理的核心要素。"

4.3 治理原则、结构与过程可以由组织的利益相关者或章程来确定（如在公司章程中），也可以由组织的管理者制定（如为各种业务活动制定的政策、程序及行为规范）。

4.4 治理原则、结构和流程还可以根据外部因素加以确定，如政府政策、法律法规；制定有职业道德准则与最佳实践框架的专业团体（如 CIPS）；国家或国际标准制定机构（如国际标准组织）；志愿者协会或联盟（如英国道德贸易联盟或国际劳工组织）等。

4.5 更为具体地讲，"公司治理"是指私营部门组织用以管理与控制的体系，以便保护利益相关者的利益。20 世纪 70 年代和 80 年代由于国际上厂家引人注目的大型公司的丑闻与相继倒闭（包括波力派克国际、安然公司、世界电讯公司和巴林银行），公司治理问题开始引起公众的注意。特别是，投资者对于董事权利、财务报告的透明度与真实性提出了关注。

4.6 我们可以在公司治理中发现各种风险和问题。

- 由一位级别较高的执行官控制，而董事会监管不够（没有定期开会，没有监督执行管理，对公司失去控制）。
- 在关键岗位（如在审计委员会或高级合规职位）上缺乏足够的控制职能、内部审计和/或技术知识。
- 缺乏来自外部审计员的独立审查。
- 缺乏内部控制（例如，对关键岗位的监督和分离，从而使雇员由于不胜任、过失或欺骗，带来重大损失）。

- 董事不了解股东和其他关键利益相关者的观点和利益。
- 董事的利益与公司战略目标不一致,没有对利益相关者负责(如关于董事的报酬)。
- 董事向利益相关者提供的质量信息不准确,包括财务报表里具有误导作用的信息。

公司治理框架

4.7 在英国:

- 卡德伯利报告(Cadbury Report)以公开性、完整性和会计责任为基础,在许多领域提出建议并创建《最佳实践准则》,包括董事会的角色、公司领导责任的划分、独立非执行董事的角色以及执行董事的工资。
- 格林伯里报告(Greenbury Report)考虑了执行董事的报酬问题,并且提出提高透明度和绩效的建议,包括非执行董事的报酬委员会、在年度报表中报告报酬的政策、平衡董事和股东利益的与绩效有关的激励计划。
- 亨佩尔报告(Hempel Report)加强了非执行董事、报酬委员会和审计委员会的作用,建议公司与机构股东进行沟通,加强私人股东在年度全体会议上的表决权利。
- 三份报告的建议于 1998 年融合为《联合准则》(Combined Code),伦敦证券交易所挂牌的公司都要求遵守该准则。
- 《特恩布尔报告》(1999,2005 年修订)强调了内部控制和风险管理。

《联合准则》

4.8 除了在董事作用、董事报酬、与股东的关系方面作出的详细规定,《联合准则》还引入下列公司问责和审计的原则。

- 财务报告：董事会应该在年度报表和其他报告（如中期报告或管理报告）中对公司状况和前景作出平衡的和可理解的评估。
- 内部控制：应该维持一个良好的控制体系，并且董事会应该每年检查一次有效性，并向股东报告他们的完成情况。
- 审计：关于财务报告和内部控制原则的应用，应该与公司审计员有正式的、清楚的约定。公司应该建立非执行董事审计委员会，其中多数人是独立的，以检查审计工作和审计员的独立性和客观性。
- 合规情况：公司必须在其报表中反映他们是如何运用了这些原则，从而让股东评估他们运用的效果。在会计核算期间没有完全遵守的公司，必须具体指出他们没能遵守的条款，并且说明其中的原因。

《特恩布尔报告》

4.9 《内部控制：有关"证券交易所"联合准则的董事指南（1999/2005）》强调了以下几个联合准则要点。

- 为了识别其风险偏好并识别在战略层面上需要监督并管理的主要商业风险，组织必须制定长期目标。
- 公司的内部控制体系在风险管理、股东投资和公司资产的安全措施、目标的实现、内部和外部汇报的可信度、遵守法律和法规等方面显得至关重要。
- 有效的财务控制，包括保持适当的会计记录，是内部控制的一个重要组成部分。它们将不必要的财务风险暴露降至最低，确保了企业内公布和使用的财务信息具有可信度，对资产的安全措施有所贡献（如通过预防欺诈和侦查欺诈）。

- 组织需要采用基于风险的方法进行内部控制，将其嵌入到正常的、公司借以达成其目标的商业流程中（而不是一项孤立的合规措施）。
- 组织需要检查其内部控制的有效性，并且定期将商业环境变化反映到其内部控制政策中去。因此，一个健全的内部控制系统取决于对组织所面临风险的性质和大小所作的全面的、定期的评估。

4.10 《特恩布尔报告》清楚地提出，董事会对内部控制系统负责，并且应制定适当的政策，定期审查以保证体系是在有效地、以所批准的方式发挥作用。管理层的角色就是实施董事会关于风险和控制的政策。

- 识别和评估公司所面临的风险，以供董事会考虑。
- 设计、运转并监督一个合适的内部控制体系，执行董事会采纳的政策。

《萨班斯—奥克斯利法案》（Sarbanes-Oxley Act）

4.11 在美国，许多有破坏性的公司丑闻（如安然公司和世界电讯公司）催生了财务和会计披露法律，如《萨班斯—奥克斯利法案 2002（SOX）》。该法案的规定适用于所有美国公共公司董事会、管理层和公共会计公司。但是，它作为该领域的一个模范准则，在美国之外也很有影响力。

4.12 SOX 的要求非常广泛，旨在防止利益冲突，确保内部控制的完整性，提高公司财务有关事宜的透明度。

- 内部控制必须确保任何有关财务效益的信息材料都通报首席执行官员（CEO）和首席财务官（CFO），CEO 和 CFO 反过来要向投资者证明控制是符合法规要求的，而且财务报告清楚地呈现了公司的状况。由独立董事审计委员会批准的一名独立审计员必须为这样的报表作证。
- 为了保护经济效益和可持续性，还要求审计委员会对控制进行监督，并建立财务风险管理和评估政策（包括有关可持续性的风险）。

4.13 CIPS 知识工程文件《萨班斯—奥克斯利法案 2002》提出，SOX 可能会对那些与美国供应商及其子公司、临时调派到美国管辖范围的、与在美国市场上挂牌（如纽约证券交易所或纳斯达克）的非美国公司有交易的采购专业人员造成影响。该文件促使采购者关注：

- 第 401 节，定期披露所有可能影响财务状况、收入或费用的交易、约定、义务和关系。
- 第 404 节，要求每年提交一次报告，说明管理层为建立并维持足够的财务报告内部控制结构和程序所承担的责任，并且要包括其有效性评估。

本 章 小 结

- 欺诈带来财务风险、合规风险和信誉风险。它常常包含资金或其他资产的挪用，或者对企业财务状况的故意虚假陈述。
- 贪污是指某种故意的犯罪，贿赂是借助于金钱利益引诱贪污行为的尝试。在许多国家，这是违法的。
- 可以通过内部控制和有效的治理来推动道德行为。在许多国家，法律是对"举报者"提供支持的，这有助于道德行为。
- 有效的公司治理受到 CIPS 指导原则的有力支持。英国的公司治理框架是《联合准则》，它适用于股票在伦敦证券交易所挂牌的所有公司。

自测题

括号内数字为参考答案所在段落。

1. 根据塞德格洛夫的观点，欺诈的四个先决条件是什么？（1.5）
2. 挪用和偷窃的区别是什么？（1.8）

3．利益冲突是什么意思？（2.6）

4．采购和供应职业道德准则一般覆盖哪些领域？（2.16）

5．对好的采购治理有帮助的机制有哪些？（3.2）

6．《CIPS职业道德准则》覆盖了哪些领域？（3.8）

7．"公司治理"是什么意思？（4.1）

8．《萨班斯—奥克斯利法案》的要求有哪些？（4.12）

第五章

运营风险

对应大纲内容

1.3 分析供应链中的主要运作风险

- 合同挫败
- 财务风险,如货币、供应商现金流和破产
- 质量问题
- 供应的安全性
- 技术
- 物流的复杂性
- 外包和海外外包中的风险

引言

在本章中,我们将会继续介绍影响供应链的主要风险类别。

"运营风险"(Operational Risk)是一个相当宽泛的类别。幸运的是,本课程大纲中指出了供应链中的一些具体的"主要"运营风险,我们将依次讲述。

很明显,我们既不能够详尽无遗地识别每一类具体的风险,也不能详尽无遗地探讨其潜在的减轻战略。这是一个考试重点,读者需要将第一章至第三章

| 供应链风险管理

所学过的原则和流程应用到考试题目或案例研究中的任何具体风险。通过本课程学习和相关的阅读，可以了解各种供应链风险以及现实中组织采用的各种减轻措施。

本课程大纲在这一部分并没有包括"健康与安全风险"这一个关键的风险种类，而是将其放在了第十章，在介绍项目管理的时候讨论健康与安全问题。

第一节 合同挫败

1.1 合同管理本质上是风险管理的一种形式。它的目的是将合同不履行（或者合同挫败）造成的组织及其所有人的损失或损害的风险降至最低，并且将组织由于供应失败或中断、资源缺乏或供应商关系的破裂而不得不削减或终止其活动的风险降至最低。

合同挫败风险

1.2 合同挫败（Contract Failure）的风险产生于供应商的可靠性和履行，和/或产生于买方对合同、项目和供应商的管理政策和做法。它们是指在合同（或项目）履行过程中产生的风险，其后果为：

- 危及合同的成功履行（如造成成本超支、进度拖延或违约）。
- 给组织和供应链带来其他风险（如成本管理不善，或买方不肯付款，引起供应商破产；或者供应商道德行为不良，造成买方的信誉损失）。

1.3 合同挫败风险包括以下一些因素。

- 潜在供应商和/或已签约供应商的生产能力和生产率。
- 当前合同和其他客户所占用的供应商生产能力百分比（生产能力负荷过大所引起的脆弱性）。

- 突发需求的可能性（造成生产能力负荷过大）。
- 供应商交付前置期以及进度是否存在"时差"或弹性。
- 影响供应链或个别供应商的供应风险，以及风险管理和应急计划的效果。
- 规格、合同条款和买方期望的准确性和清晰性。
- 供应链质量保证的脆弱性（特别是当公差很小的时候）。
- 进度安排与预测的准确性。
- 合同双方与利益相关者（支持以风险控制为基础的决策）之间共享信息的质量、可靠性和透明度。
- 成本管理；影响成本的内外部因素；双方议定的价格安排是怎么样的（如成本加成或固定价格合同）。
- 项目和合同管理的有效性，以监督和管理所有这些要素。

法律风险

1.4 法律的、合同的以及有关的合规风险可能是由于以下因素而产生的。

- 合同编制得不合理以及签约流程不完善：条款模糊，缺乏对合同风险足够的保护（确保有可利用的纠正措施）；不可执行的条款（如非法的或不合理的责任限制，用无效的惩罚性条款取代有效的违约赔偿金条款）；缺乏说明绩效预期的支持文件（如规格、KPI 或服务水平协议）；缺乏对供应商提高承诺绩效的激励；缺乏争议解决、合同终止、转移等方面的规定。
- 没有得到很好控制的"条款之战"：这样大家就不清楚哪套标准条款（是供应商的，还是买方的）适用于合同，或者所采用的一套标准条款对另一方很不公平。
- 合同管理和变更控制不到位。例如，合同变更未经授权或未得到控制，缺乏版本控制，合同变更缺乏与相关利益相关者之间的沟通。
- 缺乏足够的知识产权保护。在合同履行过程中专门准备的或开发的、或者在合同履行过程中使用的文档、图样、计算机软件和工作等所有权（以及使用许可）的分配与保护。除法律规定之外（如设计、专利、商标和著作权的登记注册），保护可以在合同之内实现（利用 IP 条款）。
- 合同履行过程中产生的伤害、经济损失、财产损害或法律赔偿等一类问题所造成的损失责任问题，以及是否与供应商共担，或者转移给供应商。
- 与供应商的商业或合同争端引起的成本和关系损失。一项研究的结果（《供应管理》，2007 年 10 月 18 日）显示，只有 12% 的风险管理政策提到了如何解决争议，而商业争端每年要给企业增加 330 亿英镑的成本。

谈判风险

1.5 传统上与供应商的谈判都是采用竞争性的非赢即输的方法。不过这里存在一个固有的风险，就是即使买方成功"赢得"谈判（获得了直接的、基于任务的价格或交易目标），这一谈判过程日后也会对供应商的承诺、买方作为一个好客户的状态或信誉以及长期的买方与供应商关系等造成危害性的后果。

1.6 当然，谈判过程中还存在其他的固有风险。
- 在采用零和博弈或"非赢即输"方法的情况下，遭受谈判失败的风险。
- 作出不可接受的或不可行的让步的风险，如果如约履行就可能遭受经济上的损失、冲突和其他负面影响。
- 走入死胡同的风险：不能够达成双方均可接受的解决方案或协议，并因此无法签约或履行协议，从而浪费了谈判的时间和成本。

- 如果谈判风险是"非赢即输"的，还会导致与另一方的敌对关系，这会造成关键的次级风险（例如，如果关键供应商或雇员变得不友好或怀恨在心，则会危害合作）。
- 谈判团队内部的冲突或有分歧的战术削弱了谈判地位（和/或内部利益相关者对谈判结果的接受程度）。
- 道德和信誉风险。例如，谈判势力用在了个人目的，或者在谈判期间或谈判之后泄密。
- 合规风险（如没有遵守合法的程序）。

1.7 下面列举的是一些控制和减轻这些风险的措施。

- 谈判前的研究工作要充分（如供应商评估、价格研究）。
- 对形势进行详细地规划：在最好的可能与最坏的可接受结果之间，建立可谈判的范围，并且事先确定好退出谈判的条件（抵抗点）和 BATNA（谈判协议的最佳替代方案）。
- 如果谈判不足以解决僵局，规定第三方仲裁或调解。
- 为了选择合理的谈判方法和风险，对供应关系进行分割。例如，对于战略性物品或关键物品的供应商，应采用更加综合的问题解决的方法。
- 对谈判战术进行排练（特别是谈判团队要进行排练）。
- 加强道德政策和认识，以支持合乎道德的谈判。
- 为了将未能接受和认可最终协议的风险降至最低，做好谈判之前和谈判之后的利益相关者的沟通工作。
- 为了下次做得更好，对谈判进行评估、报告与学习。

特定合同类型中的风险

1.8 很明显，具体的合同类型有着自己特定的风险。例如，固定价合同可能会将买方因成本超支造成的债务风险降至最低。但同时也会带来次级风险，如供应商挖墙脚（来吸收增加的成本）、供应商失去动力以及供应商财务的不稳定性。

1.9 随着对采购学习的深入，对于所碰到的任何合同类型或结构中以及在考试的案例研究中出现的潜在风险领域要特别留意。我们将在第十一章介绍一系列供应相关风险的合同救济措施。

1.10 在本章稍后面一点的内容里，将从供应商关系的角度（如外包或单供应源搜寻）讨论特定合同的风险。

第二节 财务风险

2.1 财务风险可能是内部的，来自组织的财务结构和交易。下面举几个例子。

- 在确定或谈判合同价格的时候缺少价格或成本的分析。
- 缺乏合同生命周期内的预算或成本控制与管理，导致成本超支和利润的丧失。
- 财务控制和采购程序或支付程序的设计缺陷或者执行不力，导致财务欺诈的风险。
- 由于签约中的漏洞或者合同不履行招致的财务罚款（例如，对供应商延迟付款需付的利息）。
- 对合同或项目的投资资金巨大，投资评估却不充分，缺乏全生命期成本计算，或者贷款的资金成本过高。
- 缺乏流动性：没有（通过现金流和资产管理）留出足够的可利用现金（或者像股票和应收账款这样的能够快速变现的资产）来支付短期债务。
- 没有根据信用表现和财务实力进行合理的信用评级，使得获得信用或贷款资金出现困难或代价过高。

2.2 财务风险也可能是外部的,产生于以下一些因素。

- 宏观经济因素:商业周期(如经济衰退,引起需求降低、不良的信用可利用性和供应商的不稳定性);波动的商品价格;资金的可利用性和成本(利率);波动的汇率(在国际交易的时候)。

- 供应商的财务实力、稳定性和总体的"健康状况":供应商遭受信用问题(限制了他们获得短期的或长期的资金,来弥补他们的债务或发展投资)或现金流问题(需要向他们自己的员工和供应商支付现金,从而影响他们维持运营和供应的能力)的风险,以及最严重的供应商资不抵债并破产的风险。

货币和汇率风险

2.3 国际采购中考虑的一个关键因素是需要管理汇率风险:汇率是指一种货币(如英镑或欧元)用另一种货币(以美元为例)表示的价格。对于国际供应市场中的公司来说,汇率非常重要。

2.4 进口商希望他们本国货币的价值尽可能的高。如果人民币价值相对于某一外国货币走强或升值,中国的买方就可以获得更多的外国货币来支付外国的供应商。用国内的货币计算,进口变得便宜了。如果人民币走弱,则买方获得外国货币的能力就减弱了,而且用国内货币表示的进口就变得更加昂贵了。这是国际买方需要考虑的首要因素。

2.5 对于出口商来说,情况恰恰相反。他们希望本国的货币价值尽可能的低。如果人民币相对于某一外国货币来说价值较低,那么海外买方就能够兑换更多的人民币来支付中国的货物。对于海外买方来说,中国的出口商品就变得更便宜和更富有吸引力了。如果人民币价值走强,中国货物对于外国买方来说就显得更昂贵，而且中国供应商要再和其他国际供应商（货币较弱的国家）进行竞争，就变得更加困难。

2.6 同样的，与国外进口商品展开竞争的中国国内市场中的同类公司也希望人民币价值低一些。这样，用国内货币计算的进口商品就更加昂贵，有利于国内供应商。如果人民币走强，进口商品就更具竞争力。

2.7 因此，汇率波动对采购组织来说包含着财务风险。海外供应商一般会用其自己的货币报价，而买方为了获得货款需要兑换货币。如果在协商价格与兑换货币期间人民币贬值，则中国买方最后变得付款更多。如果采用分期付款的方式，风险甚至会更大。

2.8 管理汇率风险的方式有许多。

- 通过让供应商用买方国家货币报价，买方能够把风险转移给供应商（这可能会是一场艰巨的谈判，除非买方处于关系中的强势地位，或者能够在汇率上作出让步）。

- 如果波动不是那么剧烈，就有可能估算支付时适用的汇率，并据此协商价格（也许起草合同限制性条款，如果汇率波动达某一规定的百分比或达到某一规定的水平，则重新协商价格）。

- 双方协商一致在合同签订时付款（即以当日已知的汇率），不用等到日后的交付时再付，这是有可能做到的。这是一个被称为"提前"的方法（让买方提前付款，以利用正的汇率）。但也应当注意，它同时给买方带来了附加风险。类似地还有一种所谓的"滞后"方法（让付款晚于规定的日期，以利用汇率的提高），同时应当注意，这是以供应商付出代价的方式实现的，同时增加了道德风险、信誉风险和关系风险。

- 另一个方法是利用现有货币管理工具，如外汇期货合同，进口商可以借此回避风险。在这种约定之下，组织现在就签约，以当前协商的汇率采购未来某一规定日期的海外货币。例如，一个英国进口商可能于第 1 天达成了外汇期货合同，为了付款给其美国供应商，同意在第 60 天兑换 100 万美元。美元成本将固定在第 1 天的银行牌价，汇率则是由市场状况和未来汇率波动的预期所决定的。做这些需要一些成本，但是对于买方来说却消除了不确定性。即买方于第 1 天就确切地知道所采购东西的成本是多少。

- 如果汇率风险很大，买方可能不得不考虑暂时从国内市场，从欧盟这样的单一货币市场或者从其他的稳定货币市场进行采购。

信用风险

2.9 信用风险（Credit Risk）是指客户不愿意或者无法支付所欠供应组织的货款的风险，从而破坏了债权人的预定现金流。如果这关系到一个重大的客户和/或大量的金额，并且如果供应公司对现金流有所依赖，则这是一个影响很大的风险。

2.10 下面举几个例子来说明如何应对信用风险。

- 尽职调查（Due Diligence）是指为了识别出风险，在签订合同之前收集信息的过程。在这种情况下，尽职调查可能包括对客户进行筛选，在签订协议之前收集信用报告或参考材料。
- 规定并实施信用限额（如通过订单处理和发票系统，以及订单授权）。
- 信用控制程序：报告"陈年的"和逾期的应收账款、追款（催交债务），以及运用合同惩罚条款（对延期付款收取利息，扣留进一步的交货以对欠款结算等）。

供应商财务不稳定

2.11 供应商遇到财务困难的风险,尤其关键物品供应商或者战略供应伙伴,是合同和供应商管理的重点。我们有许多可利用的工具,对未来供应商和现有供应商的财务稳定性和实力进行监督与评估(为了将他们突然破产并中断供应的风险降至最低)。

2.12 我们可以从各种来源获取供应商的财务信息。

- 他们公布的财务报告和报表,如资产负债表、损益表和现金流量表。
- 市场和供应商的二手数据,如商业或行业出版物(及其网站)中发表的财务报告和结果分析,像某些研究机构公布或订做的财务报告。
- 信用评级公司,它们会提供供应商信用状态信息,是收费的。
- 与其他使用相同供应商的买方形成的人际网。
- 邀请供应商的财务执行官向采购和财务经理介绍其当前和预测的财务状况。可能只有针对大型的或战略的供应商,才值得这么做。并且,一个未来的(或者当前的)战略供应商不应该拒绝这种邀请。

2.13 作为供应商评估过程中尽职调查的一部分,采购或合同经理可能会找到如下一些迹象。

- 供应商没有什么利润,正在经历利润率下滑,或者正在亏损,这表示供应商运作缺乏效率(收入太低或成本太高),并且可能耗尽业务持续或发展所需的资金。
- 供应商没有管理其现金流(现金流入和流出的平衡与时间安排),或者企业正在经历现金大量流出,使供应商难于偿还短期债务和支出费用。
- 供应商的借贷资本(从贷款方借来的)高于股本(所有者投资的),引起较高的财务成本(利息支付)和贷款偿还义务,这是"信用紧缩"

时期的一种特定风险。

2.14 人们已经建立了许多模型,来评估供应商破产的可能性。塞德格洛夫(《企业风险管理指南》)引用了一个斯普林盖特模型(Springate Model)。在此模型中,戈登·斯普林盖特提出四种重要的财务标准。

- 流动资金与总资产的比率(A)。理想情况下,这一比率应该高一些,表示供应商的资产很大一部分均是以流动资产的形式存在的,而不是束缚于固定资产(如建筑物、设备等)。

- 息税前净利润与总资产的比率(B)。理想情况下,这一比率应该比较高,意味着供应商从其资产配置中获得了大量的利润。

- 税前净利润与流动负债的比率(C)。理想情况下,这一比率应该比较高,意味着供应商获得了足够的利润,来付清其所欠的债务。

- 销售额与总资产的比率(D)。理想情况下,这一比率应该比较高,意味着供应商资产正在努力地产生销售产出。

2.15 斯普林盖特为这些比率分别赋予了权重,并且利用下列公式推导出 Z 值(反映财务实力和稳定性):

$$Z = 1.03A + 3.07B + 0.66C + 0.4D$$

Z 值比较小,则意味着供应商具有破产的风险。"当 Z 值低于 0.862,则该公司应该被归为破产的类别(塞德格洛夫)。"信用机构在这类统计分析的基础上,提供财务评估服务(参加第十二章的内容)。

2.16 《供应管理(2006 年 2 月 6 日)》中的一篇文章介绍了其他一些供应商财务困难的标志(除了财务比率不佳或宣布的亏损之外),合同经理或供应商经理应予以了解。

- 在交付和质量性能方面的快速下滑。
- 短期内多名高级经理离开企业。

- 公司的审计员和银行经理发生变动。
- 不利的新闻报道。
- 对信息要求作出的反应很迟缓。
- 供应链问题（和/或承包商的变更）。
- 在应付日期之前提前要求付款。

2.17 供应商财务困难的减轻措施（现金流问题或者破产风险）包括以下几项。

- 在合同签订之前，尽职调查以搞清楚供应商财务稳定性和效益。
- 在合同生命期内监测财务比率和指标。
- 设定财务标杆，在合同中规定如果没有达到标杆的标准，供应商应尽早通知。
- 要求对于关键应急因素进行监督和通知（如劳动争议、政治动乱或商品和输入成本上升）。
- 提示或及早按供应商发票付款（尤其是对于中小供应商，现金流可能是敏感问题），并鼓励一级供应商对更低级别的供应商（他们常常是中小企业）也这么做。
- 用适当的方式帮助关键的供应商，如资金贷款或资产借款、分期付款、财务管理建议或其他供应商发展措施。

投资风险

2.18 有关这一主题的详细论述，超出了本课程的教学大纲。不过，在学习其他 CIPS 课程的时候，也会了解到对于投资和重大资本项目需要进行评估，以弄清净现金流、投资回报和投资回收期等产生的风险。有关的技术包括投资回收期法、折现现金流（DCF）技术和会计收益率（ARR）方法。

第三节 质量故障

3.1 对于一家在商业环境中采购材料、零件或其他供应品的采购组织,以及对于一家想要满足客户和消费者预期质量的销售组织而言,"适当的质量"最重要的定义(同时从风险管理的角度看是最清晰的定义)可能如下所述。

- 符合用途(Fitness for Purpose or Use):产品达到所设计的和所期望的功能的程度;更一般地讲,就是满足客户需求的程度。英国标准对质量的定义是:"产品或服务为了能够满足给定需求所需具备的特征与特性的总和。"
- 与要求或规格的一致性:产品符合规格所设定的特色、特性、性能和标准。因此,一致性还意味着没有缺陷,反映出生产商各过程的质量。
- 相对卓越性(Comparative Excellence):与竞争标杆(其他产品)、最佳实践或卓越标准相比(这增加了市场营销风险、品牌风险和信誉风险要素),产品的相对优点有哪些。

3.2 很明显,大多数组织试图维持其提供给客户的产品的质量,以便:

- 使自己的产品有别于竞争者的相关产品,建立竞争优势。持续提供高质量产品的能力可能是组织一项重要的竞争优势来源,对战略风险和营销风险进行控制。
- 确立"优质"品牌产品的市场定位,提高公司信誉和知名度(并因此建立应对信誉风险的弹性)。
- 留住客户并建立客户的忠诚度(建立应对信誉、经济和市场营销风险的弹性),管理质量低劣引起的负面风险(失去客户,负面的品牌"口碑"等)。

- 遵守法律和法规（例如关于安全和令人满意的产品质量），将法律风险和合规风险降至最低。
- 避免由于产品低劣引起的产品召回、退货和客户赔偿等带来的财务和信誉成本。

3.3 引申一下，为了维持提供给客户的产品的质量，对于组织来说对其规格、供应商和供应链（以及材料、零件和供应品）的质量进行管理是非常重要的。组织货物与服务的输入的质量自然而然地会影响其输出的质量。

质量成本

3.4 质量成本的定义是："确保和保证质量的成本，以及未达到质量而产生的损失。"换句话说，与质量相关的成本包括以下两点。
- 鉴定与预防活动的成本：那些旨在减少低质量产品进入生产过程和/或到达客户的活动所产生的成本（如预防性风险管理的成本）。
- "损失的"成本：由于低质量产品进入生产过程和/或到达客户而产生的成本（如风险事件的成本）。

3.5 鉴定成本（Appraisal Costs）是为了保证进向物料和产出产成品具有"合适的质量"而进行的检验过程所发生的成本。例如，实物与机器检验的成本，管理检验流程的成本，供应商绩效评估（或者供应商等级评定）的成本，以及质量审计（检查质量体系是否像预期的一样有效）的成本等。

3.6 预防成本（Prevention Costs）是为了降低鉴定成本而产生的成本，用于预防或减少过程中所产生的次品或故障。例如下列各项所发生的成本：将质量融入设计与规格，成立"质量小组"（质量问题解决小组）和其他的员工（和供应商）参与质量问题和改进的机制，建立质量保证流程、体系、技术和培训（缺陷预防），根据国际质量管理标准（如 ISO 9000）开展审核和认证。

3.7 显然，这些成本是相当大的。在这些测量中花费更少的钱，而仅仅处理偶尔出现的次品，这样是否更为成本有效呢？或者是否到了这样一个时间点，即从再改进"一点点"中获得的收益还抵消不了这样做的成本？当今对这个问题的回答是：否。出现质量问题的成本会远远大于实现合适质量的成本，收益递减规律在此并不适用，因为改进总会带来某些收益。

质量损失成本

3.8 质量损失成本（Costs of Quality Failure）可以分为内部损失成本和外部损失成本两类。

3.9 内部损失成本（Internal Failure Costs）是在最终产品或服务到达客户之前被识别和纠正的质量故障所产生的成本。下面举几个例子。

- 生产或检验过程中发现的缺陷产品的损失或返工。
- 无法修理、使用或出售的缺陷产品的废弃。
- 已返工或修理的产品的再次检验。
- 产品以更低的售价"降级"出售，引起销售收入的损失。
- 由于追加存储并重复工作，持有应急存货（以应对废弃品和延迟）所引发的浪费。
- 调查故障起因（故障分析）所需的各种活动的时间和成本。

3.10 外部损失成本（External Failure Costs）是在最终产品或服务到达客户之后被识别和纠正的质量故障所产生的成本。下面举几个例子。

- 为了收集和/或处理退回的产品所发生的"逆向物流"成本。
- 维修或更换有缺陷产品的成本（这些产品可能是客户退回的，或者要求在客户地点提供服务的），对不适当的服务进行重做的成本。

- 客户根据担保或保证要求赔偿的成本，或者公司承担过失责任的赔偿（如果客户受伤了或者遭受了缺陷产品或服务所引发的损失）。由于消费者保护法律（如《消费者保护法案 1987》）要求那些其缺陷产品造成消费者损害或损失的制造者承担严格的责任（不管是否涉及过失），因此质量是合规风险的一个主要来源。
- 处理投诉、处理退款等的管理成本。
- 丧失客户忠诚度和未来销售额的成本。
- 不满的客户"口碑"对声誉带来的损害，产品检查不到位和/或宣传不得当（如关于产品召回）。

3.11 "做错事"的成本一般要高于"将事情做对"的成本，所以人们越来越强调质量管理，目标是"第一次就将事情做对"。

控制质量故障风险的方法

3.12 质量风险管理技术一般分为质量控制和质量保证两个基本类别或方法。

3.13 用于产品缺陷的检测与纠正的系统称为质量控制。从本质上讲，这是一种被动的响应式方法，焦点集中于：
- 对于工作的输入与输出，建立规格、标准和公差范围（物品在该范围内变化仍可接受）。
- 检验所要交付的货物并监控生产过程，通常是"抽样"检查（对于关键特性或者在要求零缺陷情况下，可能使用"100%检验"）。
- 识别有缺陷的或不符合规格的产品。
- 对没有通过检验的产品进行报废或返工处理，将通过检查的可接受产品传递到下一个阶段。

3.14 对于风险管理而言，基于检验的质量控制方法具有一定的局限性。

- 为了防止缺陷产品出现在生产过程中或到达终端客户，必须对巨大数量的产品进行检验。戴明指出，这样做会占用大量资源，且不会增值（或真正地"提高"质量）。

- 由于预算和生产日程等方面的压力（特别是如果采购方实行准时制供应），缺陷产品可能逃过检验而没有被发现，这样的数量可能达到不可接受的程度。

- 质量控制过程旨在识别和排除缺陷产品，但这是在这些产品已经生产出来之后。其实，这时已经产生了很大成本浪费（如设计成本、原材料成本、加工成本、管理费用等）。这是在"亡羊补牢"。

- 检验活动可能在供应过程每个阶段重复进行，这进一步放大了效率低下和浪费。

3.15 预防缺陷的系统称为质量保证。这是一种更为主动的和综合的方法，将质量控制融入过程的每个阶段，从概念与规格开始。它包括质量管理体系中所使用的全部系统性的活动，以"保证"或给予组织足够的信心使之相信这些产品和过程将满足其质量要求。换句话说，质量保证是"融入质量"，而不是"清除缺陷"。

3.16 从采购与供应链管理的角度看，应当努力保证你的采购过程、供应商的质量管理过程共同协作，防止供应缺陷产品或材料。质量保证项目应当将质量测量指标与控制融入以下过程。

- 产品设计。

- 材料规格与合同的制定。

- 供应商的评估、选择、批准与认证。

- 与供应商的沟通，反馈机制和质量记录。

- 供应商的培训与开发（在需要将两个组织的质量标准与体系进行整合

的情况下）。

- 为了保持所要求的绩效水平，对员工和供应商进行的教育、培训、激励与管理。

所有这些，通常是在检验、抽样、检测和其他质量控制技术之外。

质量管理

3.17 质量管理术语是指用来确保质量输入和输出安全的各种流程：产品和服务是适用的并符合规格的；持续质量改进是长期内可获得的。这样，质量管理就包括质量控制和质量保证。

3.18 质量管理体系（QMS）可以定义为："用于指导和控制一个组织的一套经过协调的活动，目的是持续提高该组织绩效的效率与效力。"QMS 的主要目的是定义和管理系统性的质量保证过程。

3.19 QMS 旨在保证以下事项。

- 组织的客户们相信该组织有能力提供满足客户需求与期望的产品与服务。
- 通过改进过程控制和减少浪费，一贯地、有效地实现组织的质量目标。
- 通过清晰的期望与过程要求，提高员工的能力、培训和道德水准。
- 一旦取得质量效果，能够继续保持。坚持学习与良好实践，使之不会因为缺乏归档、实施和一贯性而中断。

3.20 关于各种质量管理体系的测量与认证有多个英国和国际标准，其中包括国际标准化组织（ISO）发布的 ISO 9000 标准。组织可以利用这一框架来计划或评估他们自己的质量管理体系，也可以让第三方评估和认证。

全面质量管理

3.21 术语"全面质量管理"（TQM）用来指一个彻底的质量管理方法，是一种企业哲学。TQM 是一种质量导向，它将质量价值观和理想应用到公司中（以及全部供应链）所有资源的管理和关系中，以期在所有绩效领域取得持续改进和卓越。

3.22 劳里·马林斯（《管理和组织行为》）将全面质量管理的各种定义汇总为："是企业的一种整体生活方式，致力于通过持续性的改进过程以及人员的贡献和参与达到全面客户满意。"从供应链管理的视角来看，对输入进行质量风险控制，仅仅是全面质量系统中的一个局部，它还包括卓越的供应链、持续的合作改进和跨职能质量合作等。

服务质量风险

3.23 由于服务的无形性和易变性以及客户期望和知觉的主观性，服务质量风险的管理被认为是一个更为复杂的过程。贝里等人认为，提出某个特定服务的质量是一个评估过程的结果。在这个过程中，采购者将自己所期望获得的与他们认为自己实际获得的服务进行比较。SERVQUAL 模型提出五个独特的领域，可以帮助买方和供应商理解期望的与实际交付之间的质量差距，这些差距也体现了服务质量管理的风险点，如表 5-1 所示。

表 5-1 SERVQUAL "服务差距" 模型

差 距	解 释	风险减轻措施
采购方及供应商对质量的不同感受之间的差距	供应商对质量含义的理解可能与采购方不同	采购方及供应商需要共同协作，达成对规格及服务水平协议的共识
概念与规格之间的差距	缺乏资源或制定规格的技能很差都可能会导致采购方的需要或供应商的概念不能被完整、准确地转换成采购方或供应商的规格	采购人员需要和使用者及供应商合作，共同制定能够准确反映他们的需要、期望以及供应商最大能力的服务规格

(续)

差距	解释	风险减轻措施
规格与绩效的差距	供应商一方的规格及服务水平协议没有转换成实际的服务水平（例如，由于运营失误）	采购方需要预先评估供应商的生产能力和交付能力（例如，从其他客户那里获得参考意见，在签正式合同之前上马"试点"项目等）
沟通与绩效的差距	供应商的沟通可能会导致不准确的质量期望	采购者需要对服务提供者给出的信息加以证实
采购者的期望与获得的服务之间的差距	采购者或使用者感到自己真正获得的和他们所期望获得的之间可能存在着差距	采购者需要对使用者期望和感受进行管理，尽可能用客观的标准来明确服务绩效

第四节　供应安全

供应风险和供应的安全性

4.1 "供应风险"是与组织的供应商无法供应或提供了质量低劣产品相关联的风险。保证供应是采购和供应链管理职能的一项基本职能。

4.2 供应风险来自许多因素，包括供应商那一方的可靠性和效益方面的风险，以及采购这一方的政策和实践方面的风险。

- 买方在供应商评估、评价和选择流程（如招投标中供应商资格预审）方面不完善。

- 买方和供应商在合同与绩效管理方面的流程不完善（如制定的合同条款不合理，KPI 不合理，合同执行情况监督不力，供应商激励与动机不足，问题解决不彻底等）。

- 未预料到的需求水平，由于需求预测和管理不善而使情况更为严重，缺乏数据共享与沟通，在供应商选择中缺乏生产能力评估等。

- 未预料到的环境因素导致的材料短缺或价格波动。

- 没有很好地管理合同执行问题（如质量问题或交付延迟）。
- 过分"精益"的供应链，没提供适当的缓冲或安全存货以让供应链能够承受供应中断或额外需求。
- 对供应品和存货（包括运输中的和存储中的）的物理安全规定不详细，导致它们遭受失窃和抢劫、篡改、污染、损坏或变质的风险。
- 天灾或人祸，如洪水、火灾或爆炸，会影响供应商的设备或物流服务。
- 市场风险，如工人罢工、财务不稳定性（现金流问题）或供应商破产。
- 大宗商品风险，如政治动乱对原油或天然气价格造成的影响，或者新兴经济体对大宗商品的日益增长的需求。
- 运输风险，包括天气、堵车或政治动乱所引起的延迟、运输路线中断。
- 缺乏对识别出的风险吸取经验教训和持续改进。

4.3 因此关键的供应风险因素包括：现有供应商的生产率、生产能力和财务稳定性；交付前置期；所采购物品的复杂度和关键性；供应市场竞争；供应链的长度和复杂性；产品生命周期的长度（对创新带来了压力）；供应市场的技术发展；对货物在运输中和存储中采取的物理安全措施。

4.4 《解读供应链风险》练习册（克兰菲尔德管理学院/运输系）提出了一系列一般性问题，应该在审视基于市场的供应风险时加以考虑。

- 如果供应失败可能导致组织的输出中断，那么供应链是否依赖于主导的或专业的供应商？
- 供应商，尤其是关键的供应商，是否有潜在的财务困难从而有可能中断输出？
- 供应商是否延长了前置期，从而可能影响到库存或客户服务？
- 供应商是否有质量低劣的记录，并由此带来风险？
- 供应商是否具有不良的进度记录，如果有，他们是否是我们要依赖的供应商？

- 供应市场的状态如何？我们公司的采购是否占了较大的供应比例？供应市场上是否存在任何可能使输出中断的紧张点？
- 供应商是否制定了绩效测量指标，从而提供风险管理和绩效改进计划的平台？
- 市场上的供应商是否具有规划并满足需求的生产能力和生产率？他们是采用系统性的优秀做法还是穷于应付？

物流的复杂性

4.5 由于全球化、外包和对 ICT 基础设施的依赖等因素的影响，供应链网络的复杂性还在不断增加。我们将在第十一章介绍国际供应源搜寻的具体风险。

4.6 全球供应网络越来越复杂，并在不断延长。克兰菲尔德管理学院（《建立适应性强的供应链》）强调，"供应链不是简单的线性链或流程：它们是复杂的网络"。组织及其供应链之间的相互依赖性体现了相互的风险：买方组织承担其供应链内出现破产的风险，而供应链承担着企业或运营失败的风险。

4.7 供应链管理向精益思维的转移降低了浪费，但同时由于消除了缓冲库存或"安全"库存、实施供应链合理化并缩小误差范围（通过建立零缺陷的预期和缩短前置期），因此降低了安全性。供应链各组成部分的优化可能导致端到端供应链绩效的次优化，原因在于这有可能瓦解供应链的一体化、缺乏灵活性（或"敏捷性"）与弹性。随着供应链越来越精益化，缓冲库存越来越少，更多的库存滞留在海外或"在水上"（运输着），而供应链则没有什么能力吸收与应对任何发生的冲击。

4.8 供应链管理的有效实施越来越依赖于支持它的 ICT 基础设施。知识与信息的管理是供应链的一个关键驱动力，并且一体化的方法对于供应链可视性、供应链跟踪、需求管理和准时制供应来说越来越有必要了。ICT 驱动的供应链使组织高度依赖数据的完整性和一致性，而依赖性则孕育着风险。如果系统崩溃或数据连接失败，组织可能会发现自己处于一种脆弱的状态中（如本章第六节所介绍的那样）。我们需要制订应急计划，来确保信息在遭受技术故障的时候仍能够流动。

资源稀缺性

4.9　风险控制集团（CRG）的《风险地图》报告已将资源稀缺性看成全球供应链和商业前景面临的一个关键风险。"2008 年，人们看到了许多资源可获得性和价格方面发生的巨大波动，从食物、能源到航运能力，CRG 认为全球需求将从现在起超过供给，从而造成内在的不稳定性和风险……人们越来越关注水资源的可获得性、基础设施的能力和公共机构的完整性。"

4.10　根据安蒙·科恩（"全球警告"，《供应管理》）的观点：

- 采购组织需要建立更大的储备。"准时制原则极大地提高了效率，但是从现在起，企业需要储存更多的原材料来应付供应的中断。它所带来的变化不仅仅是在采购战略方面，而且也在管理和物流方面——至少要增加额外的存储空间。"
- 为了减轻供应中断的影响，将更加需要制订业务持续性计划。
- 长期来看（并且在更有战略意义的风险管理层次上），稀缺性会减缓或反转国际供应源搜寻的趋势。"本地供应源将更加可靠，或者至少更加能够验证，并且更不易于中断。"

安全风险

4.11　在任何企业或供应链中，供应品和库存（不论是在存储中，还是在运输途中）都可能面临重大的安全风险。其影响因素包括：未授权的获取、篡改、破坏；偷窃、商店行窃（在零售环境中）和小偷小摸；抢劫、劫持；工业间谍等。

4.12 企业越来越面临着严重的人事风险，尤其是在某些国家和政治上不稳定的市场。这些包括明抢和劫持、绑架和赎回、出于政治原因的绑架与谋杀，以及人员由于政治动荡、战争和恐怖主义活动而被滞留在国外的风险。塞德格洛夫设计了一个安全风险识别和评估模板，如表5-2所示。

表5-2 安全风险识别和评估模板

风 险	问 题	✓
建筑物	企业是否拥有制造或仓储建筑物	☐
	公司建筑物是否易于被公众接近，或者被许多人参观	
信息	你的文书或计算机数据是否对竞争者有经济价值	☐
间谍活动	企业运营所处的市场是否在经历时尚或技术上的进步	☐
知识产权	它是否有发明、商标或知名品牌的名称	☐
对建筑物的攻击	它是否雇佣了大量的人	☐
篡改	公司是否在销售快速消费品（FMCG）	☐
国际的	你的执行官是否到不稳定的某些国家旅行	☐
	公司是否在不稳定的某些国家拥有资产	
检查	公司有没有执行安全检查	☐
总分数：	每打一个对钩就得1分	
分数：	0～3分：低风险；4～6分：适度风险；7～10分：高风险	

4.13 许多安全措施都是必要的，有些是长期需要，有些仅仅是偶然需要（这代表了关于外包或承包给第三方服务提供者的争论，如第十二章所述）。组织应该能够指出一系列基本的安全措施，包括警戒措施、观察和监控、物理障碍、报警系统或警报。这些包括：

- 清晰的安全措施标记警示。

- 安全栅栏、格栅、安全门、上锁的存储区域、清晰的（照明良好的）边界区域等，以及确保它们得到有效利用的规程。
- 在易受攻击的区域使用保安。
- 身份卡、安全密码和通道、接待处保安、登记规程和其他保证访问限于授权人员的方法。
- 安全规程得到有关员工信息、培训（如日常程序、在运送现金时的人员配对、改变现金运输路线、保密政策）及技术（如使用 EPOS、中央监控系统、非授权进入报警）的支持。
- 对于建筑物受到的自然威胁（如火灾和洪水）所做的保护：预防规程和规定（如防火门、警铃、喷淋器）、警报系统、经过测试的应急处理程序。
- 对所有安全破坏行为和事件进行汇报、记录和检查，持续地对脆弱性进行评估。

供应链关系风险

4.14 商业和供应风险的另一个关键类别是与供应商的关系的性质、结构和管理。不同种类的关系、供应源搜寻方法和供应链配置决策，具有不同的风险。下面所举的例子就是产生特定风险的情形。

- 独家供应源搜寻（Sole Sourcing）安排（市场上仅有一个供应商）和单供应源搜寻（Single Sourcing）安排（针对特定要求，组织选择仅使用一个供应商）：买方对一个供应商依赖的程度很大，面对供应商（和可能由此引发的供应链）的破产、自满或过分要求等风险有一定的脆弱性。
- 外包安排：因为组织是在用外部的承包商来有效地替代自己的资产、

资源、知识和能力，通过承包商代表它向客户提供服务，因此使自己易于遭受信誉、绩效和市场的风险。另外，可能还有失去控制、知识产权和机密数据的风险。后文将有更详细的讨论。

- 长期伙伴关系：因为组织实际上被"锁死"在与伙伴形成的长期合作关系中，而其伙伴可能会变得表现欠佳、不愿配合、战略上有所分歧和/或不求进取（在缺乏竞争或没有持续改进协议的情况下）。伙伴关系的潜在价值可能得不到实现，或者由于内部、外部的变化使伙伴关系失去了价值。合作本身会给机密数据和/或知识产权带来风险。

- 供应商分级（供应链的一种组织方法，买方组织借此方法，与少数几个供应商或"一级"供应商建立伙伴关系，他们负责管理供应链的较低层级或下面几层）：由于"距离"较远，就绩效和 CSR 的监督与管理而言，这会引起买方与较低层次之间的距离。供应链可能没有足够的透明度，造成买方不能够"深入"到较低层级的供应商，而且可能无法依靠供应链管理和主要供应商的质量保证或 CSR 保证。

- 供应商转换或投机性采购。改变或转换供应商可能有很多理由，但是这样做会引起剧变与成本（被称为"转换成本"）——尤其是已经建立了稳固的关系、专门针对关系制订了计划并开展了与关系有关的投资。风险包括：新供应商未能履行合同；过程或系统不兼容（假如专门针对老供应商关系进行了集成）；文化或人际上的不兼容（其中，理解和行为模式是在老关系中形成的）；知识的丧失（与老供应商的合作流程没有用文件记录下来）；新供应商的学习曲线和初期磨合问题；新的或不熟悉的供应风险暴露；知识产权和机密数据的暴露（仍没建立起信任）；老供应商不配合向新供应商的交接问题（不提供关于设计、文件、资产、进展中工作的资料等）。

4.15 我们将在本章以下几节详细阐述供应伙伴关系和外包战略的风险。

一般供应链风险管理

4.16 供应链风险管理是指"供应链内部风险和外部风险的识别与管理,即通过一种供应链成员间合作的方法来降低供应链整体脆弱性(克兰菲尔德大学管理学院,《供应链脆弱性》)"。在这一方法中,从供应链网络一端看到另一端的能力是很重要的。供应链可视性(Supply Chain Visibility)意味着对可能影响供应链交付能力(和/或从风险事件恢复的能力)的上游及下游的供求、库存、物流和生产问题的清晰图景。

4.17 理想的情况是,供应链风险管理是一个积极主动的过程,经理人必须长期持续评估供应链图析和市场模型。一个积极主动的方法会指向三个主要目标。

- 经常监控供应链,看其是否出现预示问题的信号。
- 问题发生时,确保作出及时的、准确的决策。
- 对所发生的事情进行模拟,并对负面结果制订应急计划。

4.18 供应风险减轻措施包括如下几种。

- 供应商评估与选择:谨慎的供应商评估、资格预审和选择(在技术能力、生产能力、兼容性等方面);比率分析以及对供应商的财务监督(以确保财务稳定性)。

- 供应链管理:多个或替代性的供应源;供应商监督、绩效管理(对照规定的 KPI)和合同管理;供应链信息流动、风险可视性和合作需求管理;供应商故障(和其他供应风险)应急计划;应用例外报告的技术(关于进度计划、成本和质量差异);开发敏捷的(响应性)和弹性的供应链等。

- 需求和库存管理:例如,具有合理水平的缓冲或安全库存,来弥补供应上的延迟或中断。

- 物流管理：例如，运输风险评估、保险和应急或后备计划，合理的包装、存储、运输模式规划和其他保证运输中供应品安全和完整性的措施。
- 合同拟定与管理：利用合同条款，向供应商转移或者与供应商分担风险和义务；利用不可抗力条款减轻双方均无法控制的事件的责任；使用知识产权保护和保密条款；监督与管理合同执行情况等。
- 保险：对一系列可保险的风险购买保险。

第五节　外包和离岸外包的风险

5.1　外包可以定义为一个过程，凭借该过程，组织按照合同，可能在长期关系的基础上，将主要的非核心业务或职能分配给专门的外部服务供应商。莉萨（《外包采购管理》）将外包定义为："将过去常常在内部完成的业务责任转移到第三方。"

5.2　现在组织惯常与专门的、提供服务的外部供应商签订合同，如清洁、餐饮、安保、设备管理、IT管理、招聘和培训、会计、法律、运输、配送以及采购等。

5.3　外包发展的部分原因是应对商业风险的需要。在20世纪70年代和80年代早期，公司通过合并与并购来实现不同业务领域的多样化发展，从而分摊其商业风险。在很多案例中，由于公司基本上缺乏在不熟悉业务领域中有效的技能与知识，这种多样化战略大多是不成功的。之后，许多组织检查了其战略重点，决定集中精力于核心业务，即"不离本行"（彼得斯和沃特曼，《追求卓越》）。

5.4　在公共部门也出现了类似发展，越来越强调外包公共服务。地方当局将服务"承包"或"外部化"，这些服务以前是由地方当局自己向公众提供的

（如房屋和道路建设、垃圾清运、休闲和艺术服务、儿童和青少年服务、健康和老年人服务等），这些外部合作伙伴（尤其是在私营部门）有更好的资源和能力去满足社区需要，并承受财务风险。

外包的风险

5.5 大体上来说，战略外包的一些潜在正面和负面风险可以总结为如表5-3所示。

表 5-3 外包的正面和负面风险

优势/机会	劣势/风险
支持组织的合理化和规模削减：减少人员配备、空间和设施成本	可能更高的服务、分包和管理成本（包括承包商的利润率）：需要与内部提供的成本进行对比，考虑可能失去对成本的控制
允许组织将管理、人员和其他资源投资集中到组织核心业务和能力上（那些独特的、增值的和难以模仿的，从而带来竞争优势的）	难以确保服务的质量和一致性以及企业社会责任（环境和员工雇用）：监管困难且费用大（特别是在海外）
可以借助承包方的专业知识、技术以及资源，对于非核心活动这样可以比组织自行承担增加更多的价值	有可能失去企业自己在服务领域中的专长、知识、联系或者技术，而这些将来也许还会用到（如需将服务工作重新收回企业内部）
由于承包商可能会服务许多客户，从而获得规模经济（并且抹平需求波动）	可能对绩效和风险关键领域失去控制（例如，如果产生服务或道德问题，则有可能丧失信誉风险）：过分依赖供应商
可以施行竞争性的绩效激励，而内部服务提供者却可能不思进取	多出服务提供商这一层拉长了与客户或最终用户之间的距离：这可能弱化与外部或内部客户之间的沟通和联系，并且丧失市场知识
利用合作型的供应关系，并且支持合作或伙伴关系带来的协同效应（2+2=5）	可能被不兼容或绩效不佳的合作关系所绑定：文化或伦理观的不兼容，关系管理困难，承包商缺乏灵活性，利益冲突，自满或不再以客户为中心
对于需求和成本不确定或波动的业务，成本变得确定了（即协商的合同价格）：共担财务风险	对机密数据和知识产权失去控制的风险
	业务转移或停止引发的道德和员工关系问题
	如果外包失败，可能会面临内部提供的风险、成本和困难

外包故障风险

5.6 大量的实例调查表明，外包项目常常无法带来预期的利益。其中，可能的原因如下。

- 组织无法正确区分核心业务与非核心业务。
- 组织无法识别和选择一家合适的供应商，导致外包业务的效益不好，或者最坏的情况是供应商破产。
- 归因于谈判中夸大其辞的许诺或主张，或者低估了成本风险（并且有可能成本增加），组织可能会对外包供应商有着不切实际的期望。
- 外包合同包含的条款和条件不合适或者不合理。
- 合同没有规定清晰的关键绩效指标或服务水平，这意味着组织难于判断进展情况。
- 组织缺乏控制供应商绩效和关系的管理技能。
- 组织渐渐将绩效的控制让渡给承包商，使其随后有机会利用组织的依赖性大做文章。

5.7 假如我们在规定的战略框架内谨慎地计划外包，这些问题大多都可以避免。

外包风险的管理

5.8 有效的合同谈判和管理是确保外包成功的一个基本组成部分。对照关键绩效指标的测量、定期的会议和指定的联络，都是至关重要的。从风险的角度来看，外包时组织要仔细地、持续地监控风险登记簿中记录的关注点。

5.9 下面列出了一些外包风险减轻战略的关键要素。

- 外包决策需要以清晰的目标和可测量的收益为基础，并进行严密的成本收益分析。

- 由于外包关系是一种长期合作伙伴关系，因此需要严格选择供应商。在这种情形下，选择不应该仅仅是成本比较，而且还应考虑质量、可靠性、合作意愿、道德和公司社会责任等一些因素（因为承包商的绩效反映在外包组织的信誉上）。
- 严格的供应商签约过程，这样风险、成本和责任得以公平地、清晰地分配，而且清晰地界定预期的服务水平。
- 清晰的和协商一致的服务水平、标准和关键绩效指标，同时有鼓励遵守和合规的激励和惩罚措施。
- 根据服务水平协议和关键绩效指标，对服务交付和质量进行连贯的和严格的监督。
- 持续的合同和供应商管理，确保遵守合同、发展关系（目标是持续地取得合作成本和绩效的改进）、建设性地解决争端。如果组织不打算逐渐将绩效控制权（以及信誉）拱手交给承包商的话，这就是必要的。
- 合同评审需要从合同执行过程中吸取教训，以便评估是否应该续订、修订合同（以作出改进），或者为了与另一个供应商签约（或者将服务重新拿回组织内部）而终止合同。

离岸外包

5.10 "离岸外包"（Offshoring）是指将业务流程转移到一个低成本地区，常常是在海外。这种做法本质上是一种外包形式，但是海外的因素带来了另外的风险管理考虑。

- 在知识产权法还比较薄弱的国家，对专利、设计和著作权的保护。
- 从长距离的、复杂的供应链到国内市场的附加运输和物流风险。
- 在特定市场中政治动乱、贪污引发的风险和其他的风险。

- 由于距离的问题，监督和控制外包供应商质量、道德和可持续性标准方面的困难而引发的运营风险。
- 由于文化、法律和语言差异所引发的运营、信誉和合规风险（例如，质量或健康与安全标准要求更低）。

5.11 从买方的观点来看，可能还要特别关注所提供的服务质量有可能下滑。许多大型公司已经碰到了很多客户抱怨海外服务中心劣质的客户服务和技术支持。投诉常常集中在英语口语水平不高上，还有就是有些人对输出工作到海外的做法感到不满。

5.12 离岸外包进一步的信誉风险在于欠发达国家的工人可能会遭受剥削。有些评论甚至批评说，公司采用离岸外包的根本理由是可以规避西方社会更高的就业和健康与安全保护标准。

5.13 对于买方来说，要控制一个地理上遥远的服务供应商（如在质量、环境和道德监督方面）是更加困难的事情，因此人们可能会提出离岸外包增加了供应链的整体风险水平。

控制长期供应关系风险

5.14 抛开供应商的地理位置不说，长期战略伙伴关系的优点与风险总结为如表 5-4 所示。

表 5-4 长期供应关系的正面与负面风险

买方的收益	买方的风险
良好的跟踪记录带来了信任	供应商的不思进取
供应商在需求方面的知识可以使之提供更好的服务，作出合作改进	对供应商的依赖可能会削弱谈判力量
数据和计划共享促进了迅速的计划、产品与服务的合作开发	依赖性会增加组织在面临供应商破产或供应中断（如罢工、灾难）时的脆弱性

(续)

买方的收益	买方的风险
随着时间的推移，质量问题得到解决；全面的技术专长可以提高质量	遭受连带声誉损失的脆弱性（如供应商缺乏道德）
减少了供应商评估与选择、签约、交易和争端等方面的成本	在一体化方面的投资提高了转换供应商的成本
在面临材料短缺、紧急需求的时候，供应商可能给予优待	合作增加了对机密数据、知识产权失去控制的风险
供应商有动力在研发、低成本解决方案和质量改进等方面进行投资	优先级或采购频度可能无法保证对合作的投资
供应商受到激励，提供可靠的绩效	如果供应商变得不合适或不配合，则有可能浪费投资
可以将系统逐步集成以提高效率	

5.15 为了减轻风险，对于任一方或双方，有必要去：

- 分析适合于形势的最恰当的关系类型（例如，使用采购定位和供应商偏好工具）。
- 进行详细的伙伴评估、选择、签约和关系管理流程。
- 作出多供应源或替代供应源安排（买方），或者建立多样化的客户基础（供应商）。
- 建立联合（或者共同的）绩效测量和持续改进目标与激励措施。
- 运用法律手段保护知识产权和机密性。
- 实现信息共享，用以准确预测需求。
- 参与联合应急和持续性计划。
- 为了对关系的终止进行管理，制定退出策略。

5.16 伙伴评估和选择的一个关键要素是评估与潜在伙伴的运营和战略兼容性，就是要确保两个组织的流程、目标和文化都是兼容的。有时这也被称为"跨组织目标和过程的对准"，它也可能反映在"KPI 对准"中，确保双方澄清了他们的期望并理解了互相的期望。

5.17 识别与比较潜在的差异（不匹配），可以促进合同前的澄清与谈判工作，避免随着合同或关系的发展产生冲突。不匹配可能体现为 KPI 上有冲突、分歧（希望的结果）和/或对特定 KPI 的重视程度上有"差距"。例如，一方认为 CSR 或创新很关键，而另一方却认为这些并不重要。

第六节　技术和信息风险

6.1 信息和通信技术（ICT）的有效运用是组织管理和运营的核心。组织越来越依赖他们的 ICT 系统和基础设施，用以管理知识和信息、协调组织的沟通（包括"虚拟"团队合作和全球业务）、支持管理决策制定、促进供应链关系和流程（如电子供应源搜寻和电子采购）、通过任务的自动化（如在运营和仓储中）提高过程效率和质量以及安全性。

6.2 如果完全或过度依赖技术，或用 ICT 系统存储并检索关键的数据和材料（尤其是使用有一定脆弱性的技术和系统），则技术脆弱性和风险更高。这里，我们将简要地考察一些主要的技术风险类别。

硬件和软件偷窃

6.3 由于计算机和电信设备变得越来越易于携带，而且对于偷来的货物也存在一个成熟的市场，所以它们越来越成为窃贼惦记的对象。对此组织应该：

- 确保实施一般的安全措施，来防止非授权进入存储硬件的建筑物和区域。
- 利用安全机制来防止硬件的盗窃（如标识、安防或警报装置）。
- 制定相应的规定，以防止与 IT 硬件有关的数据损失和盗窃：数据备份（通过云计算服务）、密码保护、在收到硬件失窃通知后数据自动上锁或毁灭等。

网络攻击与数据偷窃

6.4 随着组织和个人数据越来越多地存储在网络系统中，各种形式的蓄意网络攻击和网络犯罪行为越来越突出。

- 黑客（Hacking）是指对数据系统的非授权访问，常常是通过绕过安全系统实现的。黑客常常具有不良的意图，如工业间谍、数据毁灭（通过病毒感染）、系统"劫持"（指派计算机加入"僵尸网络"大批量发送垃圾邮件或者分布式拒绝服务，即 DDOS 攻击）、机密数据的公开披露、偷窃数据来实施其他犯罪活动（信用卡或身份证欺诈）。DDOS 攻击是利用（常常劫持）多个计算机通过 WEB 请求轰炸公司网站，使系统崩溃。

- 病毒（Viruses）和其他形式的恶意软件（旨在利用系统脆弱性和滥用数据的恶意程序）也变得越来越普遍。病毒是一种自我复制的程序，通常意在造成计算机系统危害。其变种包括"蠕虫"，它储存在计算机内存里进行自我复制，"逻辑炸弹"会潜伏下来，等到某一个规定的日期发作"爆炸"摧毁文件；"木马"只是在用户与它们发生交互后才会开始感染。"间谍软件"捕捉有关用户因特网活动的信息、录入电子商务交易中的财务详细资料等。

- 网络钓鱼（Phishing）常常是在电子邮件中，通过伪装成受信任的实体（如 IT 管理者、电子商务实体或银行），试图骗取有关信息（如用户名、密码和财务详细资料）。

6.5 目前市面上有各种可利用的技术工具，能够保护系统、抵御网络攻击。

- 防火墙可以通过单一网关限制对有关系统和数据的访问，利用密码来保护授权用户的访问。

- 应当对内部的、外部的敏感数据访问进行密码保护，定期变更密码。
- 病毒和恶意软件查杀软件尤其要将重点放到电子邮件和因特网连接上。病毒常常是在员工从因特网上下载程序或使用他们自己的外部媒体（DVD，闪存驱动器等）时进入系统的。组织的政策和培训应阻止这种做法。

6.6 系统的用户组件也必须进行处理。组织应该针对数据安全制定清晰的组织政策、规定和规程，如数据备份、密码变更、杀毒软件的运行、避免使用外部媒体、不得共享访问密码等。所有相关的人员都应该接受数据安全意识、规程和技术等方面的培训或辅导。

技术故障

6.7 任何领域的技术故障都可能导致运营的严重破坏，特别是当组织对运营机器或 ICT 系统高度依赖的情况下。下面列举的是一些技术故障风险。

- 新机器或系统引入后出现的"初期问题"。
- 不当使用引起的性能问题、故障或损坏（用户培训和指导不到位还会使该问题变得严重）；另外，它有可能产生健康和安全风险（例如，由于绕过安全协议或设置）。
- 兼容性问题，一个技术系统不能成功地与另一个连接或集成（在同一组织的相关流程中，或与客户、供应商或第三方的系统）。发生这种问题原因有缺乏系统设计与开发集成，缺乏与外部供应链伙伴使用的系统的兼容，或者技术陈旧（一个组织的系统落后于其他的系统）。
- 系统或技术崩溃（由于硬件或软件问题、维护不善、老化和退化、电力故障或者干扰，如蓄意破坏或计算机病毒感染）。

6.8 高度依赖实时数据处理的组织（如电子商务企业或航空和其他订票机构）

或计算机化运作（如汽车制造商），都在业务丧失和信誉受损方面面临严重的风险。技术故障引起的生产损失和数据损失等的其他影响包括导致现金流问题、无力支付员工工资、积压工作、降低服务和质量问题等。

6.9 风险管理过程将会对技术故障的可能原因和影响进行评估，而且一般会制订应急计划（和灾难恢复计划）来减轻故障的影响。

新技术的实施

6.10 CIPS 指南提出了一个在新技术或系统实施之前需要考虑的问题清单，它突出强调了涉及的关键风险。

- 目标——对于变更，是否存在足够的理由和商业论证？
- 人员——我们是否能够促使全体职员和组织文化很好地应对变更？
- 关系——我们是否能够处理好新系统实施过程中产生的关系变化？
- 技术——在组织内部，我们是否拥有足够的专长，或者是否能从外部获取足够的知识？
- 财务——是否对项目作过财务评估？
- 权力——新系统是否将一个部门或个人的权力转移给了另外一个部门或个人呢？

6.11 CIPS 指南进一步提出了新技术成功实施中的四个关键要素。

- 采用一种生命周期的视角，对系统生命所有阶段可能出现的问题给予系统性的关注。具估包括设计、开发、测试、服役和安装、用户培训与支持、维护与修理、更新和处置。
- 采用参与式的方法。在设计与开发、风险评估、测试和实施中，邀请设计师、用户、潜在用户和其他网络利益相关者（如新技术需要与其系统进行集成和/或兼容的供应商和客户）参与。这不仅提高了输入的质量和多样性，而且也有助于保证用户买账。
- 认识到随着项目的进行会出现各种变化。对于新出现的挑战和约束、识别出的风险和机会、创新和利益相关者的反应，建立某种灵活性。
- 考虑政治因素。认识到利益相关者群体的利益和影响力，其中有些群体会主动或被动地抵触变革、变化或某种技术。

信息风险

6.12 信息和知识变得越来越系统化和透明，也因此变得越来越脆弱。知识和信息系统可能带来许多风险，包括供应商数据库中信息的收集、在与供应商合作的过程中知识产权和机密数据的共享，以及通过公司外网对关系的管理。

6.13 下面列举的是一个企业（特别是在供应链管理中）与信息有关的风险。

- 来自知识产权（如专利、设计或原型）的非授权访问和敏感经济数据（如关于竞争计划或风险评估）的组织知识资产风险，可能是由于工业间谍、黑客、网络钓鱼或数据偷窃等原因造成的。
- 与组织共享资源的其他各方滥用数据（如某个供应商违反保密规定，或者与竞争者共享数据）导致的组织知识资产和经济优势等方面的风险，以及当买方组织违反保密原则或者滥用供应商知识产权时承担责任的风险。
- 数据完整性和安全方面的风险，影响因素包括软件错误、计算机病毒、输入或转录错误、蓄意欺诈等，内部控制不善会使这些问题更严重。
- 系统故障与相关的数据丢失（因此所有数据都有必要备份到外部硬盘或服务器上，这使借助于外部服务器的"云"计算的使用越来越普遍）。
- 对法律和合同规定的遵守风险。例如，在数据保护（安全存储和公司对个人数据的有关使用)、知识产权(保护设计、专利和著作权等所有人的权利)和机密性(避免经济上或私人敏感数据的非授权披露)等方面。

- 由于缺乏变更控制规程(导致几个互相冲突的版本),使数据的完整性和价值面临着风险。
- 管理信息系统、外部网、合同数据库和其他有关系统的设计和实施存在风险和没有效率。例如,无效的存储和检索协议,缺乏与供应商系统的集成和兼容,初期问题及系统崩溃等。
- 关键人员的流动,以及他们关于组织采购需求、合同历史和供应商关系等方面知识产权和/或知识的流失。
- 通过某些职能外包给外部供应商导致的组织知识、信息和能力的丧失。

6.14 因此,组织需要在下述领域采取一系列风险减轻措施。

- 在系统设计阶段进行风险识别与评估(包括利益相关者参与系统设计与实施)。
- 针对新系统的系统测试与转换安排(如平行运行或分阶段执行)。
- 硬件、软件和外围设备的预防性维护、维修、更新和替换(和其他设备一起)。
- 保证所有买方的和供应商的信息系统都经受了强大的访问控制(如密码、用户 ID 和防火墙),"由人介入"的信息交流(如谈判)需要有适当的机密性保证。
- 有效和安全使用信息系统的规定和规程(例如,使用防火墙和杀毒软件,并对员工进行正确使用系统和安全意识方面的培训)。
- 存储数据的备份规程,防止由于系统故障或数据损坏造成的损失(例如,使用"云"计算、定期备份到外部服务器或硬盘上等)。
- 系统维护、应急计划和备份系统,将系统崩溃、硬件失窃或电源故障等事件造成的损失降至最低。组织还应针对灾难性的故障，制订业务持续性和灾难恢复计划。

- 数据库管理，确保有用的信息和知识得到捕捉和维护，过时的信息及时删除或存档。

- 对合同变更、变化、版本和更新等的规程与控制（被授权的个人才有权进行修订和版本管理）。

- 内部控制、检查和平衡，防止数据或资金的滥用与欺诈。例如，授权和签署；合同、交付收据和发票等的一致；义务的划分（同一个人不能同时对订单处理和支付进行审批）。

- 使用设计权利、专利和著作权的注册，保护知识产权；制定适当的合同条款，控制对知识产权的访问（例如，通过排他性的或非排他性的许可）并保护所有人的权利（例如，在合同执行过程中谁将拥有产生的 IP 呢）。

- 在合同执行过程中交流的商业敏感数据的机密性（例如，在合同中使用机密性和不披露条款，对员工进行保密培训；发布并宣贯道德准则）。

- 根据有关法律的要求对员工进行培训（包括知识产权法、数据保护和信息自由）。

- 对最佳实践、供应商关系沿革、从合同中得到的经验教训以及其他增值的知识和信息等进行归档，以促进组织的学习，并且避免数据由于人员的离开或外包而丢失。

信息保证的作用

6.15 信息保证（IA）是指与信息或数据的使用、处理、存储和传送有关的，和为此目的采用的系统和流程有关的风险的管理实践。它与"信息安全"

领域有关（计算机科学的一个分支，旨在保护信息系统及其内容，主要通过安全控制和防御，抵御恶意攻击）。事实上，信息保证包含了很广泛的问题。

- 公司治理是指与数据保护、IT 系统和欺诈预防等有关的法规标准遵守、内部控制和审计。
- 与关键系统风险（数据丢失、安全破坏、系统崩溃）有关的应急、业务持续性和灾难恢复计划。
- 战略性 IT 系统的开发与管理，通过系统集成、兼容性、灵活性和安全性等领域的措施将风险最小化，同时满足组织（及供应链）当前的和未来的需求。

6.16 一个典型的 IA 项目，一般应包含以下几个步骤。

- 系统风险评估：识别要保护的信息资产；识别信息资产和系统中的脆弱性；识别可能利用或损害信息资产的各种威胁；已识别风险的概率和影响分析。
- 制订风险管理计划：提出应对措施来应对已识别风险，包括威胁的预防、监控和应对，这可能包括一些技术工具、员工数据安全意识培训、专门 IT 安全部门或事件响应团队的建立。提出的计划要进行可行性测试，并就成本和收益进行分析。
- 风险管理计划的协议、实施、测试和评估，常常借助于系统审计来完成。要连续地收集和检查绩效数据，这样可以根据绩效缺口或新出现的风险，按需要持续地修订风险管理计划。

BS7799（ISO 17799）

6.17 英国标准 BS7799（ISO 17799）是一个信息系统管理标准，旨在：

- 使组织识别他们信息所遇到的风险并引入控制措施来应对风险。
- 确保遵守数据保护法律，安全地保管个人信息。
- 使贸易伙伴确信，组织保护并控制着它自己的信息和其伙伴的信息。

6.18　BS7799（ISO 17799）"信息系统安全最佳实践"清单提供了一份全面的和严密的检查表，覆盖了安全政策、安全组织、资产分类和控制、人员安全、物理和环境安全、计算机和网络管理、系统访问控制、系统开发与维护、业务持续性和灾难恢复以及合规性等领域。

6.19　BS7799（ISO 17799）涉及采取如下措施，使IT风险问题的影响降至最低。

- 制定组织的信息安全政策。
- 界定系统的范围。
- 对风险进行评估，识别威胁和脆弱性并评估其对组织的影响。
- 识别风险管理领域。
- 选择并采取控制措施。
- 记录所选的控制措施。

本 章 小 结

- 合同挫败的风险来自供应商可靠性和绩效和/或来自买方的合同、项目和供应商管理政策与实践。
- 财务风险可能是内部的（例如，对成本失去控制），也可能是外部的（例如，供应商财务状况的弱点）。
- 质量损失成本既可以是内部的（在产品到达客户之前产生的），也可以是外部的（在产品到达客户之后产生的）。针对这一问题的现代方法是以质量保证为基础，而不是以质量控制为基础。

第五章 运营风险

- 供应风险是指供应商无法提供具有合适质量的输入的可能性。产生的原因可能是供应商破产、资源稀缺性、安全故障或关系管理不善。
- 外包是现代商业中增长的、但具有很大风险的一个趋势。有效的合同谈判和管理是外包成功的必要条件。
- 技术和信息风险来自硬件和软件的盗窃、网络攻击、硬件或软件故障、信息盗窃或篡改。

自测题

括号内数字为参考答案所在段落。

1. 请列出在与供应商谈判过程中可能出现的风险。(1.6)
2. 请列出组织内部可能出现的财务风险。(2.1)
3. 列出减轻信用风险的可能措施。(2.10)
4. 关于质量成本,分别解释鉴定成本和预防成本是什么意思?(3.5,3.6)
5. 请阐述以检查为基础的质量控制方法的局限性。(3.14)
6. 列出供应风险的可能来源。(4.2)
7. 请列出与供应链关系有关的一些具体风险。(4.14)
8. 请指出外包协议失败的可能原因。(5.6)
9. 离岸外包有哪些附加风险?(5.10)
10. 请列出新技术实施之前要考虑的问题。(6.10)

第六章
企业社会责任和可持续性风险

对应大纲内容

1.4 评估供应链中影响组织社会责任和可持续性标准的主要风险
- 定义企业社会责任和可持续性
- 评价企业风险和与品牌相关的风险
- 可持续采购的标准：联合国（UN）、国际劳工组织（ILO）及道德贸易联盟（ETI）的标准

引言

在本章中，我们将继续讨论特定的风险类别之一：供应链中影响组织企业社会责任和可持续性绩效的风险，以及企业社会责任和可持续性失败给公司信誉和品牌带来的风险。

首先，我们将考察公司责任和道德问题，其基础知识是公司治理和道德这部分内容。然后，我们继续讨论"可持续性"和可持续采购的有关领域，这显然提出了有关环境（"地球"）和社会（"人"）的公司责任问题。

我们将介绍环境风险领域（例如，环境破坏的风险）和社会风险领域（例如，供应链中不合理的劳工标准所引起的负面风险，以及利用中小型供应商的

正面风险）的一系列风险和减轻措施。

有关企业社会责任和可持续性的一个关键风险来源，是来自对可持续采购问题逐渐提高的公众意识（带来了信誉风险）和法规压力（引起合规风险）。因此，我们将讨论这些领域中主要的一些控制标准和框架以及自愿性的自我控制。

最后，我们探讨公司信誉和公司品牌这两个重要概念，作为高价值的无形资产，它们可能会处于企业社会责任和可持续性失败的风险之中。我们也会考虑信誉风险的来源，以及可以采取的一些减轻措施。我们还将讨论问题与危机管理，这是公共关系管理的分支，特别强调信誉的保护，这与我们后面对灾难恢复的讨论（在第十三章）有很大关系，因为信誉危机是有可能损害业务的一种"灾难"形式。

第一节　企业社会责任和道德

1.1 在第四章中我们讨论了道德和道德准则，它是预防欺诈和贪污的一个因素。事实上，从更广的视角来看，道德问题可能会在不同层次影响企业和公共部门的组织。

- 在更宏观的层次上，有可持续发展的需要（全球化的影响，工业化对环境的影响等）。
- 在公司层次上，单个组织在制定如何与其各种利益相关者打交道的战略和政策时会遇到各种道德问题。这些一般是指"企业社会责任"所覆盖的、组织为了利益相关者利益所采用的政策，包括公司治理问题。
- 在个人层次上，个人在与组织和供应链打交道时会面临一些道德问题。例如，是否要接受可能会被视为试图影响供应商选择的礼物或招待。这是常常在采购职业道德准则中覆盖的内容，详见第四章。

1.2 企业社会责任被 CIPS 定义为"一种方法，企业依靠这种方法，可以认识到企业活动对其所处的社会所产生的广泛影响，而社会发展反过来又会对企业追求商业成功的能力造成影响"。

符合道德的供应源搜寻和供应链管理

1.3 在企业社会责任的层面，符合道德的供应源搜寻和供应链管理可能覆盖一系列问题，这取决于组织活动和市场所产生的道德风险和问题。下面举几个例子。

- 在采购中促进公平、公开、透明的竞争（同时，避免不公平、欺骗的、操纵或胁迫的供应源搜寻）。
- 利用供应源搜寻政策来促进积极的社会与经济目标。例如，供应链中的公平机会和多样化、对本地和小型供应商的支持、运输里程的最小化（以减少对环境的影响和碳排放）等。
- 符合道德要求生产的输入品的规格与采购（例如，获得"没有在动物身上做测试"的认证，从可持续性受控的或可再生的来源获取，或者在安全工作条件下制造）。
- 在供应链所有层次上，以促进合乎道德的贸易、环境责任和劳动标准的方式，选择、管理和发展供应商（例如，对供应商进行资格预审，审核其企业社会责任政策、道德准则、环境管理体系、逆向物流和回收能力、供应链管理；对供应商道德绩效进行激励、监督和发展）。
- 承诺促进供应链中工作条件的改善（劳动标准），尤其是法规体制较松的低人工成本国家。
- 承诺支持供应商可持续的利润获取（例如，不压榨供应商的利润率），确保公平的价格沿着供应链返回到供应商那里，尤其是在买方占据主导地位的时候（例如，在发展中和低成本供应市场中）。
- 坚持有关机构的道德框架和行为准则。例如，国际劳工组织（ILO）、公平贸易协会或道德贸易倡议，国际标准化组织关于公司社会责任的指导方针（ISO 26000：2010），或者有关专业团体（如 CIPS）的道德准则。
- 承诺遵守关于消费者、供应商和工人保护的所有相关法律、法规。

组织为什么应该负起社会责任

1.4 经济学家米尔顿·弗里德曼提出的观点是"企业的社会责任就是利润最大化"，即对股东的投资给予回报。将资金花在与股东期望无关的目标上是不负责任的，尊重股东财富是健康的管理原则，这也为决策的问责提供了依据。利润最大化符合公众利益，因为企业为国家纳税。

1.5 弗里德曼认为，就企业而言，"最终，社会责任的唯一理由是开明的自我利益（即符合道德的自私自利）"。那么，企业社会责任如何服务于公司利益（并控制公司的风险）呢？

- 法律、规章和行为规范对组织规定了一定的社会责任（例如，关于健康与安全、就业保护、消费者权益和环境保护）。对于违反这些法规的行为会进行财务上的和运营上的惩罚（如缴纳"污染税"）。
- 自愿措施（也许仅仅是预先达到法律与法规要求）可以提升企业形象，有利于品牌建设。举一个常见的例子，就是化妆品连锁企业 Body Shop 所采用的环境和可持续性战略。
- 为了吸引、保持和激励员工和供应商提供高质量的服务与承诺，可能有必要在就业和供应商要求方面实施高于法律规定的公司政策，特别是在与其他雇主/供应商竞争时。

- 消费者对社会责任问题的认识不断提高,这为企业社会责任(以及对不负责任企业的抵制)带来了市场需求。

1.6 战略权威亨利·明兹伯格提出,在任何情况下,企业与社会的关系不单纯是经济上的。企业是一个开放的社会系统,它与自己运营所处的社会环境存在许多非经济的交流(人、信息、形象),并且产生了许多非经济的影响。社会责任有助于创造一种社会氛围和基础,企业从中可以获得长期的繁荣。

1.7 道德供应源搜寻和供应链管理以同样的方式,可以有助于创造一种氛围,保持互惠长期的买卖关系。剥削、滥用和失望不可避免地会导致关系破裂,或者被供应商反过来"挖墙脚"。

1.8 因此,出于许多原因,道德供应源搜寻、交易和供应商管理对于管理合规风险、信誉风险和以绩效为基础的风险,具有非常重要的意义。

- 不道德行为会导致与受到不善对待的利益相关者关系恶化,进而导致与供应商不良的客户状况、较差的供应商积极性和表现,并且增加了冲突和争端的风险。剥削、滥用和失望不可避免地会导致关系破裂,或者被供应商反过来"挖墙脚"。
- 由不道德行为引起的利益相关者关系不和,也会丧失在绩效、创新、合作和协同效应等方面的机会、价值和利润。缺乏抓住这种机会的能力,是长期商业和竞争风险的来源。
- 对雇员和供应商的不平等待遇会使组织难于吸引、挽留并激励他们去提供优质服务和承诺,尤其是在和其他雇主和买方展开竞争的时候。
- 不道德行为会招致更加严格的法规、媒体和压力集团的监督,这加大了信誉风险和合规风险。
- 不道德行为的曝光会危害到信誉,危害到组织的产品或公司品牌,失去好感(来自客户的、雇员的和供应链伙伴的),损失销售额,甚至受到消费者的联合抵制。

- 违法行为会引起额外的合规和法律风险，包括违法的惩罚与制裁（财务惩罚，矫正订单，诉讼成本和损害赔偿金，被曝光后引起信誉上的损失等）。

1.9 道德供应源搜寻和供应商管理中包含有成本和挑战。例如，像耐克、沃达丰和马莎百货等一些大公司承担了教育、监督和管理其海外供应商的责任，以确保他们公平地对待其员工并且遵守环境标准。

1.10 事实上，不能承担社会责任现在被视为一种重要的商业风险，会产生重大的潜在成本。一个广泛报道的例子是，社会慈善机构牛津饥荒救济委员会的"让贫穷成为历史"袖标的海外供应商本身就在剥削自己的工人，当这件事曝光后使该机构信誉遭受到重大损害。另一个最近发生的例子是，苹果公司的主要中国装配工厂恶劣的工作条件被曝光，使畅销的苹果品牌受到来自公众的压力。

1.11 表 6-1 总结了一系列企业社会责任和道德风险以及控制和减轻措施。

表 6-1 企业社会责任和道德风险概览

企业社会责任和道德风险	减轻战略事例
对不负责任行为的财务惩罚和运营处罚（如"污染者支付的"税金、诉讼成本、清洁成本）	制定并贯彻企业社会责任目标、政策和实践准则
由于不公平、抗议、"经营许可证"吊销等导致的社会、政治或经济不稳定性	通过供应链，鼓励企业社会责任做法（如通过供应商选择、供应商等级评定、批准的状态、合同 KPI 和罚金等）
不可持续地使用资源，导致稀缺性和价格上涨	对员工和供应链进行教育、培训和发展
企业社会责任问题对信誉和品牌的影响有失去客户忠诚度、品牌权益和信誉资本	企业社会责任和道德监督与汇报（特别是在脆弱性的领域，如海外供应商）
由于公众曝光，销售额、利润、股东价值、信用评级等受到损失	分享最佳实践，如与企业社会责任领袖对标
丧失首选雇主或交易伙伴地位，对可靠性、关系、资源造成损害	企业社会责任和道德论坛和工作组，鼓励以企业社会责任为中心的沟通

第二节 可持续性

2.1 不论是在公共部门还是在私营部门,近几年来可持续性已经成为采购政策的一个极其重要的内容。术语"可持续性"(Sustainability)常常与"公司社会责任"和/或环境责任互换使用。可是,它更具体地描述了旨在平衡经济可行性与环境和社会责任因素的战略(利润、地球和人——有时称为"三重底线")。

2.2 CIPS采用了英国"可持续采购小组"(SPTF)在其极富影响力的报告《未来采购》中所用的"可持续采购"(Sustainable Procurement)定义。

"可持续采购是组织以下列方式满足其对货物、服务、工程和公共事业需求的过程,即获得全生命周期的资金价值,不仅对本组织、而且对社会和整个经济都有利,同时对环境损害最小。"

2.3 "三重底线"(Triple Bottom Line)的概念指出企业的绩效不应当仅仅用盈利性来衡量,而应当以下列三个维度的绩效进行测量。

- 经济可持续性(利润):盈利性,可持续的经济绩效及其对社会的效益(如就业、货物和服务的可获得性、纳税和社区投资等)。
- 环境的可持续性(地球):可持续的环境措施,要么有益于自然环境,要么对自然环境的不良影响最小化。
- 社会可持续性(人):对劳动力和企业运作所处的社会都是公平的和有益的商业实践。

2.4 以下列因素为基础,可以在环境方面和社会方面对可持续供应进行充分的商业论证。

- 确保组织从利益相关者那里保持其"经营许可"。

- 通过树立正面的可持续品牌（这对消费者来说，越来越有吸引力），对企业信誉资本和收入潜力作出贡献。
- 将不道德行为或不负责任行为（或者有关的供应商不道德行为或不负责任行为）造成的信誉损失的风险降至最低。
- 保护稀缺的、不可再生资源以备将来不时之需。
- 收获资金价值和成本收益（如通过再循环、资源浪费最小化、减少包装和能源利用）。
- 使失败成本最小化（如"污染者缴纳"税金、不遵守法律和法规的处罚、矫正订单、销售额减少、产品召回等）。

环境风险管理

2.5 英国《环境保护法案1990》将环境定义为："由以下媒介中的所有或任一部分所组成：即空气、水和土地。"

2.6 塞德格洛夫指出了企业可能对环境造成危害或退化的八种关键方式（即造成环境上不可持续发展的行为）——它们被视为环境威胁。

- 大气排放物（包括空气污染、二氧化碳排放和其他温室气体排放，另外还可能有噪声污染）。
- 水排放（包括水污染和支流）。
- 固体废弃物（包括垃圾填埋地的废弃物）。
- 拥有（或者获取）环境遭到损害的资产，如土地。
- 生产、使用和/或运输有毒的或危险的材料。
- 消费化石燃料或者由化石燃料生成的能源（不可再生能源）。
- 消费稀缺的或不可再生的资源，或者以一种快于再生速度的速度消费可再生资源。

- 对大自然的危害（如建设、土地用途改变、森林开伐，给动物栖息地、生态系统和生物多样性带来威胁）。

2.7 塞德格洛夫将所有上述因素大体上归为"污染"行为，并且指出这种行为将组织置于社会和财务惩罚的风险之中。

- 合规性成本：满足监管、报告和运营措施的规定要求（例如，发展低污染流程，回收利用与逆向物流，安全处置报废的资产）。
- 不遵守的成本：罚款、诉讼成本、赔偿金、清洁成本和信誉损害。
- 提高了监管的脆弱性和增加了监管负担：工业界不自愿承担责任还会招致更严格的立法。
- 由于不良的环境跟踪记录和一再受到环境罚款，获得资金（投资融资）和保险（特别是以富有竞争力的费率）困难重重。
- 雇主品牌受到损害，使其难于吸引并挽留高素质员工。
- 由于媒体负面报道的影响，以及由此引起的"环保"客户和消费者的丧失，使商品形象和信誉受损。
- 面对在环境方面更负责任的竞争者，会丧失竞争优势和市场份额。

2.8 环境风险的控制和减轻措施包括：

- 环境审计（下面将详细阐述）。
- 制定环境目标和政策（作为更广泛可持续性或企业社会责任政策的组成部分）。
- 发展环境管理体系，可以 ISO 14000 为模型，或者通过 ISO 14000 认证（将在本章下一节讲述）。
- 任命可持续性领头者，建立跨职能可持续性委员会和其他机制，加强沟通和环境风险意识，确保利益相关者认可可持续性措施。
- 作为项目计划的一部分，开展环境影响研究（如建设项目）。
- 对资产和产品组合进行生命周期评估：对贯穿产品和资产生命期的环

境风险和影响进行评估，包括采购和生产问题（如能源和原材料利用）、产生的废弃物（污染、排放、填埋的垃圾）、消费者使用问题（如能源消费与再循环）以及产品寿命结束时的问题（如处置、逆向物流等）。

- 为以下几项制定相应的环境标准和模板：产品和服务设计和规格；供应商资格预审、评估和合同授予；合同KPI，监督与绩效管理；绩效评估（供应商等级评定）。
- 对于关键利益相关者（包括供应商）的教育、培训、参与和发展计划。
- 对组织整体，采用环境绩效测量（也可作为三重底线方法的一部分），在公司报告中加入环境目标和进展测量。
- 对解决已识别环境问题的措施进行计划、实施和控制：减少排放、资源和能源使用和垃圾填埋；有效的运输计划；产品再设计；"环保"材料的采购（最初，在"快赢"的基础上）；污染工厂和设备的升级等。

环境和可持续性审计

2.9 环境审计是对公司的一种检查，评估其活动或者某一产品或过程的环境影响，为管理决策和风险管理奠定基础。例如，对于一个工业产品的审计，可能会审视生产（包括能源利用和生产中所用的原材料的提取）、使用（可能造成污染和其他危险）和处置（再循环的可能性，以及产生的废弃物是否会造成污染）所造成的影响。

2.10 环境检查一般首先识别某个场所的要评估区域：外部区域（如交通出入口、垃圾存储区和排水区域）和内部区域（办公室、处理区域）。然后，针对每个区域，利用观察、面谈和相关文件记录的检查，对环境问题（废弃物、排放、危险物质、能源消耗）进行评估。评估报告可以发给关键的利益相关者，同时，作为问题解决、风险评估和管理、持续改进规划等的重点，总结出风险登记簿和影响。

2.11 Envirowise 是一家政府资助的以环境可持续性为中心业务的商业咨询机构，它推荐了一些审计工具，与供应商审计中所用的工具类似，包括审计检查表（对审计进行结构化，保证完整性）、自填问卷法（覆盖事实问题）、面谈（测试员工对问题和政策的认识）、讨论（为了介绍基本情况、征求意见并澄清）以及报告所发现的内容并指出决策和行动的领域。

2.12 环境审计可以是一般性的（例如，在供应商评估或供应商等级评定的情况下），也可以作为建立环境管理体系（或获得 ISO 14001 和 EMAS 等系统认证）的第一步。此外，它们可以针对特定的领域，如垃圾的形成和处理，或者水的使用和污染。

社会风险管理

2.13 出于供应链风险管理的目的，社会可持续性问题大体上集中在两种主要的问题上。

- 人和劳工权利：根除童工和奴隶；工人结社和代表的权利；劳动条件的改善（工作时间和健康与安全）；支付公平的工资等。
- 让小企业、本地的和多样的（妇女拥有的或少数民族开办的）供应商有机会拿到合同，否则他们由于以下一些因素会处于一种不利的地位：缺乏有竞争力的定价（由于没有规模经济）；生产能力和生产率低下（尤其是在承担大型总括合同或框架合同的时候）；无法获得与合同有关的信息；缺乏处理大型招投标流程复杂性和成本的资源。

2.14 关于企业供应链中不道德用工方面的主要风险，本书已经在公司社会责任的部分讨论过了。而且作为信誉风险和品牌风险的一个来源，我们还将在本章第四节进行进一步的讨论。

2.15 在供应链多样性方面，企业的主要风险在于失去的机会。在下述两者之间，存在一种关键的采购权衡。

- 与大型供应商打交道的经济优势（汇总需求、降低交易成本、获得批量折扣的能力，由于规模经济，在定价上更有竞争力）。
- 与中小供应商打交道时获得"最优价值"的潜力：
  — 面对范围更大的供应市场，可能会提高竞争力。
  — 由于较低的行政和管理成本，具有富有竞争力的定价。
  — 更快的响应性和灵活性。
  — 商业解决方案的创新能力和多样性。
  — 愿意并有能力生产小批量的、有利可图的、定制的产品。
  — 更高的承诺和服务水平（由于业务的价值）。

2.16 另外，从中小企业采购也具有一定的风险。买方需要考虑如下一些问题：供应商处理大批量和集中合同的能力有限；供应商财务可能不够稳定（由于现金流问题和难于获得信贷）；小型供应商变得过分依赖大型客户的道德和商业风险。

可持续性议程和宏观经济危机

2.17 2008～2009 全球金融危机之后经济状况的困难和持续的欧洲主权债务危机，给企业组织的可持续性议程带来了独有的挑战。在经济衰退和商业信心丧失的时期，经济可持续性（或利润率）成为优先考虑的对象，社会和环境可持续性目标常常成为第一个被抛弃的目标。

2.18 《供应管理》（2009 年 8 月 27 日）的一项调查发现，64%的买方没有从可持续采购中获得"明显的"财务收益。"可能有机会从实施企业社会责任方面获益，但在目前的议程中，这是排在很靠后位置的一项工作。"

- 经济萧条的压力会减少对可持续产品、服务和商品的需求。
- 预算和融资上的限制（和/或成本降低目标）使组织在可持续性方面投入多余的费用变成不可能的事情，或者难于通过论证。

2.19 简而言之，重点是经济复苏——尽管它本身可能被视为一种合理的可持续性问题，但是它可能会给其他社会和环境可持续性措施造成障碍。

第三节　可持续性法规框架

3.1 在国家范围内和跨国范围内（如欧盟）生效的法律覆盖了与可持续性和公司社会责任有关的一系列领域。这些法律包括：人权法；就业法（包括公平机会、健康与安全、就业权利）；公司、财务和税收法律；反贪污法；竞争法；数据保护和信息自由法；环境法。

3.2 除了法律或法令，各种国际和政府机构、非政府机构（NGO）和经济组织也在如下一些领域制定了一系列自愿性的监管实践准则和基准标准。
- 一般可持续性：例如，《联合国全球契约》和《地球宪章》。
- 环境：例如，ISO 14001 环境管理体系标准以及欧洲经合组织管理和审计计划（EMAS）。
- 人权、用工标准和公平贸易：例如，道德贸易倡议基本准则以及国际劳工组织在人权方面的标准。

环境法规

3.3 英国环境署负有监管企业和工业的责任：执行欧盟指令，发布许可，监督合规情况，执行风险评估。法规包含五个基本的监管方法：
- 直接法规：执行立法，发布许可，这些一般会设置界限和目标，要求经营者执行管理流程。

- 环境（或者"污染者缴纳"）税：例如，垃圾填埋税或气候变化征税。
- 补偿或交易机制：例如，欧盟排放交权易机制（针对温室气体）和垃圾填埋场的配额交易方案。
- 自愿的或协商的协议是企业共同同意的（通常是避免法律或强制性规定的威胁）。例如，汽车工业与欧盟就排放减少目标自愿签署了协议。
- 教育和建议：促进监管要求、风险评估咨询、展示新出现的问题和成功的倡议。

ISO 14001：环境管理体系标准

3.4 启动于 1996 年的 ISO 14000 是环境管理体系（EMS）设计、实施和控制的一系列国际标准。环境管理体系为组织提供了一个系统的方法，供其评估和管理组织对环境造成的影响（其运营的环境影响）。这些国际标准旨在为建立这样的体系提供一个框架，同时提供一种支持性的监控和审核程序。

3.5 根据 ISO 14001，一个环境管理体系主要有以下要求。

- 一份环境政策陈述包含下述承诺：预防污染；持续改进环境管理体系，不断提高整体环境状况；遵守所有相关的法律和监管要求。
- 识别出可能对环境产生重大影响的所有组织活动、产品和服务内容（不论是否是受监管的）：重点放在那些在组织控制或影响能力范围之内的环境方面。
- 建立 EMS 绩效目标和指标，考虑到法律要求和组织政策承诺以及有关重大环境保护问题的信息。
- 实施 EMS 以确保实现这些目标和指标，包括员工培训、建立工作指南和惯例和建立绩效测量方法等。

- 建立相应的程序，对照环境政策和法律与法规框架定期审计和检查环境绩效。
- 当发现偏离环境管理体系的时候，采取纠正和预防措施。
- 高级管理层定期对环境管理体系进行检查，以确保对于变化的环境信息，执行的一贯性和充分性。

3.6 组织可以开展自我评估和自我声明，也可以由第三方进行审计与认证，向客户、顾客和监管机构展示组织的合规情况。下面是一些环境保护机构声称根据 ISO 14001 标准的环境管理体系所具有的一些优点。

- 改善合规状况，降低违法成本，提高整体环境绩效。
- 提高环境责任管理的可预测性和一致性。
- 在管理环境责任的时候，提高效率和节省潜在的成本。
- 提高声誉，改善与内外部利益相关者的关系。

欧洲经合组织管理和审计计划

3.7 欧洲经合组织管理和审计计划（EMAS）是依据欧洲共同体法规制订的一种自愿实施环境管理体系的计划。一个机构或组织如果已经取得了 ISO 14001 证书并且做到了下列几项，就可以获得欧洲经合组织管理和审计计划证书。

- 对外公开发布了经外部验证过的环境绩效报告。
- 实施了经验证的环境监控程序。
- 无明显不遵守监管的情况。

《联合国全球契约》

3.8 启动于 2000 年的《联合国全球契约》提出了十项企业原则，这些原则源于《世界人权宣言》、国际劳工组织（ILO）《工作基本原则和工作权利宣言》和《里约环境与发展宣言》。

3.9 这十项原则包括这样一部分内容：支持人权（结社与集体谈判的自由，消除强迫劳工和童工）；劳动权利（消除劳动歧视）；环境责任（采用预防性措施，开发并共享环保技术）；反贪污措施（反对贿赂和勒索）。

3.10 这被认为是在所有全球可持续准则中最大的和最负盛名的一个，受到成千上万公司和很多国际非政府组织和劳工联盟的采纳。然而，关于同意这些原则的公司实际上采取了哪些措施来执行这些原则还缺乏一个透明的评估和报告体制，因而也受人诟病。

国际劳工组织标准

3.11 国际劳工组织是联合国促进人权、公民权利和劳工权利的专门机构。它制定了一些共识文件（公约）、非正式的行为准则、决议与宣言（推荐规范）；其中包括《关于跨国企业和社会政策的原则宣言》（《MNE 宣言》），指出了跨国企业对于经济与社会进步的贡献以及如何减少和解决由于他们的商业活动而产生的问题。另外，国际劳工组织还发布了《职业健康和安全管理体系》。

3.12 《MNE 宣言》建议：通用的可持续发展与合规政策；就业（增加就业机会与标准，建立与当地供应链的连接，促进平等机会、就业保障与公平待遇）；培训（鼓励发展技能）；工作/生活条件（提供公平的和有竞争力的薪酬、收益及条件，认识到工作/生活保持平衡的必要性，尊重最低就业年龄，保持较高的健康与安全标准）；行业关系（尊重结社自由、集体谈判与交涉，允许协商与公平的投诉和争议程序）。

3.13 国际劳工组织的一般目的和目标体现了其对可持续性的关注，如表 6-2 所示。

表 6-2 国际劳工组织的目标

目 标	备 注
人人享有体面工作	体面工作要考虑人在工作中的愿望（如他们对于机会与收入的愿望），权利、声音与认可，以及公平性与性别平等
创造就业	有助于创造和维持体面工作和收入的政策
公平的全球化	努力寻找保证全球化和经济发展收益惠及更多人的途径
工作中的权益	结社自由，消除强迫劳动，消除歧视，消除雇佣童工现象
社会对话	就共同关心的问题，政府代表、雇主和工人之间开展的所有类型的谈判、咨询和信息交流
社会保护	有权获得适当水平的社会保障，如医疗覆盖、社会保险缴纳
消除贫困	为人们提供在收入、尊重、尊严和沟通方面改善其处境的机会，支持经济的、社会的和政治的权利

"道德贸易联盟"

3.14 "道德贸易联盟"（ETI）是由公司、非政府机构以及工会组织组成的联盟，致力于共同建立并促进国际公认的贸易与就业的道德原则，监督并独立核实遵守道德准则规定的情况（如关于合乎道德的供应源搜寻的标准）。

3.15 ETI 以国际标准为基础，公布了劳工雇用准则（"基本准则"），为合乎道德的劳工雇用提供了基本原则指南。这些原则现在已经广为人知。

- 自由选择就业。
- 尊重结社自由和集体谈判权。
- 工作条件是安全和卫生的。
- 不得使用童工。
- 确保最低生活工资。
- 工作时间不得过长。
- 没有歧视。

- 提供正规就业。
- 不允许严酷的或非人道的待遇。

3.16　CIPS 断言,"道德供应链管理是组织面临的最大挑战之一。对于在产品生产或服务提供过程中涉及的工人,如果组织无法察觉到他们的待遇如何,那这是越来越不可接受的一件事情。贸易的全球性常常会造成供应商内的复杂性;单就这一点来说,就足以使道德贸易本身成为一项艰巨的任务(《CSR 实践指南》)。"

ISO 26000 社会责任

3.17　ISO 26000:2010《社会责任指南》于 2010 年 11 月启动。该标准提供了自愿性的指导原则:它不是一个管理体系标准,也不打算用于认证目的(像 ISO 90001 和 ISO 14001 一样)或者监管或合同用途。

3.18　该标准明确的核心主题和问题列在表 6-3 中。

表 6-3　ISO 26000:2010 企业社会责任中的核心主题和问题

核心主题	问题
公司治理	
人权	尽职尽责;人权风险形势;避免串通;解决投诉;歧视和脆弱的团组;民事和政治权利;经济的、社会的和文化的权利;基本原则和工作权利
劳动实践	就业和职业关系;工作条件和社会保障;社会对话;职业健康和安全;工作场合中人的发展与培训
环境	预防污染;可持续性地利用资源;气候变化的减轻和适应;环境、生物多样性的保护,自然栖息地的保存
公平的运营实践	反贪污;负责任的政治参与;公平竞争;促进价值链中的社会责任;尊重财产权利
消费者问题	公平营销,真实的和无偏见的信息,公平的合同实践;保护消费者健康与安全;可持续性的消费;消费者服务、支持和投诉解决;消费者数据保护和隐私;获取基本服务;教育和意识
社区参与和发展	社区参与;教育与文化;职业创造和技能发展;技术开发与获取;财富和收入创造;健康;社会投资

第四节 信誉和商标风险

4.1 信誉风险得到了越来越大的关注,这是风险管理作为一门商业学科的重要性和认可度不断提升的驱动因素之一。

4.2 在 20 世纪 50 年代和 60 年代期间,风险管理的重点是实物资产的管理与保护(如工厂与设备)。可是,接下来的几十年呈现出巨大的商业变化。世界市场变得越来越成熟,营销(尤其是品牌)技术越来越发达,像知识、品牌和服务等无形资产变得越来越有价值。

公司信誉

4.3 公司信誉被定义为(查尔斯·J. 弗布伦,《信誉:实现公司品牌价值》):"公司组成部分对公司所持的总体评价。公司信誉代表客户、投资者、员工和一般公众听到公司名称后反映出的'纯的'情感或情绪——或好或坏,或强或弱。"换句话说,公司信誉代表了公司身份(或者公司品牌)和形象对利益相关者全面评价公司所产生的总体影响:一个好的雇主,一个值得信赖的服务供应商,一个对社会负责的和道德的经营者,一项值得的投资——或者不是。

4.4 约翰·多尔利等人(《信誉管理:公共关系和公司沟通的成功关键》)将公司信誉概念总结如下:

$$信誉 = 形象的总和 = (绩效 + 行为) + 沟通$$

换句话说,信誉不仅仅是"纺成"的人工制品、公共关系、公司沟通或形象管理,它是经过时间的积累,由利益相关者与组织打交道的经历汇集而成的。因此,它是与如质量和客户服务、道德、公司责任和可持续性一类的问题密切关联的。

4.5 正面的信誉可能是如下几项的关键来源：

- 独特性，它将组织与其竞争者区分开来。
- 对组织及其产品的支持与信任（保护或提高其市场份额，并有可能允许高价）。
- 由于利益相关者的信任，在面对变化、危机和问题时表现出来的稳定性和恢复弹性（如产品召回或环境灾难）。
- 利益相关者口口相传的正面的宣传和公共关系（常常比市场营销信息更有可信度）。
- 在人力和供应市场上树立正面的品牌，使组织吸引并挽留高素质员工、供应伙伴、商业伙伴和同盟（"富有竞争力的体系结构"）。
- 在金融市场上树立正面品牌，使组织能够吸引新的财务资金来源。
- 在商业环境内的关系影响力（例如，与本地和中央政府、压力集团和利益集团、媒体等）。
- 减轻上述所有领域产生的风险。

4.6 这一领域一个关键的案例是强生公司紧急召回热销的解痛药"泰诺"，当时有些胶囊发现受到了氰化物的污染（是一次勒索的一部分）。"市场研究表明，对强生公司这个名字和泰诺品牌的信任水平都很高，这种信任成为重新设计防伪包装后药物再投放的基础。公司的响应速度以及贯穿危机过程始终坚持高度有效的沟通，已经成为道德上产品迅速召回和保持透明的管理典范。吉姆·伯克（强生公司当时的董事长）说，公司信誉是历经90年时间小心谨慎地建立起来的，贮存了公众、监管机构人士和媒体的好感，他们在帮助恢复品牌的过程中发挥了不可估量的价值。"（格雷厄姆·R. 道林，《公司信誉》）

4.7 相反，负面的信誉或信誉损害，则是风险的来源。它能：

- 损害对组织及其产品和品牌的支持与信任。
- 产生负面的期望（这使人们更有可能在和组织打交道的过程中产生负面的认知）。
- 招致来自压力集团、监管者和媒体的苛刻甚至是敌对的审查。
- 损害组织与其关键利益相关者的关系，从而对生产率、员工关系、销售额与利润率、股票价格、供应链关系等产生负面的影响。

公司品牌和品牌权益

4.8 "品牌"被市场营销权威菲利普·科特勒定义为："一个名称、术语、标识、符号或设计或以上几种要素的组合，旨在确立某一销售者或销售者团体的货物或服务的身份，并且将它们与竞争者提供的同类东西（在消费者的认知中）区别开来。"

4.9 "公司品牌"这一术语用来描述组织整体（与其特定的产品或产品族和系列有所区别）展现自己的方式，创造独特的名称、视觉识别和联想集，作为公司核心价值和属性的一种表达。维尔京、联合利华、迪阿吉奥和强生是强大公司品牌的典型例子，它们也包含一系列强大的产品品牌。

4.10 根据 CBM 范·瑞尔等人（《公司沟通要领》）的观点："公司品牌的目的是要将公司整体个性化，以便从公司的战略地位、机构活动、组织、员工、产品和服务组合等之中创造价值。公司品牌越来越多地被用来给组织所做的或所说的所有事情增添一个有利的光环，并且利用其信誉。"

4.11 弗布伦进一步指出："更受尊重的公司将社会和经济因素整合到其竞争战略之中，从而建立他们的信誉。他们不仅把事情做正确，而且也在做正确的事情。唯其如此，他们扮演着优秀的公民。他们拟定的政策反映了其核心价值；考虑了投资者、客户和雇主的共同利益，唤起了对当地社区发展的关注；确保其技术、产品和服务的质量和环保特性。"

作为公司资产的信誉和品牌

4.12 信誉和品牌越来越被认为是组织的一项重要无形资产——我们可以对它进行测量、估值和系统的管理。据估计，由于品牌和信誉存在潜在的长期收入可能，组织总价值（其市场价值或资本化）可能超出其物质总价值（账面价值或清算价值）的十倍还多。"市场资本化的信誉要素，即信誉资本，是与'商誉'紧密相关的一个概念，在许多大型公司中，它价值几十亿美元。它在非盈利组织、政府和大学中同样具有价值。例如，好的信誉可以帮助一所大学吸引到学生和捐赠者。"（多尔利和加西亚）

4.13 "品牌资产"（Brand Equity）概念承认品牌在消费者购买决策中所发挥的作用，并且测量出直接归功于品牌化的那部分商业价值。我们可以利用多种商业工具，采用不同的变量，来测量品牌权益和价值，如品牌优点（差异化、实用性）、增长潜力、价值（企业价值减去资产负债表上的资产）以及对企业收入的贡献等。

信誉和品牌风险

4.14 人们也已经发现，作为宝贵的资产，信誉和品牌极易受到风险的影响。经常有人说，信誉难得易失。迈克尔·里杰斯特等人（《公共关系中的风险问题和危机管理》）认为："信誉威胁（不管是真实的，还是感知的）几乎可以在数小时或数天内摧毁历经几十年投资与发展起来的形象或品牌。我们需要对这些威胁进行预测、理解与规划。"

4.15 经济情报单位所做的一项风险管理调查表明，在公司风险管理活动的优先顺序中，信誉风险（52%）被放在监管风险（41%）和人力资本风险

（41%）之前。

4.16 信誉或公司品牌风险可能来自内部的和外部的因素。

- 财务状况不佳：利润率下滑（或者亏损）；股价下跌；利润和红利的向下趋势等。
- 公司治理和管理的危机，如欺诈或管理不善的指控。
- 产品或服务质量故障，导致质量、可靠性信誉和品牌辨识度逐步侵蚀，甚至导致危机（例如，产品安全性问题导致召回）。
- 组织及其供应链不良的道德、环境或社会责任表现（一般情况下或者在危机的时候）。
- 公司或个人行为不端，源自公司文化或员工关系中的问题。
- 没有遵守法律和法规（即合规风险）。
- 对危机管理不善（缺乏透明度或问责机制，缺乏道德响应，不良的服务恢复）。
- 对负面的沟通管理不善（媒体报导、因特网讨论、谣言等）。
- 与其他方面（包括供应链伙伴）或实体（如来源国或行业）的联系，他们的信誉受到上述因素的损害。

信誉和品牌风险管理

4.17 因此，信誉和品牌风险管理要求我们在一系列广泛的问题上有清晰的重点。

- 形成与表述清晰的核心价值观和原则：是组织和品牌所"代表"的并愿意为之负责的价值观和原则，作为信誉一贯行为的指南。
- 确保公司社会责任、道德价值观和政策在组织内部及整个供应链得到清晰地宣传与管理。
- 对信誉和品牌进行监督与测量，可使用的方法有：品牌权益估价；第三方的品牌跟踪工具。例如，"品牌资产标量"（Brand Asset Valuator）、"品牌影响力"（Brand Power）、"Z 品牌"（BrandZ）或"瑞普萃克"（RepTrak）；沟通审计；媒体报导监督；第三方的测量系统（如《财富》杂志的"最受推崇的公司"）。

- 健全的风险评估与管理系统，对信誉威胁进行持续的监督与评估，对新出现的和发展的问题尽早作出警告。信誉暴露常常是其他风险事件的结果（如欺诈、人的失误、供应中断、技术故障、质量故障或健康与安全事件），所以识别、评估并减轻所有类别的风险会支持信誉和品牌防御。
- 健全的风险管理实践，一贯加强对治理和合规的控制（如内部控制、问责制和汇报结构、道德和行为准则、供应商准则、处罚框架）。
- 与利益相关者进行积极主动的沟通，理解他们对特定问题的期望、认知和敏感度（问题管理）。
- 制订并定期更新危机管理计划，确定任命的危机管理团队中的具体决策责任和沟通责任。
- 在危机（重大的风险事件）开始发展的时候，与内部的和外部的利益相关者迅速地、谨慎地和有效地进行沟通。为此，应当构建公开的、以信任为基础的沟通氛围，促进风险和问题信息向决策者的流动，将可能的"掩盖行为"的风险降至最低，促进组织学习。

问题管理

4.18 "问题管理"（Issues Management）是指发现并分析新出现的、可能影响信誉的异常和问题，并采取措施管理利益相关者在这些问题上的认知的一个积极主动的过程。它不仅仅是在问题发生的时候处理公众认知的问题，而且要：积极主动地与利益相关者对话，发现潜在的敏感领域和关注的问题；将组织在问题上的立场告诉利益相关者；建立友好和支持的网络。

4.19 问题管理可能是公司沟通部门或风险管理职能的一项职责，它由七个主要阶段组成（里杰斯特和拉金）。

- 监督：通过遍览研究文献、媒体报导，了解利益相关者及有影响的人"在说些什么"，建立早期警报系统。
- 问题识别：识别出那些反映可能损害信誉或品牌的问题的趋势和利益相关者线索。
- 问题排序：依据的是风险/影响和即时评估（多大的可能性、多大的花费、多么紧迫）。
- 问题分析与准备工作：弄清该问题有可能如何发展；对公司目前在该问题上的立场进行审核；指定"问题盟主"（形成有关问题权威的、最新的知识的个人）；与支持的利益相关者形成富有影响力的关系；建立问题工作小组，明确并管理问题应对战略。
- 制定应对战略：决定组织对问题应当采取什么样的应对措施。
- 行动计划和执行：制定政策，协调资源，支持应对战略。
- 评估：评估应对政策和计划的成败；从成功与失败当中汲取经验教训，以供未来问题管理之用。

危机管理

4.20 "危机管理"（Crisis Management）是指公司对危机作出的响应措施的管理，旨在最小化或抵消可能的信誉或品牌损害。危机可以定义为任何可能造成重大信誉的、运营的或财务的损害的事件，如妨碍运营、招致否定性的监督、信誉受损以及影响利润率或股东价值等。

4.21 因此，危机的例子包括：生态灾难（例如原油泄漏）；组织或其供应商不道德行为被曝光；由于安全问题引发的产品召回；欺诈或管理不善的曝光；消费者联合抵制；重大的行业事故；产品篡改或污染（蓄意破坏或勒索）等。

4.22 你应该能够想出自己的例子：苹果中国制造工厂的自杀事件；丰田轿车的大量召回（由于安全问题）；美泰玩具召回（由于非法使用含铅颜料）和澳洲航空停飞（由于罢工）；安然财务丑闻；歌诗达协和号游轮触礁沉没事故；巴黎矿泉水苯污染事件；由于报道的其索尼电池组的火灾危险而召回的戴尔计算机；牛津饥荒救济委员会（Oxfam）"让贫穷成为历史"袖标的供应链中曝光的劳工剥削现象等。

4.23 多尔利等人认为："公司是否能从危机中毫发无伤地活下来，其信誉、运营和财务状况都不受影响，这基本上不是由危机（潜在的事件）严重程度决定的，而是与应对危机的及时性和质量有重大的关系……有效的危机应对（既包括公司所做的，也包括公司所说的）可以给公司提供一种竞争优势，甚至能够提高信誉。无效的危机应对则可能对公司运营、信誉和竞争地位造成重大的损害。"

4.24 诺曼·R. 奥古斯丁（"管理你努力要避免的危机"，《哈佛商业周刊》）提出了危机管理过程的六阶段模型。

- 避免危机，使用全面的风险分析和预防措施。
- 做好管理危机的准备，进行危机计划（如行动计划、沟通计划、后备系统和供应商）、危机模拟（如火灾和逃生训练）和建立危机响应团队与资源。
- 在风险事件发生时发现危机。监督批评意见、关注点和问题，并寻求外部评估：对危机第一个信号的忽视可能会导致危机升级。理解别人是如何看待该问题的；解决关注点，认识到危机的情感方面。

- 遏制危机：迅速地、果断地采取艰难的决定使危害最小化；建立专门的危机管理团队应对危机；任命发言人处理所有公众评论；保证利益相关者沟通畅通；控制议程和消息。
- 解决危机：将事实直接告诉公众（如果可能的话，得到独立协调人的支持）；在调查和解决问题的过程中显示出责任感、意愿和透明度；促进所做的所有解决方案和改进；（必要时）提供激励以赢回利益相关者。
- 从危机中获利：从提高的利益相关者的信任中收获利益；从错误中学习经验教训，提高未来的风险管理水平。

本 章 小 结

- 组织越来越接受其作为优秀法人公民的责任，这就是公司社会责任的概念。
- 企业界越来越愿意测量"三重底线"的绩效：经济可持续性（利润）、环境可持续性（地球）和社会可持续性（人）。
- 可持续性在企业运营中的重要性现在得到了许多国家标准和国际的标准的认可（如 ISO 14001）。
- 来自消费者的压力迫使组织应对信誉和品牌风险。正面的信誉形象被视为竞争优势的一个来源；负面的形象则是风险的来源。

自测题

括号内数字为参考答案所在段落。

1. 列出组织为促进道德供应源搜寻所能采取的措施。（1.3）
2. 为什么道德供应源搜寻越来越受到组织的追捧？请阐述其中的原因。（1.8）

3．"三重底线"是什么意思？（2.3）

4．关于环境风险，组织可以采用的控制和减轻措施有哪些？（2.8）

5．ISO 14001 规定的对 EMS 的要求是什么？（3.5）

6．ILO 有关可持续性的目标是什么？（表 6-2）

7．列出 ETI 的一般原则。（3.15）

8．公司信誉的定义是什么？（4.3）

9．正面的公司信誉的优点是什么？（4.5）

10．信誉或公司品牌风险的来源是什么？（4.16）

第七章

项 目 风 险

对应大纲内容

2.1 分析通过有效的项目管理可以解决的供应链项目中的主要风险

- 项目及项目管理的定义
- 取得成本、质量和时间之间的平衡
- 项目中风险的起因
- 在外包作业和服务以及项目中,与承包商的关系及风险分配

引言

在本章中,我们将重点从一般风险管理转移到具体的项目背景之中。尽管教学大纲是指"供应链项目",但从大纲指示内容可以清楚地知道,这并不是完全的采购和供应项目,如供应基础论证、采购研究、成本降低、供应商发展或电子采购平台的开发。本章将介绍项目工作复杂性之中和主要的项目(例如 IT、建设和工程项目,其中采购和供应商或承包商管理发挥着极其重要的作用)中蕴涵的风险。

本章我们将概述项目工作和项目管理的本质,强调项目中主要风险的识别——这也是项目管理专业想要解决的问题。记住,本章强调的是把项目管理当做减轻

供应链风险的一种手段。换句话说，就是问如何像管理项目一样来管理活动才能有助于对风险进行控制。另外，本章还将阐述项目风险（项目失败的脆弱性、成本超支、进度延迟、健康与安全问题、利益相关者利益冲突问题等），以及有效的项目管理如何能降低这些风险。

在第八章，我们将利用"生命周期"项目阶段模型来继续详细介绍项目管理过程。在第九章和第十章，我们将会更详细地学习项目管理工具和技术。

第一节　项　目

什么是项目

1.1　美国项目管理学会（PMI）将项目定义为："为了创造独特的产品或服务所做的一次性的努力。"英国项目管理协会（APM）对项目进行了类似的定义，即"为实现预期结果所做的独特的、暂时的努力"。

- "暂时性"或"临时性"把项目工作同组织中开展的日常运营任务区别开来。与此形成对比的是，项目有明确的开始和结束时点，之后其活动和结构就解散了。
- "独特性"强调了这一事实，即每个项目实际上是"一次性的"，旨在实现某一特定的规定目标、想要的结果或输出。例如，许多建设项目要求类似的输入和流程，但是每个建设项目的输出（如温布利体育场）与另一个（如希斯罗机场 5 号航站楼）都不一样。

1.2　梅雷迪思和曼特尔（《项目管理：一种管理方法》）提出了项目的七个关键特点。

- 重要性：这一任务必须足够重要，需要在组织日常结构和流程之外建立一个特别的单元和活动。

- 绩效：所有项目活动的目的都是很清晰的一套想要的结果、最终成绩或可交付成果。在项目进行期间对规格进行变更，常常会引发问题。例如，延期以及由此造成的成本超支。
- 有限定日期的生命周期：项目从一个明确的开始点，进展到一个明确的结束点。项目不是"永不结束的"。
- 互相依赖性：项目是一项复杂的工作，我们需要对其中涉及的活动认真地制订相应的进度计划，这样后续活动才可以按时开始。
- 唯一性：项目是"一次性"的活动。甚至在"重复的"项目中（例如，建造相同样式的房屋），仍旧在消耗的时间、使用的资源、参与的人员等方面存在差异。
- 资源：项目是在明确的资源预算范围内执行的。
- 冲突：项目具有来自不同利益相关者的相互冲突的目的和目标（时间、质量、成本）。他们常常与常规职能和职能部门争夺资源。

1.3 下列项目的另外两个定义包含了上述关键特点之中的几个。

- "为了实现具有明确时间、成本和质量界限的具体的目标，由个人或团队承担的，具有明确的开始与结束时点的、独特的一套经过协调的活动。"（英国政府商务办公室）
- "为了在某个时间段内实现一个确定的目标，根据计划开展的一项活动或一系列相关的活动，当目标实现时它们就会中止。"（莱森斯）

项目的例子

1.4 实践中，项目呈现出各种形式，也出现在许多商业领域中："从道路建设到数据库，从新产品到海外工厂，从公司采购到药物研究（塞德格洛夫）。"毫无疑问，你可以从自己的经验出发，想想温布利体育场的建设，到伦敦

2012 年奥运会的管理；还有市场研究项目；新产品或服务的开发、再设计或投入使用；IT 系统的设计、开发与安装；企业流程再造（BPR）。

1.5 莱森斯区分了几种不同类型的项目。

- 制造项目：例如新产品原型设计，为了实现某一明确的最终目的而对机器或设备进行的开发工作或应用。
- 建设项目：其特点是离开总部或中心位置，在厂区外进行的项目。
- 管理项目：具有明确目的的一系列活动，常常利用跨职能团队，如办公室迁址、同步工程团队等。
- 研究项目：此类项目旨在拓展知识，或者获取新数据或信息。

1.6 采购与供应链管理方面的项目例子包括：采购研究；供应基础合理化或单供应源搜寻；外包；标准化或种类缩减；仓库迁址或配送系统再设计；可持续采购政策的制定与推出；质量管理倡议的实施；电子采购系统的开发与实施。

1.7 许多企业完全是以项目为基础的：例子包括管理咨询师、事件管理机构、建筑工程师和建筑师以及电影和录音工作室。不过，不论组织的主要业务是什么，所有公司必须对环境变化作出反应，因此项目方法常常被用来推动和控制变革（系统和流程、结构、产品、供应链等方面的变革）。

项目利益相关者

1.8 项目利益相关者是指组织或供应链中那些在项目中具有利害关系或"重大利益"（可以是凭借参与，也可是凭借结果中的利益）的个人或群体。过程的利益相关者在如何开展项目过程上具有相关利益（如项目经理和参与者，以及用户之类的想在项目有关事宜中表达意见的群体）。结果的利益相关者在项目结果、产出或可交付成果中具有自己的利益（如新系统的用户以及受供应链变革计划影响的供应商）。

1.9 在一个典型的、正式结构的项目中，有一些明确的利益相关者角色，如下所述。

- 项目所有人：为之执行项目的个人或团体（如外部的或内部的客户或高级经理），在结果中有其首要的利益。
- 项目发起人：提供项目中投入的资源并对此负责，以及对实现项目商业目标和可交付成果负责的个人或团体。
- 项目支持者：向组织其他部门展示项目，宣传它的商业理由，保证其他部门"接受"并提供必要的资源。
- 项目委员会或指导委员会：代表所有人和发起人利益，有责任监督项目的团体。
- 项目经理：对项目计划、组织、协调和控制等事宜负责的个人，同时负责管理项目团队，向项目委员会汇报工作。
- 专业经理，例如控制大型项目有关方面工作的风险经理和/或质量经理，还有技术专家（如工程专家、法律专家、HR 专家或采购专家）。
- 项目团队和团队负责人：负责完成项目工作、向项目经理汇报工作的个人。另外，可能还存在一个项目支持团队为项目出力（如提供信息或服务），但不需要直接向项目经理汇报工作。
- 客户、受益人、用户、承包商和其他利益相关者（包括更广泛的社区），他们要么是项目的参与者，要么是受到项目活动或结果的影响。

1.10 由于利益相关者的利益多种多样且可能存在分歧或冲突，因此利益相关者可能成为产品风险的一个来源。这就迫切需要：

- 分析利益相关者的影响、观点和利益（例如，使用门德娄矩阵或其他利益相关者图示和分析技术），以便积极主动地对潜在冲突和问题进行管理，并且建立沟通和问题处理流程（如投诉或争议解决机制）。

- 在整个项目过程中，管理与利益相关者的沟通，确保目标一致、行动协调，同时确保直接参与者能够获得他们履行责任所需的信息流。
- 管理期望和认知：避免过度承诺，定期提供进展报告等。
- 建立投诉和争议解决机制，管理利益相关者冲突。这些可能包括征求意见和谈判机制，或者，调停（促进谈判）或仲裁（第三方裁决）方面的规定。有些大型项目可能会建立争端审查委员会（DRB），负责就争端作出立即的决定以便项目工作继续进行，在必要时可以对争端继续审查。

第二节 项目管理

2.1 英国项目管理协会（APM）将"项目管理"定义为："为实现协定的利益，对项目进行界定、计划、监督、控制和交付的过程……项目会引起变化，项目管理被认为是管理这种变化最有效的手段。"

2.2 英国特许管理会计师公会的官方术语将"项目管理"定义为："项目所有方面的整合，确保在需要的时间和地点能够获得适当的知识和资源，并最终确保及时地、节约成本地完成预期的结果。项目经理的首要职能是管理绩效、时间和成本三者之间的平衡。"

2.3 梅勒总结了一般管理和项目管理之间的主要区别，如表 7-1 所示。

表 7-1 一般管理和项目管理

一般管理	项目管理
对管理现状负责	对监督变化负责
权力由管理结构界定	权力线条"模糊"
一贯的任务集	总在变化的任务集
责任限于自己的职能	对跨职能活动负责
在"永久性的"组织结构中工作	在"临时性的，只存在于项目生命周期内"的结构中开展活动

（续）

一 般 管 理	项 目 管 理
任务可以描述为"维持"	主要关注的是"创新"
主要任务是优化	主要任务是解决冲突
成功是由期中目标决定的	成功决定于对规定最终目标的实现
有限的变量集	包含内在的不确定性

2.4 项目管理的一个关键作用是监控、降低并控制风险。有效的项目管理会建立一种治理结构，其中，责任线路简短，个人责任清晰明确。其流程用文件清楚地记录下来，并且是可重复的，这样参与项目的人们就可以从他人的经验中获取学习经验。

项目管理专业

2.5 PMI认为，项目管理过程包括九大关键专业或知识领域。

- 项目整体管理：项目计划制订与执行，以及整体变更控制。
- 项目成本管理：资源规划、成本估算和预算、成本控制。
- 项目沟通管理：沟通计划编制、信息发布、绩效报告和管理收尾。
- 项目范围管理：项目启动、范围计划编制和定义、范围变更控制。
- 项目质量管理：质量计划、保证和控制。
- 项目风险管理：风险管理计划编制、风险识别、定量的和定性的风险分析、风险应对计划编制、风险监督与控制。
- 项目时间管理：活动定义与排序、活动工时估算、进度计划编制和进度控制。
- 项目人力资源管理：组织、人员招募、团队建设。
- 项目采购管理：采购计划编制、市场调查、供方选择、合同管理和合同收尾。

2.6 这些知识领域支持五个项目管理过程领域,即启动、计划编制、执行、控制和收尾。在下面的章节中,作为我们研究项目生命周期的部分内容,我们将详细阐述这些流程。

项目管理环境

2.7 梅勒(《项目管理》)通过将项目性质视为一种转换过程,展示了项目管理的背景。这一过程依赖于适当的输入;一个经谨慎管理的、对输入发生作用的机制;在一系列内部的和外部的约束条件之内;为了产生预定的输出(见图7-1)。这被称为ICOM(输入、约束条件、输出、机制)模型。

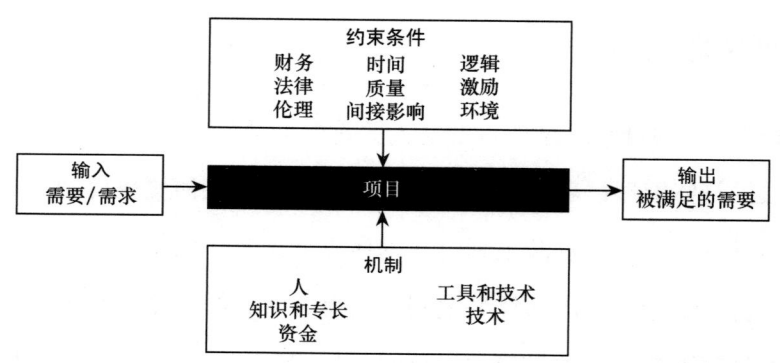

图7-1 作为一个转换过程的项目管理

项目管理软件工具

2.8 丹尼斯·洛克(《项目管理》)指出,对于多数项目而言,手工绘制基本的项目进度计划和资源计划(如关键路径分析或甘特图)是相当可行的。确实,对于非常简单的项目,这么做实际上比将所有数据录入到计算机系统中要快得多了。

2.9 但在实践中,项目经理总是会利用可获得的软件工具,尤其是行业标准的

"Microsoft Project"以及可以被许多地理位置分散的用户访问的基于网页的应用程序。其中的一个原因是，现代项目和大型项目的复杂性越来越高，常常超出了手工技术所能掌控的范围。另一个原因是，在项目生命周期之中会频繁地发生变化，随着工作的进行，常常不得不重新审视最初的假设。利用手工系统，每次一变化，项目计划人员就不得不重新计算所有进度和成本。

2.10 利用软件的好处数不胜数。

- 计算机可以快速、准确地处理海量数据。
- 当发生变化的时候，计算机可以重新计算时间和资源，所用的时间只是手工方式下用时的一小部分。
- 软件可以使管理信息快速生成（以灵活的格式）与传播。
- 管理信息接收者可以询问系统或者与之进行交互。
- 应用计算机可以对许多项目组成的大型项目制订进度计划，将多项目的计算过程结合起来。对于大部分业务均是项目工作的组织来说，这一点特别重要。
- 软件促进了标准化。在频繁开展项目工作的组织中，用户可以很快地熟悉项目计划布局。
- 软件工具可以链接到电子合同上（包括建筑和工程的模板合同，如 NEC 和 FIDIC，见第十一章），进度和成本偏差可以自动地触发纠正措施、针对价格变化的适当合同索赔、修正的风险评估等。

2.11 虽然这些优点引人入胜，但使用软件时也会遇到一些缺点。

- 它要求财务投资。所有想要长时间参与项目的人员都需要安装一份软件以及得到适当的培训。
- 项目计划反映的是软件制造商的视角。例如，据说 Microsoft Project 是针对建筑和土木工程项目设计的，对于其他类型的项目不太适合。

- 软件解决方案在项目所面临的很多风险和问题上可能缺乏灵活性，同时培养了依赖性，还有可能磨蚀人员项目管理技能和风险意识。

2.12 有些权威走得更远一些，他们甚至反对使用软件。例如，梅勒就怀疑软件的价值。他引用一个大型建筑公司项目主管的话说："我相信，计算机项目管理软件使这个学科滞后了 20 年。"梅勒也援引了惠普公司英国工厂的例子，在这家工厂中最高级别的项目计划是用白板和即时贴完成的。这提高了整个项目的可视性，而底层经理也不必学习软件，只需专心处理他们自己所负责项目领域中的具体事务。

项目经理角色

2.13 项目工作的固有挑战使人们把相当多的重点放到了项目的管理上。项目经理必须能够成功地使项目运转，排除障碍和风险问题。

2.14 项目经理领导着项目团队，并且被授予执行项目、按时并在预算内实现项目目标的权力和责任。从始至终地指导并监控项目，并且防止在项目结构中来自上级的过细管理（过度严密的监督，可能会扼杀决定性的行动和灵活性），都是项目经理的工作。

2.15 CIPS 将项目经理的角色总结如下：
- 形成目的和目标。
- 获得资源。
- 建立项目团队的角色和结构。
- 建立良好的沟通。
- 监控全局。
- 推进项目进展（尤其是在困难的情况下）。

2.16 梅雷迪思和曼特尔提出，项目经理需要具备三个关键技能：管理项目的能力；对项目团队和利益相关者的领导力；项目背景所需的专门技术技能。他们还将项目经理的理想特质描述如下：

- 具有深厚技术背景的人。
- 务实和成熟的人。
- 与高级管理层有良好关系的人。
- 保持项目团队快乐的人。
- 水上漫步的人。
- 技术上可信的人。
- 行政管理方面可依赖的人。
- 敏感的人。
- 具有强烈道德感的人。
- 能够处理压力的人。

2.17 梅雷迪思和曼特尔突出强调了一些对项目经理的特殊要求，如表7-2所示。

表7-2 对项目经理的特殊要求

要求	解释
获得足够的资源	项目资源常常是按照乐观的估计分配的。一旦项目起步，可能会发现资源是不足的。要保持项目按既定轨道发展，项目经理必须获得额外的资源
招募并激励人员	必须经常从其他部门"借调"人员，因此必须将他们的日常工作和他们的项目工作结合起来。项目经理必须具有一定的谈判技巧，让有关部门放行项目所需的员工，并具备一定的激励技巧
应对障碍	要预见项目进展过程中的所有细节是不可能的，危机会经常出现。项目经理必须具有足够的适应能力来处理危机，而且必须能够利用自己的经验和他人的经验来克服障碍
进行项目目标权衡	我们已经讨论过成本、时间和质量三者之间的权衡。与这些权衡有关的决策当然要落到项目经理身上
沟通	我们也已经讨论过，借助系统的沟通计划让有关利益相关者知情，这是很重要的事情。这也落在项目经理的管辖范围之内
谈判	项目经理必须是一个成熟的谈判家，能够处理这张表中所列的以及项目工作其他领域的每一个要求

第三节 项目变量和结果

成本—质量—时间铁三角

3.1 项目目标三角形,也被称为成本—质量—时间(CQT)三角形或铁三角(由于约束条件的严格性),经常被用于描述项目管理三个关键目标之间的相互关系。斯莱克等人(《运作管理》)将这种关系以图形表示,如图 7-2 所示。

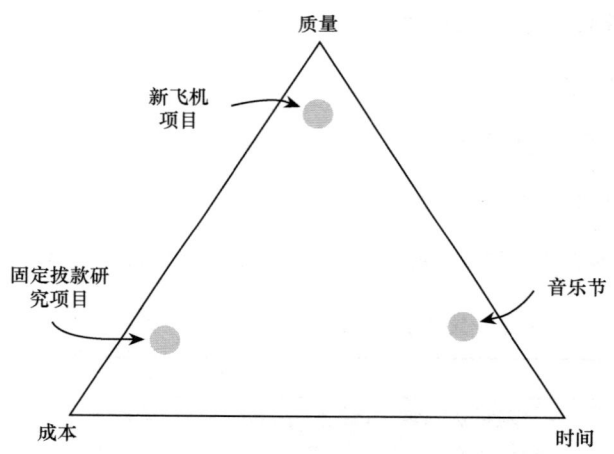

图 7-2 成本—质量—时间铁三角

3.2 值得一提的是,出于项目的目的,"质量"常常是用范围或功能来界定并测量的。换句话说,就是所有规定的项目工作已经被完成(范围)或者所有输出和可交付成果已经实现(功能)。

3.3 在理想状态下,我们很希望所有项目都能在预算之内按期完成,并且达到最高的质量或功能水平:所有三个目标都是重要的。可是,如图 7-2 所示,每个目标的相对重要性部分取决于项目的类型。

- 在一个建造新型飞机的项目中,乘客安全是高于一切的目标。不管付出多少成本、耗费多少时间，客户要求必须达到最高水平的质量。

- 在一个固定拨款研究项目中，成本预算完全是固定的。如果资金超支，工作将会终止。项目经理必须对质量和进度进行管理，以适应有限的可利用资金。
- 在一个组织音乐节的项目中，客户会在规定的时间到达，"演出必须进行"。不管质量和成本怎么考量，时间进度安排才是高于一切的。

3.4 这些目标的相对重要性可能会在项目进展的过程中发生变化。以前的经验告诉我们：

- 绩效是项目开始时最重要的目标。在计划制订阶段，成本和进度计划被视为不那么重要，至关重要的事情是要达到项目的技术要求。
- 随着项目的进行，成本开始累积，从而使优先考虑的事情转移到成本控制。项目经理可能对进度计划作出调整，并且在绩效要求上作些妥协，以期能够节省成本。
- 当项目接近完成的时候，进度计划是高于一切的目标。为了在规定的日期之前完成项目，可能牺牲成本因素（也许是绩效）。

3.5 但是，曼特尔的研究表明，实际上：

- 在项目的形成阶段，所有三个目标都是非常重要的，它们反映了项目的"理想"。
- 在项目收尾阶段，进度和绩效目标总是比成本占有更高的优先级。其中，最高的优先级是绩效，这也反映了常常牺牲资源保进度、保结果的事实。

CQT 的权衡

3.6 实践中，项目经理一般会面临三个项目目标之间的权衡。梅雷迪思和曼特尔强调,"项目经理成功的一个基本指标是权衡绩效、时间和成本管理的技能"。

3.7 在许多情况下,通过投入额外的资源(对成本目标有影响)或者通过降低活动标准(影响质量目标),是有可能缩短项目工期或者将进度拉回到既定轨道上来的。花费更多的时间,付出更多的成本,是有可能提高质量的。如此等等。

3.8 理想状况下,这些决策应该是在利益相关者期望的框架之内作出的。利益相关者分析应该是项目开始阶段的一个工作内容:关键的利益相关者是谁、什么是他们认为最重要的东西?如果项目经理对这些问题有一个清晰的概念,就能够作出反映利益相关者需求和优先级的权衡。三角形"铁"的部分是一个有利的谈判工具:如果能让利益相关者相信在这三个目标之间真正存在一种不可改变的关系,那么项目经理可能就有能力在进度滞后或质量下滑的情况下申请额外的资源。

3.9 我们将在第十章介绍项目控制过程的时候,讲述一系列优化时间、成本和质量的战术。

其他关键变量

3.10 并非所有评论家都接受铁三角是有效的项目目标模型这一观点。有些人特别提出,在多数项目中也会出现其他目标,而且也可能成为某类项目的首要考虑目标。例如,在社区发展和建设项目中,项目定义文件可以包括以下几方面的核心活动、结果和可交付成果。

- 安全性:现场的工人、承包商和参观者的健康与安全。
- 可持续性:将项目的环境和社会影响降至最小;减少废弃物、污染和阻塞;支持中小企业分包商等。

- 利益相关者：将对社区的有害影响和成本降至最低；需要建立问题和信誉管理、社区咨询和投诉（问题处理）机制等。

3.11 事实上，虽然 CQT 有其局限性，但是大多数项目经理会使用 CQT 三角形模型。此模型提供了三个可测量和可控制的清晰目标，它至少是确定大多数项目目标的起点。并且，它也是与利益相关者沟通过程中易于理解的一个工具。

第四节 项目相关风险

4.1 塞德格洛夫指出，不论项目呈现的形式有多么不同，但项目有某些特点是相同的："一项大的投资，一个人与资产的复杂组合，一个不确定的结果，以及较高的失败风险。"因此，教学大纲中有关项目相关风险的管理的内容覆盖了整整一节。

4.2 塞德格洛夫还指出："许多企业完全是以项目为基础的，不论是管理咨询公司，还是电影工作室。所以它们总是处于风险之中的。而且失败的项目对公司的成功有着灾难性的影响。项目常常会出现成本超支和进度延迟，而且不像其应有的样子来运作。在许多情况下，项目被搁置起来。"

4.3 由于项目工作的性质，一些关键的风险是所有项目都会遇到的。

- 关于项目特定预期结果的定义会引发失败风险，也就是说，没有实现目标和可交付成果的风险。在有些情况下，项目还没有完成，可能就会由于新出现的不可接受的风险、缺乏资源、要求发生变化或不可逾越的绩效问题而取消或终止。

- 项目的非日常性或一次性的特点产生了高度的不确定性（即风险），原因在于我们以前没有遇到过类似的环境和挑战。这在工程、技术和 IT

项目中尤其明显，这些类型的项目常常使用创新的（或实验的）流程和想法。由于项目的唯一性，将一个项目获得的经验转移到另一个项目，对于长期风险管理而言就具有特殊的价值。

- 主要项目（如在建筑项目中）时间范围和计划范围较大，因此有可能遇到意外：利益相关者的需求、环境、资源可利用性、外部环境因素等方面的变化。
- 项目的复杂性难于管理，这个特点使之易于受到风险的攻击。
- 项目的利益相关者众多，这会产生一系列风险。具体包括：由于冲突造成的延迟或故障，缺乏来自参与的利益相关者（特别是客户、多个承包商和供应商、投资者、用户等）的支持以及他们之间缺乏协调；利益相关者（在重大项目的情况下，如建设项目，包括外部的次级利益相关者）对项目目的或流程有所抵触。
- 项目一般具有规定的时间、成本和质量目标，项目风险的一个重要来源是与计划之间的偏差和没有实现的目标。成本超支和进度延迟是很普遍的现象，尤其是在为了达到质量要求需要我们投入额外的资源和时间的时候。
- 随着时间的推移，项目常常会遇到客户规格和合同的变化，尤其是当客户预期和项目范围没有提前经过协商、同意和详细记载的时候。这会增加进度延迟、成本超支、合同争议等风险。

项目失败的原因

4.4 由于项目的复杂性，项目天生会面临时间延迟、成本超支、无法交付其规定的结果、由于外部中断或资源耗尽而被取消的风险。这些失败可以追溯到如下一些或全部的缺点。

- 项目所有人对项目定义不合理(也许是因为没有充分地征求利益相关者的意见,或者没有清晰地说明想要的结果或可交付成果是什么),而且对规格和里程碑变来变去。
- 没有将协议记录在正式项目章程中(常常是由于急于上马并执行一个项目)。
- 缺乏责任制和个人责任(特别是缺乏高级管理层的支持,没有为竞争和冲突的升级留余地)。
- 项目人员的技能或经验不足。
- 对所需的项目活动、角色和责任理解不到位。
- 汇报安排和决策反馈不适当。
- 对意外事故和外部因素引起的中断、不成熟技术的使用,所作的风险评估不充分。
- 在项目启动和计划编制阶段作出未经验证的假定(例如,关于资源的可获得性、供应商前置期等)。
- 项目管理不善。例如,计划不合理(不现实的预算或时间表或者不合逻辑的排序);控制不到位(在里程碑上缺乏检查,缺乏调整);CQT权衡的处理不得当;项目团队的团队建设和管理不善;任命技术专家担任项目经理(他们缺乏项目管理、领导和沟通等方面的技能)。
- 缺乏项目风险管理技能。例如,风险识别和情形计划;风险登记簿的使用;风险责任和责任人的分配;影响项目的环境风险和供应链风险的管理。

关键的项目成功因素

4.5 关于成功项目管理的"关键成功因素"(CSF),斯莱克等人(《运作管理》)

总结出了一个详细的清单。

- 目标清晰明确：包括项目的总体理念或使命，以及来自项目团队成员对这些目标的承诺。
- 胜任的项目经理：一位兼有人际、技术和管理技能的项目负责人。
- 来自顶级管理层的支持：高层的承诺必须传达到项目团队。对于跨公司的项目而言，可能会从项目及其实施所涉及的各个组织中任命高级经理人。
- 胜任的项目团队成员：项目团队的选拔和培训，他们具备成功完成项目的必要技能组合。
- 足够的资源配置：在财务、人事、后勤等方面，在需要时能够获得这些资源。
- 清晰明确并且可视的受控流程：应当与项目的规模和复杂性相适合。
- 畅通的沟通渠道：在涉及的人之间有畅通的沟通渠道，针对目标、状态、变化、组织状况和客户需求等方面进行沟通，能够以清晰、简短的汇报线路支持及时决策。
- 控制机制：建立了适当的控制机制，监控实际发生的事件，识别与计划的偏差。
- 反馈能力：所有有关各方能够检查项目状态并提出建议和纠正措施。
- 解决问题的机制：在问题发生时能够及时处理、追溯其根本原因并且解决它们的一个系统或一套程序。这使得我们可以积极主动地管理风险和问题。
- 项目人员的连续性：在项目生命周期中，关键项目人员连续的更替。频繁的人员流动会浪费所获得的知识，并且挫伤团队士气。

4.6　类似地，迈克尔·格里提出了项目成功的 14 项关键原则，如表 7-3 所示。

表 7-3 格里提出的项目成功的 14 项原则

1. 重视成功的三个维度	这些是铁三角的组成部分，即成本、质量和进度
2. 计划决定一切	开始时，计划必须详尽，并且持续进行修订
3. 经理必须传递一种紧迫感	这对保持项目动力至关重要
4. 使用经过验证的项目生命周期	成熟的模型（如第八章所述）会促进质量和减少工作量
5. 生动详细地沟通	这适用于所有项目可交付成果和所有项目活动
6. 可交付成果必须逐渐发展	为了最小化风险和成本，一次建一点，不要"两只脚一次全踏进来"
7. 获得发起人的明确签署	必须要求发起人，即对于可交付成果一旦完成就有权力拒绝或要求修改的人，在可交付成果完成的过程中就进行检查并认可
8. 坚持已归档的商业需求	对项目可交付成果进行过详尽的需求分析，这样的项目更有可能取得成功
9. 争取将事情一次做对	以"第一次做对"为目标，而不是日后返工
10. 责权与授权相匹配	经理必须有足够的权力获得所需的资源来履行他们的职责
11. 让发起人和利益相关者参与	批准可交付成果的权力，也意味着有责任积极参与项目
12. 推销并再次推销项目	有时，项目经理必须充当销售员，以兑现对利益相关者的承诺
13. 尽可能招到最优秀的人才	熟练人士的才能有时能够克服其他资源上的缺乏
14. 顶层管理者必须积极地设定优先级	如果有太多的项目要成功地完成，顶层经理必须进行排序

项目中人的风险

4.7 梅雷迪思等人指出："达到进度和成本目标而不牺牲绩效对项目经理来说似乎是一个技术问题。实际上，由于它也涉及人的问题，所以更确切地说，技术问题也包含了人的维度，它仅仅一部分是技术上的问题。"

4.8 这是一个重要的提示：项目是由人来完成的。如果项目团队没有必要的技能和动力，任何复杂软件和精细的计划技术都不会成功。项目人的方面常常也被认为是"软"的一面，与"硬"的（或技术的）一面形成对比，如系统、技术、成本和进度安排。你也许对麦肯锡 7S 模型中的这种区分比较熟悉。梅勒针对项目管理作了如下调整：

- 软的因素有人员（Staff）、技能（Skills）、风格（Style，指文化）和利益相关者（Stakeholders）。
- 硬的因素有结构（Structure，指项目生命周期和管理结构）、战略（Strategy）和系统（Systems，如项目计划编制和控制方面的计算机系统）。

资源约束

4.9 项目经理常常不得不处理资源上的约束条件（或者可能是一般意义上的系统瓶颈）。处理这种限制的一个方法是所谓的约束理论（Theory of Constraints），即 TOC（EM. 高德拉特）。

4.10 根据 TOC 理论，处理约束条件需要一个五步骤计划。

- 识别约束条件。
- 利用约束条件——这意味着要利用问题。例如，如果约束条件是某种类型的机器，则努力确保在发生故障时同种类型的后备机器是可利用的。
- 使其他所有事情服从约束条件——如果约束因素还在，那么让其他所有事情都处于顶级条件下是毫无意义的。因此，有必要关注约束条件，让它成为进度计划的依据。
- 提升约束条件——这表示要加强系统在这一部分中的流动，实际上会消除约束。
- 重复该过程。

产品开发和再设计项目中的风险

4.11 洛克(《项目管理》)提出,"旨在将新产品或变化引入公司产品系列的开发计划,是易于成本超支并延迟交付的"。他强调了如下风险:

- 没有适当的项目规格,就开始了项目。为了抵消这种风险,开始时制定一个详细的规格是很有必要的,要覆盖预期的绩效、质量和可靠性标准、式样指导、尺寸和重量限度、预期成本、预期商业回报和时间范围(具有明确的里程碑)。
- 在项目的进行中,引入未经谨慎考虑的变更。对进展,尤其是对所提议的变更,有必要进行严密的控制。在专门"变更委员会"没有充分考虑的情况下,不应该引入变更。

流程和系统开发项目的风险

4.12 正如我们已经提到过的,项目输出的不一定是有形产品。许多项目涉及的是改善或再设计运营流程,实施新系统或技术,或者集成现有的系统(例如,当引入企业资源计划或 ERP 的时候)。这类项目明显体现了一系列的运营和技术风险。

4.13 在第三章,我们讨论了新技术和系统引入的风险减轻措施。一个关键的风险减轻措施是对新系统进行试点(在大面铺开之前),或者新老系统并行运行一段时间(平行运行,即衔接运行),以便确信新系统能如预期发挥作用。

将大型项目风险最小化:过程概述

4.14 塞德格洛夫提出管理项目风险的一个基本的九步骤过程,如表 7-4 所示。

表 7-4 将项目风险最小化的九步骤过程

风险计划	1. 获取足够的信息	• 开展有关的市场和技术研究，包括类似项目的信息 • 量化每个项目阶段的风险值，进行敏感性分析（"假如，怎么办"） • 确保项目所有阶段成本和时间数据的流动
	2. 审查所有备选方案	• 评估重大项目的各种备选方案，如自制/外购决策（外包、兼并、联合）、试点项目或分阶段推出
	3. 开展风险评估	• 识别项目威胁及其对风险因素的敏感度（如增加的成本、下降的需求、灾难、承包商破产）；维护风险登记簿 • 考虑组织是否在财务上和管理上做好了实施项目的准备；风险规避或终止是一种选择
	4. 分配有经验的员工	• 任命有经验的项目经理和/或有类似项目经验的顾问
	5. 制订项目计划	• 制订项目计划（成本、里程碑、人员） • 根据已识别的风险，修订设计、计划和合同
风险控制	6. 一步一个脚印地投资	• 可能的话，将投资成本和风险分期。在每个阶段末的决策点检查进展和风险（入口检查）；继续还是终止
	7. 增加弹性	• 可能的话，在厂房和设备项目中融入弹性（以防市场预测不准确），如可以换做他用，或者有日后扩展的能力
	8. 定期检查进展	• 不断地再评估商业需求是否仍旧有效；选择改变或中止项目 • 持续检查里程碑（对照目标比较进展），发现问题发生的领域
	9. 分摊风险	• 与其他伙伴分摊风险（平等地） • 利用伙伴的资源和能力 • 租赁设备（将前期投资最小化） • 利用保险

4.15 下面列出的是项目风险管理中的一些关键要素（在风险识别、评估和减轻范围之外的）。

- 项目规格：形成项目目标（成本、时间和优质可交付成果）、范围（项目任务、结果和责任的范围）和战略（为了实现项目目标所采取的方法）等方面的经过协商同意的陈述文字。
- 项目管理计划：目标、进度计划、成本预算、健康与安全和环境政策、质量管理计划、风险管理计划（利用风险管理周期和项目风险登记簿）等。

- 项目控制：监控、阶段末检查、里程碑（关键阶段目标）、入口（决策点，在这一点上检查上一阶段的工作是否"通过"或者"失败"，由此决定是否进行到下一阶段）、纠正措施和/或计划调整，加上完成后审计和评估，供未来学习的经验教训汇总。
- 工具和技术：预算控制、偏差报告、甘特图、网络计划与控制技术（如关键路径分析）。

我们将在本书接下来的几章中详细阐述所有这些内容。

第五节　项目风险的分配

项目中的风险责任人

5.1 作为风险管理过程的一分子，项目经理应该任命各个风险的责任人（参见第二章）。监控风险并定期向风险管理团队通报最新进展是风险责任人的职责。对当前状态的任何变化细节，都应该正式记录到项目风险登记簿之中，为必要时采取的控制活动提供最新信息。另外，项目经理对监控风险、确保遵守程序等具有全面的责任。

5.2 可以利用下面的清单来检查风险责任的分配情况。

- 是否为风险过程的各个组成部分都分配了责任人，并考虑了未来的风险？例如，作为其合同的组成部分，供应商可能负有评估风险的责任（本章后面会介绍到此内容）。
- 与责任人相关的各种角色和职责是否明确？
- 被分配来担当责任人的个人是否有实权？

- 是否已与各种角色进行了沟通并得到了理解？
- 被指派的责任人是否合适？
- 在发生变化的情况下，是否可以快速、有效地再次调整责任人？
- 收益与交付风险之间的差异是否被理解了？

承包人关系

5.3 分包和一体化的项目管理是建设项目采购中的重要因素，这样可以让主要承包商在项目中利用所需的专长（如电梯或空调系统）。一体化的项目团队方法是一个经常被采用的方法，它将多个一体化的供应链整合为一个供应团队（主要的或第一层级承包商）——然后再与客户那一方的项目团队整合。这种结构支持对各种复杂的大型建筑项目供应链的管理。

5.4 为了支持项目工作，对漫长的、复杂的项目进行协调和合作，供应链关系显得至关重要。英国国家采购战略提出："建设开支是地方当局外部开支（尤其是道路）最大的一个领域。因此，正确地进行建设、维修和维护的采购可能会带来巨大的利益。将工作一次就做对、交付无缺陷与无争议的结果等利益，诸如此类的好处也会真正增加价值。当局已经发现，他们保证这些利益的最佳途径是与其承包商和整个供应链发展长期关系。"

合同策略

5.5 一旦作出项目实施的决定，立即要解决的一个关键问题就是整体管理战略。客户是否应该尝试利用内部资源完成所有或大多数工作量，或者，它是否应该依靠外部承包商？例如在建设和工程项目中，彼得·马什（《工程和建设项目承包》）提出了一系列方案，包括交钥匙统包、部分交钥匙、客户协调和管理承包战略。

5.6 在交钥匙统包（Full Turnkey）方法中，外部承包商承担了全部的项目责任（设计、工程、采购、建设、试运行、测试和人员培训等）。由于客户已经规定好要求并监控整个进程，客户只需要"转动钥匙"启动运作就可以了。

5.7 很明显，这种战略下所签订的合同必须在其责任和风险分配方面非常详细和清晰。如果设计没有满足客户需求，承包商必须承担责任，并且也必须接受对铁三角所有组成要素所承担的责任。

5.8 这种方法在风险管理方面的优缺点总结如表 7-5 所示。

表 7-5 完全交钥匙承包

交钥匙统包的优点	交钥匙统包的缺点
将项目的最大责任交到一个组织手中	如果没有选对承包商，后果是灾难性的
可能达到最快的完成速度	对于复杂项目，可以选择的承包商相当有限
鼓励设计创新，提高质量，降低成本	价格必须反映承包商承担的高风险与责任
避免了使用多个外部承包商所引发的不经济	承包商可能会绕过严格的合同条款，在某些领域克扣（如在安全方面）
将所有"额外"索赔降至最少，因为这些完全属于承包商的责任	

5.9 在部分交钥匙（Partial Turnkey）方法中，外部承包商承担了规定的责任，同时将有些活动留给了客户（常常是支持性的活动），客户还承担协调不同贡献者工作的职责。客户和承包商必须就责任和风险的划分进行谈判。

5.10 马什提出，这种安排的一个常见问题是，客户试图支配交钥匙承包商如何完成工作，而同时却又让承包商对结果负责，这是一种无法做到的局面。另一个风险来源是，客户没能及时完成任务，影响了交钥匙承包商的进度（和责任）。除了这些问题之外，该方法仍然有交钥匙方法的一些优点。客户还有机会将总承包合同之外的活动单独承包出去，充分利用专业专长、首选供应商关系或价格杠杆。

5.11 在传统的客户协调（Client Co-ordinated）方法中，客户承担了项目工作设计的责任，而外部承包商则按照客户的设计和规格，完成分配的工作。项目可能被分解成单独的工作"包"，客户负责对完成各个工作包的不同承包商进行管理。

5.12 由于该方法在客户控制和价格杠杆方面具有明显的优势（以竞争性招投标为基础，分配工作包），多年来这种方法一直受到政府和其他公共部门机构的欢迎。可是，近几年来它有些式微了。承包商及早参与项目设计的优点已经得到公认，他们可以贡献专长和创新。可能由于以下一些因素产生项目风险。

- 承包商缺乏对项目的所有权，导致基于服从的规格符合性，但没有对真实的需求和想要的结果作出承诺，或者对问题解决和风险管理有所投入。

- 协调两个或更多个主要承包商的工作非常复杂，他们之间唯一的沟通渠道一般是通过客户。

5.13 在管理承包（Management Contracting）方法中，客户任命一个专业的项目经理或顾问来指导工作，工作是由项目经理确定的一个或多个外部承包商来完成的。客户与项目经理形成直接的合同关系，项目经理又与承包商形成直接的契约关系。可是，项目经理的违约责任常常限于它能从违约的承包商那里获得补偿的金额。

5.14 这一方法的主要优点在于利用了项目管理专长和资源。不过，马什认为会在以下两个领域产生风险。

- 项目经理角色的模糊性，他经常在客户的要求和承包商的要求之间左右摇摆。

- 在项目开始的时候，客户不清楚项目全部的预期成本，但不得不依赖项目经理提供的估算。

项目合作（Project Partnering）

5.15 下面列出的是项目结构构建、获取资源、共担风险的另外几种方案。

- 合资企业和联营企业（Joint Ventures and Consortia）。合资企业是一种正式的安排，两个独立的公司借此建立一个他们共同拥有（例如，通过持股、资产所有和利润分配协议）和管理的新公司。他们其他的业务独立于这个出于发起或承担一个项目目的而成立的新的、共同拥有的公司。如果有两个以上的公司达成这样的协议，则被称为"联营企业"。合资企业常常被用来克服进入国际市场以及获得大型建设和基础设施项目所需的资源和专长的障碍。

- 公私合营（PPP）。在英国，公私合营模式是指私营部门公司和公共部门以各种结构化的方式，共享资本和专长，目的是建立并经营大型的资本和基础设施资产。这类结构化的伙伴关系已被用来建设国家基础设施，如海底隧道、伦敦奥运会设施，以及像医院、学校和营房等一类较小型的项目。

- 私人融资计划（PFI）一般是指私营联营企业融资以便设计并建造公共部门的项目。它也涉及公共部门使用期间建筑物的维护合同承包，如提供清洁、餐饮和安全服务。一旦建设完成，公共部门就开始偿还私营联营企业建筑成本及维护费用，再加上利息。合同一般会持续 30 年，之后建筑物就归公共部门所有了。

5.16 公共部门 PPP 计划的优点包括：

- 它可以降低公共部门的成本（由于付给私营部门经营者的服务费计算的方式），并且不用从税收中扣出资本费用就能启动项目。
- 由于私营部门伙伴潜在的较高预算拨款（和负债）能力，它保证了较高水平的资本支出和现金流。比起他们在传统公共资本融资方法中所能承担的项目，PPP 模式使得公共部门能承担规模更大的项目。

- 它可以利用私营部门组织的创造力、专长和现有的生产能力、生产率和技术，向公众提供更高水平的服务（支持公共部门伙伴的目标）——尤其是当服务水平受到合理 KPI 保证的时候，或者当私营部门伙伴也投入了资金的时候。
- 因此，它代表了极佳的资金价值，尤其是当私营伙伴已对所需的设备、技术等进行了投资的时候。
- 总体来说，PPP 计划可以使公共部门机构以快于任何其他方式的速度完成项目、升级设施、提高公共服务水平。例如，根据国王基金健康卫生智囊团的调查，由于这种伙伴关系，现在大多数医院的物质条件都得到了"极大地改善"。

5.17 另一方面：

- 对 PPP 的批评者认为，公共部门可能放弃了项目的控制权，导致风险产生：较低的服务水平、更少的公共责任，以及更少地对环境和社会可持续目标的考虑。
- PFI 合同体现了不良的资金价值，在未来的几十年里，使公共部门承担了不可持续的财务责任。例如，有些地区卫生当局已经发现它太昂贵了，以至于无法向私营部门承包商支付新医院建设和服务的年费。
- 该计划可能是不可持续地缺乏灵活性，原因在于它将公共服务绑定到 20~30 年的合同上，而无视这样的事实，即对如此漫长时期中的需求变化和服务进行计划是非常困难的。
- 工会声称，有些 PPP 计划带来了更差的服务水平，原因在于私营公司为了追求利润最大化，尽可能省钱地维护设施。
- 在私人运营的后勤中的清洁工、餐饮和保安人员，比起他们在公共部门的同行来，所获得的报酬和条件一般都要差很多。

5.18 从私营部门伙伴的观点来看，它只有获得了合理的投资回报率（同时也可能提高了政治影响力），PPP 计划才算是成功的。有些 PFI 联营企业已经看到高涨的利润：奥克特根是一家私营联营企业，曾提供资金并建设了诺福克和诺维奇两家医院，并再次为 PFI 提供资金，这样该伙伴就可以早一些拿到利润。而其他公司，如工程公司埃米（签订了教育和道路建设 PFI 合同），已经陷入财务危机之中。

项目定价协议

5.19 如果客户想把所有以成本为基础的风险全都转移给承包商，那就要协商固定价的项目合同。固定价合同（Fixed-price Agreement）基本上是一种严格的协议，当合同中规定的商品（服务）交付并被接收时，就支付规定的价格给供应商。一旦达成协议（在谈判或竞争性招投标的基础上），价格在合同履行期间就维持不变了。对于大型项目，如建设或系统开发，确定的价格协议可以表示为"总包价格合同"（Lump Sum Contract）。针对在规定日期之前完成规定的工作，当事人与承包商协商确定一个固定金额。

5.20 规格的作用与准确性在签订"总包价格合同"时是最重要的，它构成了合同的基础。如同其他形式的固定价协议一样，"总包价格合同"保证了对承包商高度的激励（承包商对任何成本超出的部分负责）；但如果供应商不得不偷工减料，降低其合同结束时成本超支的风险，那么"总包价格合同"也可能导致质量或绩效问题。项目经理需要严密地监督进展情况（尤其是质量问题）。

5.21 对于由于合同范围变化而产生的价格调整，总包价格合同也允许有一些灵活性。例如，如果提出了补充要求（增加了成本），或者一个项目组成部分被拿掉了（减少了成本）。对于供应商来说也有一些灵活性，对于成本上升造成的损失，如果客户对这种成本上升有责任（如改变了设计），那么供应商就可以请求一些补偿，尤其是当供应商处于比较强势的地位时（例如，在适当的时间或者以适当的价格，无法找到替代的供应商能满足需求）。

5.22 我们可以确定一个固定价格，不过要通过插入一个合同价格调整（CPA）条款，规定在发生（或者不发生）指定的意外事故的情况下对价格上浮或下浮的修订。这种约定用来对付多变的人力或供应市场状况（使我们很难确定固定的定价），否则在合同价格中就有必要增加一大笔"应急准备金"。如果预测价格的涨幅超过了预期，则对供应商不利；如果预测价格的涨幅低于预期，则对买方不利。

5.23 合同可以规定，在以下情况中，允许协商价格调整。

- 在合同生命周期内材料、人工、商品、能源和燃料成本的实际上升与下降（取决于供应市场的成本脆弱性），超出了供应商的控制，并且超出了规定的变动范围。对于有资格成为成本和意外事故的事件（例如，汇率波动超出规定范围，或者由于征收新税种导致航运成本上涨，原油价格上涨或碳补偿要求），要加以识别并严密界定，或者进行谈判。对于供应商成本进度和分解，要进行监督和验证，以论证价格调整是否合理。

- 联系指定的与供应市场成本有关的指数，如商品指数或劳动市场指数。

- 运用指数和价格调整公式，如英国电工和联合制造商协会（BEAMA）公式，可以在合同期内行业平均数据的基础上，计算可能的人工和材料成本偏差占总合同价格的比例（百分比）。然后，就可以论证推导出行业平均成本偏差，以此为基础要求调整合同价格。

5.24 如果买方无法制定一个足够详细的规格来作为合同和定价明细表的基础，也可以协商与预期工作内容相关的费率或收费表（例如，完成的每小时工作，或者所用的每立方材料），有时这也被称为"单价合同"（Measured Form Contract）。然后，根据实际的数量，运用规定的费率，计算出要支付的款项。

风险/报酬或激励合同

5.25 风险/报酬或激励合同是在为了让承包商在项目结果中、目标实现中和项目风险管理中有其利益份额而提出的。大约合同总价值 10%～40%的部分可以作为风险/报酬要素，具体多少比例，视承包商实现预定的 KPI 和成本与预算目标、关键里程碑日期和完成日期等的情况而定。塞德格洛夫提出一个结构，让客户保证支付 90%的合同价值，如果供应商实现了目标，再付另外的 20%。这样，供应商完不成合同就损失 10%；而如果成功了，就会得到 10%的"红利"。

5.26 对于激励合同，下面列举了一些不同类型的方案。

- 协商确定一个目标供应成本，在此基础上确定固定最高价（包括供应商的"目标利润"）。目标成本是协商确定的、代表"正常"商业条件下最有可能的结果的数额。如果供应商实现了成本节约，即发生成本低于目标成本，则节省的数额将按照协商的百分比或比例与买方共享。

- 分期付款（这样供应商只有完全完成项目之后才能拿到全款）、权变付款（例如，部分支付是与 KPI 和成本节约相联系的）或对提前交付进行提前付款（例如，货到付款约定）。

- 明确在固定价之外的奖金（或者激励费），它与具体关键绩效指标的实现、成本节约或目标的增进（例如，对于超出的生产率单位或者进度，每提前一天或一周）有关。

- 收入、利润或收益共享（例如，为供应商的成本节约，分配一个预定百分比的或某数额的奖金）。当供应商的改进为买方创造了附加值、收入或利润时，"收益"是双方共享的，这是一种"双赢"的结果。

5.27 不论是何种形式的以成本目标或成本降低为基础的激励合同，成本责任都是买方和供应商之间共担的。与激励供应商控制成本一样，这也可以避免供应商提高合同价格，从而将成本不确定的风险降至最低。

本 章 小 结

- 项目的特点是暂时性及其最终输出的唯一性。
- 项目管理是"为实现经过协议的利益，对项目进行界定、计划、监督、控制和交付的过程"。
- 项目的关键目标常常被表述为"铁三角"，即成本、质量和时间。
- 项目风险来自如下事实：项目包含"一项大的投资，一个人与资产的复杂组合，一个不确定的结果，以及较高的失败风险"。
- 应当对项目的风险进行识别，并且确保每个风险都分配了合适的"责任人"。

自测题

括号内数字为参考答案所在段落。

1. 梅雷迪思等人提出的七个项目关键特征是什么？（1.2）
2. 具有正式结构的项目中涉及的利益相关者角色有哪些？（1.9）

第七章 项目风险

3．一般管理和项目管理的区别是什么？（表 7-1）

4．使用项目软件的好处是什么？（2.10）

5．贯穿项目生命周期，项目目标的相对重要性会发生怎样的变化？（3.4，3.5）

6．请举例说明所有项目中都存在的那些风险。（4.3）

7．塞德格洛夫提出的项目风险管理过程的九个步骤是什么？（表 7-4）

8．交钥匙统包的项目管理方法是什么意思？（5.6）

9．对公私合营方式的批评有哪些？（5.17）

10．请给出激励定价安排的例子。（5.26）

第八章

项目生命周期

对应大纲内容

2.2 比较可以缓解供应链中风险的各种项目生命周期模型

- 分阶段项目生命周期模型
- 项目的启动和定义阶段及风险
- 项目计划
- 项目组织与实施
- 测量、监控和改进
- 项目收尾

引言

本章我们概述项目管理经过的主要阶段。项目一般会经过几个共同的阶段，它们可以被视为项目从"生"到"死"随着时间的推移形成的"生命"或者"生命周期"。我们可以采用不同的方法来区分这些阶段。在本章中，我们介绍了几个模型：大体上，它们实际讨论的都是同样的活动，只不过分类不同，被贴上了不同的标签。

然后，我们介绍每个阶段的目的及其包含的主要活动，突出介绍它们对风险管理的贡献。接下来，第九章和第十章将更加详细地探讨这些主要阶段，不过强调的是每个阶段中实用的项目管理工具和技术。

第一节 项目生命周期模型

1.1 正如我们在本章引言中提到的,项目生命周期存在不同的分阶段模型,我们这里简要地介绍一些有影响力的代表。

四阶段模型:定义、设计、执行、开发

1.2 梅勒提出了项目生命周期四阶段模型,它以"4D"这一易记的标题来命名,如表 8-1 所示。

表 8-1 项目生命周期 4D 模型

阶 段	关 键 问 题	关 键 活 动
D1:定义项目	项目和组织战略,目标界定 关键问题:要做的是什么?为什么要做	概念化:生成需求的明确说明 分析:明确为了满足需求必须提供的东西;项目可行吗
D2:设计项目过程	建模与计划、估算、资源分析、冲突解决和论证 关键问题:怎么做?参与的人是谁?什么时候开始与结束	建议书:表明如何通过项目活动来满足需求 论证:准备并评估项目财务成本和收益 协议:项目发起人同意进行下去
D3:交付项目 (做吧!)	组织、控制、领导、决策、问题解决 关键问题:如何进行项目的日常管理	启动:收集资源、配备项目团队 执行:执行规定的活动 收尾:达到时间或资金约束条件或者完成了活动系列 移交:项目输出转移到客户或用户手中
D4:发展过程	项目过程和结果的评估、评价、未来的变化 关键问题:如何持续改进这一过程	评估:识别所有利益相关者获得的结果 反馈:采取程序改进措施,填补知识上的缺口,记录经验教训以备未来使用

1.3 梅勒认为,在四个阶段中不存在"最重要的阶段"。所有阶段都是重要的,原因在于最终结果仅仅取决于链条上最薄弱的环节。这意味着我们必须有效地执行所有阶段,才能获得项目的成功。从这个角度来说,梅勒模型中最后一个阶段是关键的,因为它对未来的项目产生的影响最大。

1.4 梅勒提出的另一个要点是,项目经理常常没有参与到这一过程的较早阶段。相反,D1 阶段一旦由另一方完成后,项目经理只是收到一份概要。这意味着项目经理并没有可能第一时间参与到问题解决措施中来,这样到项目后期就累积了困难。

五阶段模型

1.5 韦斯和维索茨基(《项目管理五阶段模型:计划与实施实用指南》)提出了五阶段生命周期模型,如表 8-2 所示。记住,大致的生命周期基本上与四阶段模型是相同的,只是将"做"/执行阶段更清晰地划分为"组织"和"控制"两个阶段。这也许有助于风险管理,因为它分别地强调了测量、监督和控制项目进展和绩效的必要性。

表 8-2　韦斯和维索茨基五阶段生命周期模型

阶　段	活　动	可交付成果
定义	识别问题 明确总目标 分解目标 获得预备资源 识别假设与风险	项目概述
计划	识别项目活动 估算时间和成本 对活动进行排序 识别关键活动 撰写项目建议书	工作分解结构 项目网络图 关键路径分析 项目建议书

（续）

阶 段	活 动	可交付成果
组织	获得资源 招聘项目负责人 招募项目团队 组织项目团队 分配工作包	成功标准 工作描述 工作委派
控制	明确管理风格 建立控制工具 起草状态报告 检查项目进度 发出变更命令	与目标的偏差 状态报告 人员分配
收尾	获得客户的验收 安置可交付成果 项目归档 发布最终报告 开展项目评审	最终报告 审计 未来项目的建议

PRINCE2 模型

1.6　1989 年英国政府发布了 IT 项目管理标准指南（《PRINCE：受控环境中的项目》），并且于 1996 年发布了 PRINCE2 作为一般的项目管理方法。现在，PRINCE2 被广泛地用在公共和私营部门，用来论证大型项目结构和管理要求的规模和复杂度。

1.7　PRINCE2 方法是以八个项目流程为基础的，如图 8-1 所示。不论是否将 PRINCE2 采纳为基础的框架，它都为我们提供了有效项目管理所需的流程和结构种类的最佳范例。

1.8　下面简要介绍每个项目管理流程或要素。

- "指导项目"是由高级管理团队（指项目委员会）执行的一个过程。它包括：界定项目；给项目分配资源；以"例外管理"为基础，在项目进行期间对项目进行监督；对项目保证（确保实现项目目标，同时管好风险因素）和项目支持（为项目团队提供技术和管理资源）负责。

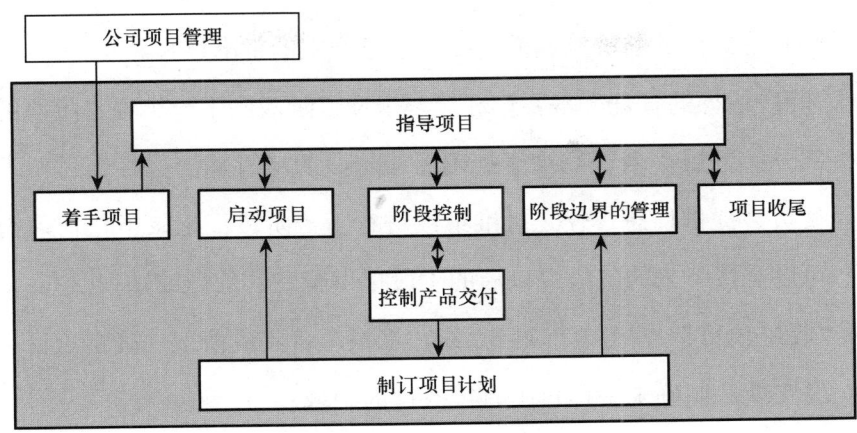

图 8-1 PRINCE2 流程概述

- "制订项目计划"涉及在项目进行期间，特别是在项目开始阶段对结构化工具的使用。目的是提供有关项目活动、活动排序和工时、资源需求和任何有关的风险等内容的一个模型。

- "着手项目"关注的是基础结构和组织的发展。必须任命一个项目团队，应该为涉及的个人分配目标，起草项目概要，对要采用的整体方法作出决定。在这一阶段，保证获得项目团队所需的所有信息是很重要的一项工作。

- "启动项目"（一般是由项目委员会执行的）包含起草项目概要，将其作为该项目的一个完善的商业论证。关于所采用的项目控制方法和为确保质量所使用的方法，要作出相应的决定。

- "阶段控制"包括对工作进行授权，监督进展，监测变化，采取任何必要的措施将进展控制在既定轨道。（PRINCE2 方法的基础是，将整个项目分解为几个阶段，阶段再进一步细分下去，直到得到可以分配给个人或团队的"工作包"。）

- "控制产品交付"意味着确保每个工作包都被适当地接受、执行并交付。经理必须确保，所有工作是按照规格、对照项目目标而完成的。输出必须达到接受的质量标准，必须经过规定的批准过程。

- "阶段边界的管理"是要管理从一个项目阶段到下一个项目阶段的过渡部分：开展"入口"检查；确保该阶段的所有输出已经交付；为项目委员会提供信息，使之批准继续进行下一阶段；记录下任何习得的、可以在接下来的阶段或以后的阶段提供帮助的信息或知识。
- "收尾项目"包括关闭项目系统，汇报项目完成情况；确定项目目标已经实现；明确未来项目中有待改进的领域。

1.9　PRINCE2 还明确了许多关键文件（在主流项目计划与控制报告之外），包括质量日志（记录对产品或过程开展的任何检查）、问题日志（记录经历的任何问题以及为此所做的任何变化）和风险日志（记录与项目有关的主要风险以及为了管理风险而采取的控制措施）。

项目生命周期图析

1.10　我们可以对生命周期进行图析，反映项目不同阶段不同程度的资源和工作量投入所产生的效果，即项目工作量的时间分布。一个大体上典型的项目生命周期，一般在"着手阶段"是相对缓慢的，在中间阶段则取得快速进展（因为资源得到了有效的配置）；结束阶段进展再次变得缓慢（因为"悬而未决"的问题要加以攻克），工作量和资源投入减少（见图 8-2）。

1.11　另一个生命周期图析方法是图示项目随时间的完成情况。例如，一个典型的建设项目可能在开始时比较缓慢（最初的规划、许可和签约）；接着是一个快速上升的阶段，反映急切地开始了工作；到项目完成的时候移动变慢（结束并收尾）（见图 8-3）。

1.12　在不同类型的项目中，你还可能会看到其他的曲线模式。

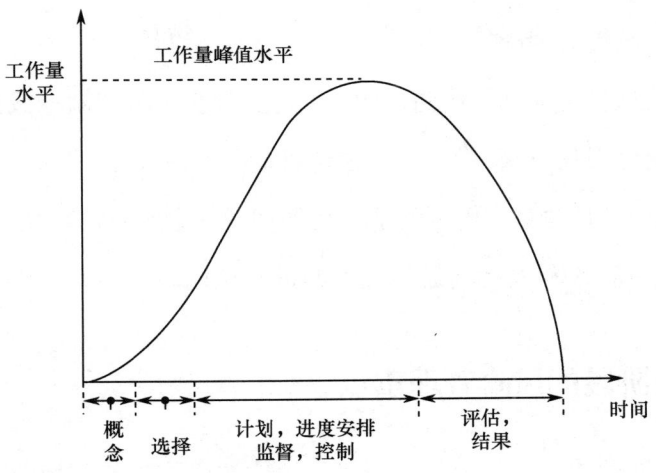

图 8-2 项目工作量的一个典型时间分布

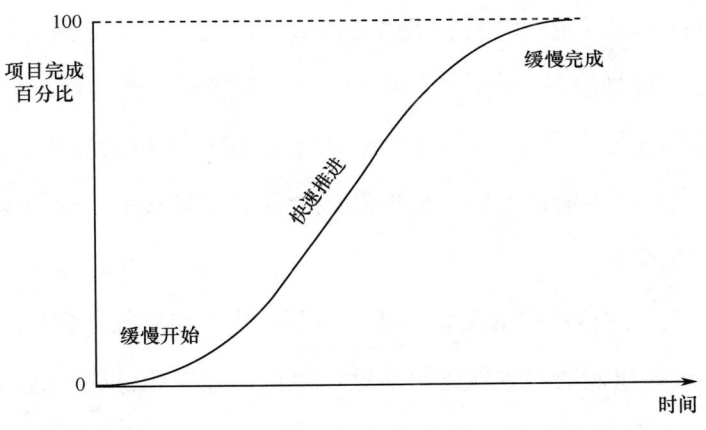

图 8-3 一个典型的项目生命周期"S 形曲线"

- 有些类型的软件开发项目,其曲线可能反映了项目生命周期大部分时间是在计划和概念过程中渡过的:大量的输出和可交付成果在相当短的时间内产生,临近结束时曲线变得陡峭。
- 有些项目如安装新技术或引入可持续采购政策,其项目曲线可能反映了客户想"快速致胜"的事实:开始时的可交付成果能够提供最大的收益和变化的动力。这将意味着在更早的阶段进展迅速,以后则进展越来越慢。

- 一些项目可能开始时进展迅速，之后就会出现间歇期或高原区（例如，当变化固化下来时），最后快速推动到结束。

1.13 对上述模式的理解，将有助于项目经理评估项目各阶段所需的资源水平、管理项目客户和关键利益相关者的进展预期。

生命周期各阶段的风险管理重点

1.14 在生命周期的不同阶段，占据优先地位的风险也各不相同。

- 界定/启动阶段：关键风险可能是定义过分严格；没能邀请关键利益相关者参与界定；利益相关者之间发生冲突；没能获得拥护与承诺。

- 设计/计划阶段：关键风险可能是信息缺乏；缺乏计划；计划过分详细，从而缺乏灵活性；过度优化（没有延缓时间和应急计划）；资源准备不足；缺乏项目管理、专业和/或团队合作等技能；权利和汇报的结构不清晰。

- 做/执行阶段：关键风险可能是监督、检查和控制不到位；在应对意外事故和权衡的时候缺乏灵活性；错过里程碑和目标（成本、时间、质量）；在入口检查中没能通过，无法进入下一阶段；忽视整体目标；健康与安全、技术和其他运营风险；与某种特定类型项目有关的环境因素（STEEPLE）风险。

- 发展/退出阶段：关键风险可能是无法完成项目；不知道何时完成结果；没有对过程进行审计并为未来的项目获取经验教训。

1.15 还值得一提的是，在项目早期阶段进行的风险估计更易于出错。梅雷迪思等人用示意图展示了三个不同时点的项目成本估计，即时间1（项目开始）、时间2和时间3，如图8-4所示。

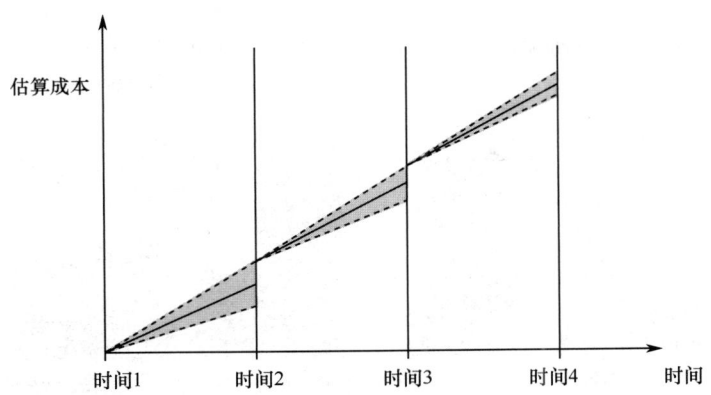

图 8-4　时间 1、时间 2 和时间 3 的项目成本估计

1.16　中间的实线代表预期成本的最好估计。阴影区反映了不确定性的程度：成本比预期的可能有些低，或者远远超过预期成本。重点是，随着项目的进展，阴影区会减小。在项目开始的时候，我们对可能的成本是多少有相当大的不确定性。随着时间的推移，由于各种项目可交付成果已"落袋为安"，我们就变得更有底气了。

生命周期各阶段的冲突风险

1.17　HJ. 山姆海因等人（"项目生命周期内的冲突管理"，《斯隆管理期刊》）特别强调了项目生命周期各阶段项目利益相关者之间发生的冲突风险。研究表明，项目各阶段冲突来源于各种问题，在项目生命周期的不同阶段冲突程度也有所变化，如图 8-5 所示。

1.18　下面解释一下这张图。

- 进度和优先级在项目生命周期始终是冲突强烈的两个领域。同样的还有人员配备问题，冲突程度稍低一些。
- 成本方面的冲突在项目生命周期的早些阶段中占据了突出的位置，但是冲突程度在平均水平以下。

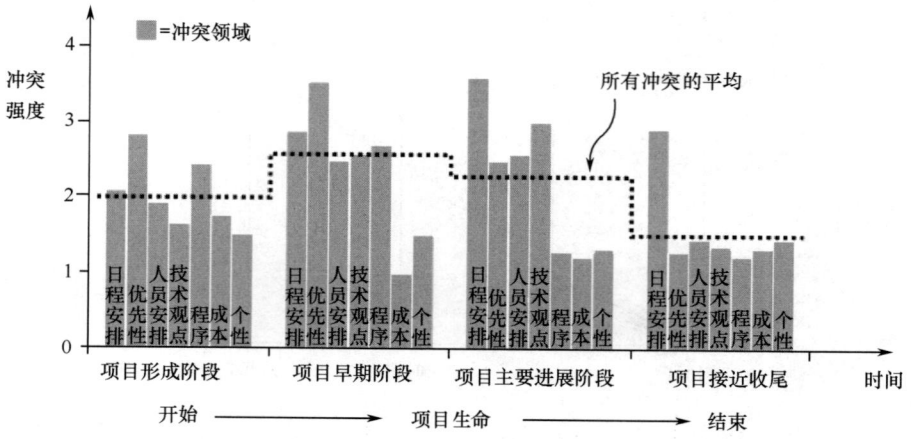

图 8-5 项目生命周期不同阶段冲突的程度

- 程序方面的冲突在较早的阶段发生：一旦在程序问题上达成一致，则人们更有可能坦率地遵守程序。
- 技术问题是一个重要的冲突来源，尤其是在项目生命周期的主要阶段——在实际工作正在开展的时候。

运用项目生命周期（PLC）模型

1.19 PLC 对项目计划与控制的价值在于使项目经理：

- 理解所有项目都会经历的不同阶段以及各阶段的风险、资源需求、优先级和挑战。
- 在已识别风险和资源需求、进展模式等的基础上，管理各阶段利益相关者的预期。
- 以合理的方式对项目进行分解，促进不同的活动阶段的计划与控制。
- 运用以"阶段"为基础的计划和控制工具，如"门"（审批点）、期末检查和期末审核。这样只有在令人满意地完成上一个阶段之后，项目才能进行到下一个阶段。

1.20 我们运用课程大纲中指出的各个阶段，概览项目生命周期的关键阶段。除了项目启动阶段和界定阶段，其他阶段都是单独的学习目标，所以我们用第九章和第十章两章的篇幅详细阐述这些阶段。

第二节　项目启动与项目定义

项目选择

2.1 对于要开展哪一个项目，一开始可能就要作出决定，即是否要接受或避免项目风险。

2.2 梅雷迪思等人提出了下列非量化的（定性的）项目选择方法。

- 圣牛：组织中高层的和有势力的领导提出项目建议——其他人除了执行，没有别的选择。
- 运营需要：如果对企业非常关键的系统受到崩溃的威胁，为了挽救企业，不经进一步正式的论证就必须上马项目。
- 竞争需要：组织可能需要采取措施来维持其竞争地位（例如，通过将其 IT 系统现代化或再设计产品）。
- 产品线延伸：新产品开发和分销项目可能会根据它符合公司现有产品线的程度来论证。
- 比较优势模型：通过比较项目带给组织的附加价值，可以对项目进行排序；那些能提供最大价值的项目会被选择实施。

2.3 此外，也可能采用定量的或数量化的项目评估方法，一般是以概率计算为基础，利用投资评估技术完成的，如投资回收期、会计收益率和贴现现金流。梅雷迪思等人也提出了几种项目"评分"方法。

- 未加权因素模型。首先，建立一个有关的评价标准的清单（例如，符合当前运营，或者有可能增加的市场份额）。然后，根据每个项目所满足标准的数目，对每个项目进行评分。这种方法的问题是，无法明确项目满足某一特定标准的程度。

- 未加权因素评分模型修正了这一问题，它明确了每个项目满足特定标准的程度（用 1~5 的范围）。不过仍有一个问题，即这两个方法都无法区分标准的重要性是高还是低。
- 加权因素评分模型另外又给每个标准赋予了权重，反映它对组织的重要性。与符合低权重标准的项目相比，符合高权重标准的项目更容易被选择。

商业论证

2.4 在公共部门中，商业论证（Business Case）的构建与批准是采购审批的一个重要环节。例如，PRINCE2 在项目启动阶段，相当强调项目商业论证。借助于持续有效的商业论证和实现商业论证的结果，使项目得以启动并进展下去（在检查阶段），组织被迫以适当的理由、在适当的时间、专注于做适当的项目。

2.5 商业论证是通过对比项目可辩认的商业收益和在获得这些收益的过程中涉及的可辩认的约束、成本和风险，从而对项目进行论证。商业收益的形式可能包括收入、减少的成本、提高的利润率或资金价值（特别是在公共部门环境下）；提高的生产能力或生产率；提高的效益；提高的股东价值；提高的品牌权益等。

2.6 进行一个商业论证，包括：比较一系列可实现项目目标的商业方案（如伙伴关系或外包），并且提出优先的方案供执行委员会审批，该委员会的作用是保证在项目生命周期各个环节可以交付商业论证的结果（商业论证包含目标成本和收益、可接受的偏差,在项目生命周期的关键决策点上我们还要对这些情况进行详细检查)。

2.7 一个全面的商业论证可能要求利用财务和经济建模技术(如回收期、会计收益率和折现现金流量)进行详细的项目成本—收益分析和投资评估。

2.8 进行商业论证是一项耗费时间和成本的工作,因此之前可能先做一个项目可行性研究,用大致的成本和收益数字,分析高层的目标和可能的方案。我们可以利用可行性研究来评估最初的项目建议,看其是否值得我们进一步作一个全面的商业论证。

2.9 值得一提的是,项目有可能 "在技术上是成功的"(在项目可交付成果方面,它符合规格),却"在商业上是失败的"(它没能实现商业论证中提到的更广泛的贡献)。

- 一个建筑项目可能按预算、进度和规格完成了,但仍有可能没有达到计划的商业收益(例如,从一个建设—运营合同中获得持续的未来收入,提高股东价值,获得信誉资本,学习和能力发展,伙伴关系的发展等)。
- 在开发并上市一个新产品的项目中,如果没有达到计划的财务收益和商业收益(产品采用、收入、投资回报、利润率、市场份额、品牌发展),那么所获得的技术上的成功很有可能是商业上的失败。

项目定义和规格

2.10 项目都需要一个清晰的、不含糊的陈述,它包括三方面的内容。

- 项目目标:项目努力达到的最终结果,它是项目团队的关注中心。合理的目标将是清晰的、可测量的和可量化的。这也容易做到,我们可以将项目目标分解为更小的、阶段化的几个小目标,这些小目标最后汇聚成项目的总体目标。常见的目标是成本、时间和质量。

- 项目范围：项目管理所覆盖的确切范围和责任。项目范围有助于我们确定工作内容和结果：哪些工作包含在内，哪些没有包含在内。在项目生命周期中，必须严格遵守项目的议定范围。项目范围也有助于我们明确项目的参与者、时间范围（包括开始和结束日期）、涉及的各方的经济责任和法律责任以及要配置的资源。
- 项目战略：项目管理角色如何确保这些目标的实现。战略使我们对项目有一个全局观，并且使我们得以划分项目阶段，并在此基础上确定里程碑。

2.11 项目规格（Project Specification）是项目定义的一种形式。通常情况下，我们需要就草拟的规格与和项目有关的所有人澄清（从起草人、员工到最终客户），以确保大家达成共识。该过程的结果应该是有关"到什么时间需要什么"的书面定义，并且要得到所有参与人员的一致同意。

2.12 我们在项目的基础阶段寻找问题、解决问题，因此形成规格的工作可以被视为质量保证的第一个阶段（风险管理中的一项关键活动）。

编制项目启动文档

2.13 不同的学术权威对项目启动程序和文档的描述也是不一样的。文献中常常引用的一个模型是项目概要和项目启动文档的交换。
- 客户会起草项目概要（Project Brief）或职责范围（Terms of Reference），明确它所要求的可交付成果。
- 项目组织会提交项目启动文档（PID）或规格进行回复。

2.14 PID 应包括以下要素。
- 项目愿景、目的和目标。
- 项目的商业论证。

- 判断是否达到目标的关键成功因素。
- 项目范围的详细情况(如组织、职能领域、时间表等)。
- 风险评估。
- 项目团队中的角色和责任。
- 项目控制机制。
- 汇报方法和程序。
- 计划的里程碑清单。
- 项目预算。

第三节 项 目 计 划

项目管理计划

3.1　项目管理计划是一份体现项目的文档。它是在项目的整体规划、监督和执行中最重要的文件,应该由项目经理及其团队负责完成。

3.2　梅雷迪思等人列出了项目计划的要素,如表 8-3 所示。

表 8-3　项目计划的要素

要素	描述
概要	项目目标和范围的简短摘要(如上所述)
目标	对技术和利润目标更为详细的说明
一般方法	说明工作的管理方法和技术方法
合同内容	列出所有报告要求、客户提供的资源、联络安排、检查和取消程序等
进度计划	列出所有任务以及带有估算日期的里程碑
资源	预算和成本监督与控制程序
人事	项目所需的技能与专长
风险管理计划	明确潜在的威胁、计划的应对措施和风险责任人,指定使用项目风险登记簿
评估方法	应该在项目开始阶段建立标准,对照该标准可以评判项目最终的成败

详细的项目规划

3.3 根据上述项目管理的整体性计划，可以制订更为详细的项目计划。例如，PRINCE2 计划层次包括项目计划、阶段计划（针对项目的每个阶段）、详细计划（如果需要对阶段中任何一个环节作出更为详细的计划）以及个人工作计划（指导每个项目团队成员的活动）。

3.4 梅勒认为有必要制订综合以下四方面内容的整体计划。
- 时间（进度安排）——包括使用关键路径网络和甘特图。
- 成本——包括成本估算和预算。
- 质量管理。
- 风险和应急措施。

将资源计划（将人力、物力及其他资源与计划的工作量相匹配）和沟通计划（涉及多个利益相关者，他们具有各不相同的信息需求）结合起来也是有必要的。

3.5 大多数项目太过复杂，如果不分解到可管理的大小，就无法有效地计划。"工作分解结构"（WBS）是项目计划的关键组成部分。首先将项目逐渐分解为分离的工作包，然后可以对工作包进行分配、监督与有效的管理。

3.6 人们一般利用一系列项目计划技术来确定项目活动执行的顺序，反映哪些活动可以并行地完成（在同一时间），哪些活动可以顺序地完成（一个接着一个地），以及哪些活动的开始依赖于紧前活动的完成。我们用这种分析来绘制前导图，如果估算出每项活动的可能工时（Duration），则可以从中看出关键活动（Critical Activities）：即其他活动所依赖的活动，在进度计划中没有"时差"（Slack Time）的活动。关键活动推迟开始或推迟完成，将造成关键阶段截止期限或项目整体完成日期的延迟。

3.7 我们将在第九章，与甘特图及其他项目计划工具一起讨论关键路径分析。

成本估算

3.8 确保每个阶段和每项活动都有足够可利用的资源，这是至关重要的。在适当的时间缺乏可利用的资源（财务的、物质的、信息的和人力的），可能会使项目脱离轨道。成本估算和有关的风险管理工作要求我们准备详细的预算并提前获得高级管理层的批准。

3.9 预算既是一种计划工具，也是一种控制方法。随着项目的进行，持续或定期地对比预算成本和实际成本，就是作为控制方法的运用。当与计划之间的偏差显著的时候，就可以采取纠正措施。通过察看偏差的模式，我们就有可能提前发现是否存在值得注意的超支现象。有时人们说项目管理的首要目标就是避免意外。做好预算，则可以帮助我们实现这一目标。

第四节　项目的组织和实施

项目治理和沟通机制

4.1 建立机制与结构的目的是确保：

- 项目委员会或指导委员会代表了高级管理层（对组织的商业利益负责）、用户（常常对规格负责）、主要承包商和/或技术专家（对项目的执行负责）。
- 已经为所有任务、可交付成果和风险分配了明确的职责与责任。
- 经由项目经理，自下而上地向项目的客户或者项目委员会/指导委员会定期汇报进展和例外情况，以便进行例外管理。

- 使进展、资源和风险等信息在客户和承包商及所有项目参与者之间，自由地、有效地流动，以便对活动进行协调和维持风险的可视性。
- 在关键点，对所有活动进行监督与评价。项目计划通常包含了里程碑（关键阶段目标）和门（测量点，在这些点对照接受的标准，决定各阶段工作是"通过"或"失败"）。
- 针对关键的开支、与计划或合同的偏差、是否进入下一个项目阶段等事宜，获得适当的授权与批准。

项目结构

4.2 项目在组织中的组织方式有三种基本方式。

- 职能结构：项目是在职能部门内部发起的（例如，采购职能部门中的供应商评价项目），与职能的日常工作并排进行着。这种结构可以使项目利用可获得的专长和资源，并且在个人离开项目团队的时候也可以保持项目的连续性。不过，这种结构也存在一种风险：比起所在职能部门的日常工作，项目（及其内部客户）的优先级可能更低一些，而且还不太可能从跨职能利益相关者那里获得输入。
- 矩阵结构：项目团队成员是从不同的职能部门调来的，既向其部门经理报告（就部门中的日常工作），也向其项目经理报告（就专属于项目的工作）。对于在维持日常运营基础上承担项目的组织来说，这是一个优先考虑的方法。该方法可以促进跨职能合作，同时实现可获得资源的最优化利用。
- 纯项目结构：为了项目工作，对整个组织进行长期性地安排，推进水平的商业过程，软化（或消除）职能部门之间的边界。项目经理对参与人员具有完全的直线权力。这样一种结构保证了项目管理职责和权力，增加了项目能见度，提高了项目管理成熟度（通过项目管理的连续性）。

确定人员需求

4.3 很明显,选拔具有适当专长、经验和人际技能的项目经理是确保项目成功的关键要素。

4.4 项目团队一般是短期建立的跨职能团队,有权在项目规格和有限的职责范围之内采取行动。系统地识别关键项目任务所需的技能并且为在适当的时间获取、配置所需的技能作出安排,是一项重要的工作。它包括将现有人员临时调派到项目团队,或者通过招聘、外部咨询公司、合同承包或外包等方法获取外部专长。

运营和供应问题

4.5 个别项目和个别项目类型会面临他们自己的运营问题,如质量、健康与安全、供应和物流等。为了减轻风险,我们需要对这些问题进行有效的管理。在每个阶段,都存在各种各样的问题。例如,管理和领导,时间、成本、质量和变更的控制,问题解决和应急处理。

4.6 在大型建筑项目的情况下,一般还会在以下问题上存在高度的风险。

- 信誉:在质量、交付、成本控制、健康与安全等方面具有不良的信誉。
- 环境可持续性和影响(例如,能源与水利用、废弃物产生等),以及须为国家可持续性目标出力的压力,尤其是公共部门发起的建设的项目。
- 为了保证自己投标的竞争力,由于与分包商和供应商之间形成的根深蒂固的竞争关系,和承包商单方面强迫供应商降价的趋势,造成对抗性的供应链氛围和分崩离析的供应链。这给一体化的项目团队合作(可以促进更加创新的、可持续的、可建设的、以客户为中心的解决方案)和更为一体化的供应链("联合思维")带来了压力,这样学习与发展就可以从一个项目转移到另一个项目了。

- 外包、分包和临时工的使用，引起一系列问题，如健康与安全（没有持续培训的机会）、能力发展（没有连续性）和可持续性（没有机会保证"认可"）等。这也可能是一个采购问题，需要我们深入供应链去监督和加强道德和安全标准。
- 建设场所常常远离采购单元，组织经常需要将供应品从一个场所或建设项目转移到另一个场所或项目，从而造成物流上的复杂性。
- 建设场所可能缺乏存储设施，从而造成相应的安全问题，如偷窃、盗窃、破坏公物和损害等，迫使组织进行准时化供应进度安排。
- 建筑师、现场工程师或项目经理有权对材料和服务供应作出安排，需要加强与项目采购官员（或者承包商的采购单元）的沟通、联络与协调。
- 社区和间接利益相关者问题（例如，关于噪声、堵车、环境影响、工人的进进出出等）。

第五节　测量、监督、控制和改进

5.1　项目监督（Project Monitoring）意味着组织必须对项目的进展进行持续地测量，并与里程碑、目标和其他质量、时间和成本指标进行对比。例如，验收拒收率、成本与预算的偏差、活动没有按时开始等。项目经理必须确保组织已建立了健全的监督基础结构和机制，并且保证能收集并发出迅速而准确的反馈。监督是确保资源在需要时得到有效、谨慎地再分配的唯一途径。

5.2　项目控制（Project Control）是确保项目按计划进行的管理接口。"控制"意味着针对监督中所收集的信息采取适当的措施；适当的项目控制可以确保项目计划中详述的各标准已经达到，并且在没有达到的情况下启动补救措施。

5.3 很明显，这是项目风险管理的一个极其重要的领域，尤其是有关项目偏差（成本、进度和质量等方面的）和项目失败的风险。梅雷迪思等人认为，控制系统的两个基本目标是通过改变活动来调整结果，以及管理组织的资产。

5.4 项目控制包含两个关键要素。

- 里程碑：关于"到什么时间，需要完成哪些工作"的清晰的、不含糊的目标。一个里程碑包括：对可交付成果或其他绩效指标的清晰定义；应该完成里程碑的计划目标日期（为了确定时间偏差）；在完成里程碑时点的预算目标开支（为了确定成本偏差）；反映里程碑相互依赖关系的时序项目计划或关键路径网络图（为了对应急计划和"赶工"的活动，识别风险和优先活动）；在里程碑时点，可接受的质量、时间或成本偏差（如果偏差落在预定的公差范围之外，则触发例外报告）。

- 关于是否达到里程碑的反馈收集、汇报和沟通机制。

5.5 里程碑是"表示一个重要可交付成果或一套关联的可交付成果完成的预定事件"，特别用作检查和确证进展的"检查点"和采取纠正措施的"决策点"。对于项目经理来说，里程碑是监督进展的关键机制。对于那些参与项目的人来说，里程碑代表着有形的和有激励性的短期目标。里程碑定义和管理为风险管理提供了审核检查点：

- 按计划测量项目进展的检查点。
- 辨认需要升级并解决的关键问题和风险的检查点。
- 根据当前的风险状态，批准后续阶段的决策点。

5.6 项目报告系统旨在满足所有利益相关者的需要，包括客户、高级经理和低层次的项目人员的需要。应该小心谨慎地编制报告，以便针对预期读者确定报告的详略程度。报告中也应跟工作分解结构连接起来,这样报告就对按特定进度计划执行的特定任务的控制有重大意义。报告的生成时间一般应与项目里程碑的时机相一致。

第六节 项目收尾

6.1 项目管理最后的阶段基本上是由两部分组成的。
- 项目完成:结束工作,完成归档,关闭系统,移交可交付成果。
- 评审(Review):明确当前的需要(如项目不足之处的补救措施),捕捉可用于未来项目的知识,提高项目管理能力与成熟度。

项目完成

6.2 项目完成阶段可能包含如下活动。
- 结束工作,完成未尽事宜,经常有时间或资源压力。主要精力必须放到承包商绩效管理、新系统测试、用户培训等活动上。
- 完成归档:例如为了质量或可持续性认证,或者作为项目可交付成果的一部分,向客户和用户提供操作文件或政策指导手册。对所有合同、信件往来、预算控制和核算记录及其他文件,都必须谨慎地归档,以便之后撰写报告之用,并且以防出现日后的争端。
- 一旦项目系统的任务完成(例如,所有成本都已发布),就必须关闭这些系统(例如,控制和核算的系统)。对项目和合同管理结构,也可能要解散。
- 当按合同为客户管理项目的时候,需要将项目可交付成果正式移交给客户。客户必须正式认可合同已经完成,并且对可能进一步的措施(例如，设施或系统运营和维护）承担责任：这可能是以一次正式的项目收尾会议的形式实现的。根据项目的不同，为了管理学习曲线、初期问题和其他风险，移交可能会是一个系统化的、风险受控的过程，采用逐渐过渡、分阶段执行、平行运转等方式。

项目评审

6.3 项目评审（Project Review）是一个关键的过程。由于项目的独特性和临时性，长期内项目绩效的持续改进是件困难的事情，尤其是当组织只是偶尔承担项目的时候。在项目完成过程中形成的技能和知识可能会在项目完成之后，随着项目团队的解散而烟消云散，除非付出系统的努力来捕捉和记录知识。哪些工作开展得比较好？哪些工作开展得不好？哪些模板流程和文件可以继续使用？已经建立了哪些标杆？

6.4 我们还将在本书下面的几章中更加详细地阐述这些内容。

本 章 小 结

- 项目生命周期分阶段模型包括梅勒模型（定义、设计、执行、发展）、韦斯和维索茨基（定义、计划、组织、控制、收尾）和 PRINCE2 模型。
- 关于应该接受哪些项目，要求组织对此作出最初的决定。这类决策应该有全面的商业论证的支持。
- 项目计划应该覆盖进度、成本、质量和风险等关键领域。
- 在管理层级、进展汇报和审批等方面，应该对项目进行正式地结构安排。
- 项目控制中的两个关键要素是明确的里程碑和反馈与汇报机制。
- 项目完成之后的项目评审是未来项目可利用的经验教训的一个重要来源。

 **自测题**
括号内数字为参考答案所在段落。

1. 描述梅勒项目生命周期模型的四个阶段。（表8-1）
2. 列举PRINCE2模型中包含的八个项目过程。（1.8）
3. 运用项目生命周期模型的优点是什么？（1.19）
4. 请阐述定量的项目评估方法（2.3）
5. 项目启动文档的典型内容是什么？（2.14）
6. 列举项目计划的一般要素。（表8-3）
7. 组织中可能的项目结构有哪些？（4.2）
8. 项目管理中里程碑是什么意思？（5.4）
9. 项目完成过程包括哪些活动？（6.2）

第九章

编制项目计划

对应大纲内容

2.3 评估项目计划对管理供应链中风险的贡献
- 计划制订：识别项目活动、估算时间和成本
- 活动排序
- 应用关键路径分析
- 绘制甘特图和基线

引言

本章重点讲述项目生命周期重要的计划阶段，我们在第八章涉及一些。这是常常容易被认为是"项目管理"的一个领域，它关注的是我们需要用到的一些实用的工具和技术，来安排如下事情：需要做哪些事情、何时做、怎么做以及资源要求是什么。

开始，我们简要地强调一下项目计划对风险管理和项目成功的作用和贡献。然后，我们会探讨一些基本项目管理工具的使用，如工作分解、关键路径分析（CPA）和甘特图。尽管教学大纲强调"评估项目计划对风险管理的作用"，但是你应该学会针对考试中的案例情形运用这类工具。

第一节　项目计划的重要性

1.1 项目计划以许多方式对供应链和项目风险的管理提供支持。

- 它迫使那些参与者考虑可能的风险和脆弱性,以及如何才能减轻它们——尤其是当风险管理明显地是项目计划过程的一个环节的时候。

- 它明确了项目的可交付成果、可能的工期和成本,对下列各项决策提供支持:项目是否可行,成本/收益和投资回报上是否值得(避免或接受风险)。

- 它确定了项目各阶段所需的资源,使人们能够制订积极主动的计划,以确保这些资源在需要时是可获得的(将与资源有关的风险降至最小)。

- 它留出了时间来检查报价的成本、质疑商业需要和过细的规格、控制财务和规格风险。

- 它明确了要完成的任务、排序和任务完成的进度,以及任务之间的依赖关系(即一个任务必须在另一个任务开始之前完成)。这使人们能够识别脆弱性,如高峰资源需求、进度计划中的瓶颈和弱点(没有出错的余地)。它也使得人们可以协调工作量和资源,将工作"差距"(无效果的)和"交叠"(无效率的)风险降至最小。

- 它加强了控制流程,如设置阶段和里程碑、责任界定和审批要求。控制——对照计划监督、评价和调整进度——对管理所有领域的风险(特别是时间、成本和质量)来说都是基本的,原因在于它允许对偏差和失误进行纠正,并且触发了纠正措施和应急计划。

- 它提供了阶段末或入口检查,在这一时点,我们可以就新出现的风险和变化,对项目风险和可行性进行重新评估。

- 特别地,它提出了开支预算、质量和输出目标、时间表及截止期限,我们可以对照它们对项目活动和进展情况进行测量（作为识别偏差的一种方式，这些偏差可能代表项目风险）。

- 它提供了工具和输出（如项目计划表、图表和风险登记簿），可以使所有项目参与者和利益相关者看到项目的成功因素、里程碑和风险。
- 它支持例外管理（根据与商定的计划偏离的程度，升级问题），让高级管理层对风险管理的监督更加可行和有效。
- 它允许人们在对流程和可交付成果编制计划的过程中，考虑到项目利益相关者的需要、观点和利益——并且允许建立一定的机制，来处理利益相关者沟通和冲突。

第二节　活动的计划与排序

活动识别

2.1 在项目开始的时候，识别并"捕获"所有为了完成任务而需要做的活动是重要的一件事情。以一种井然有序的方式确定和组织这些活动的一个工具是工作分解结构（WBS）。这一文件可以采取不同的形式，但它的主要目的是将要完成的任务列成清单，通常还为每项任务分配责任。WBS 可以将工作"分解"为几个级别，第一个级别从主要项目阶段开始，然后逐渐地分解为主要的活动、子活动——最终分解为分立的、可以分配给个人或团队的任务或"工作包"。

2.2 梅雷迪思等人举了一个如何分解产品开发项目的例子，如图 9-1 所示。

2.3 按活动（见图 9-1）分解并非唯一可能的 WBS 组织方法。

- 梅勒提出，另一个可能的方法是按职能领域来划分：图表顶层代表涉及的不同职能（如财务、制造、IT 等）。

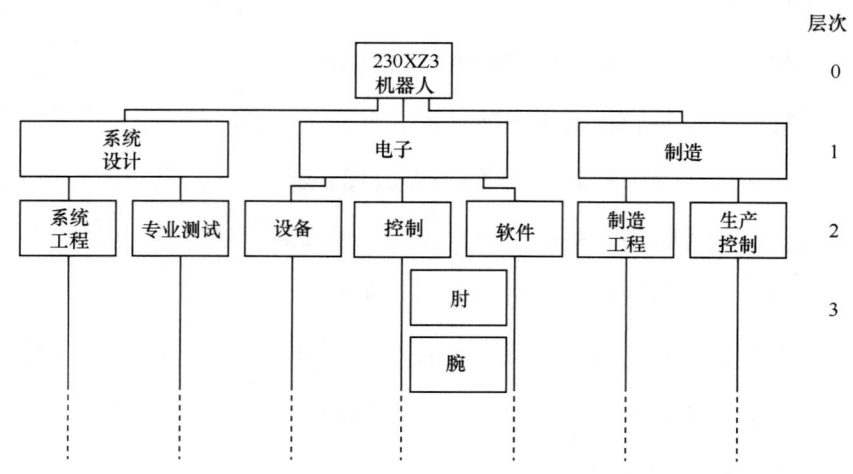

图 9-1 工作分解结构

- PRINCE2 方法用的是产品分解（Product Breakdown）方法：将管理层的注意力导向要实现的是什么（输出），而不是如何完成它。在大型项目中，所涉及的流程和活动比起想要的结果来说可能最初不那么清晰，所以这一方法就会有所帮助。PRINCE2 将项目产品分为三个组，即技术产品（提供给用户的可交付成果）、质量产品（要达到的质量标准）和管理产品（项目管理结构、计划文件、报告等）。

2.4 梅雷迪思等人提出以下使用 WBS 的六阶段方法。

- 利用来自项目行动计划的信息，以逐渐细化的详细程度，列出任务分解，并推出可有效管理的分立的"工作包"。
- 针对每个工作包，列出负责完成的人员和/或组织。
- 与负责人一起检查这个 WBS，确保准确性和可接受性。
- 计算每项活动的成本（下面将进一步讨论）。
- 将信息汇总为项目主进度计划。
- 在执行项目的过程中，不断按照 WBS 检查资源使用和进度。

活动排序

2.5 一旦识别出项目中的所有活动，就应该对它们进行分析，并确立完成的先后顺序，这取决于多种因素。

- 活动之间的依赖关系（Dependencies）：有些活动必须在其他活动开始之前完成，它们提供了下一个活动所需要的输入。确定项目活动之间的依赖关系是项目计划的一个重要内容，它是活动排序中的主要约束因素。
- 活动之间的相互关系（Interactions）：有些活动与其他活动有联系（尽管不一定是依赖性的关系）。例如，两个活动共享有限的资源。需要同一个专家或同种设备的两个活动不可能同时进行，我们必须确定这两个活动之间的优先顺序（根据重要性、紧急性或依赖关系）。
- 活动的资源要求：如果资源（包括人力资源和机器时间）是可利用的，那么有些活动是可以并行进行的——而如果资源需要从一项活动转移到另一项活动，则要连续地完成（一个完成后再开始另一个）。
- 活动的工时或定时，它会影响：活动依序执行的程度（例如，当另一个工时为 6 天的活动正在进行中时，你可以完成两个工时为 3 天的活动）；能让你算出最短项目工期的活动排序；决定项目总工期的活动顺序（并因此决定项目完成目标）。当我们介绍关键路径分析和甘特图的时候，这就变得很易于理解了。

2.6 活动顺序可以用简单的前导图或流程图绘制出来。这看起来可能很像关键路径网络"骨架"，像本章图 9-3 所示的那样简单地描绘从一项活动流向另一项活动。

活动时间估算

2.7 为了制订进度计划，必须对每项活动的工时或定时进行估算。尤其是对于独特的项目活动，这很明显是一项不精确的科学，但是我们可以从过去相同的或类似的活动经历、过去归档的进度计划、计划编制者的专家意见、熟练工人的意见等方面获得进度计划的估算值。"思维工具"网站（www.mindtools.com）提出的下列技术可以用来准确地估算时间，如表9-1所示。

表9-1 估算时间的技术

自下而上的估算	将大块的任务分解为精细的任务，然后估算完成每项精细任务所需的时间，并且把这些任务工时加总在一起，得到项目整体的工期。由于这种估算法更易于估计各单个任务，所以估算应当比较准确
自上而下的估算	利用过去的项目、以前的经历或专家意见作为指导，对整个项目的预期工期作出一个总的概览。将自上而下的估算值与自下而上的估算值对比，可以有助于我们进行"现实性检查"
比较估算	利用其他项目中（或者在日常运营工作中）完成类似任务所需的时间来估计任务工时
参数估计	估计一个可交付成果需要的时间（如交付一页网页的时间），然后乘以可交付成果数量（如要交付的总网页量）
三点估计	为了将不确定性和意外情况考虑在内，作出最好的、最坏的和最可能的估计。该方法比较费时，但可以使项目经理建立更合理的预期，并且在结果估计中考虑风险因素

项目成本估算

2.8 控制成本的首要原则是提前估算成本预计是多少、将估算值与实际结果对比并且调查任何显著的差异或偏差。这就是预算控制过程。

2.9 你应该熟悉根据历史数据、当前运营数据、专家意见（包括承包商和供应商的报价）和成本研究等做的基本成本估算技术。

- 我们可以利用各种统计技术（包括简单移动平均、加权平均、时间序列分析、回归分析和运用公布的指数），从历史成本数据外推，预测未来的项目投入成本，如材料和人工。
- 我们可以利用活动进度成本计算方法，通过估算每项活动的成本，形成项目成本估算值。计划制订者需要估算需要哪些资源、需要的数量是多少以及单位成本是多少。当然，这些估算也会有不确定性，但是有些项要比其他项更为不确定。梅雷迪思等人对比了建造砖墙（其中，有经验的建设者能够非常准确地计算出所需的砖的数量）和编写软件模块（要想提前估算出编程所需的小时数是非常困难的）两种工作。

- 在建设项目中，可以将数量清单（BOQ）当做成本估算的基础。建筑供应品的规格常常采取"数量清单"的形式：一个由数量测量员根据建筑师或工程师准备的图样和规格形成的一份文件。BOQ 指明了所涉及工作的详细要求和数量，作为"可收费项"：投标人可以据此报出单位价格——这样汇总一览表就提供了合同的投标价格。这就避免了投标中数额巨大的"应急"费用，而且有助于对日后设计变更造成的价格变化进行计算。

- 从客户的观点来看，项目总成本可能也是由项目承包商的估算、合同定价协议的谈判和/或在某一价位借助竞争投标的合同授予等环节决定的。例如，项目合同谈判的基础可以是总包价格、目标成本计算、风险/报酬定价或成本补偿合同（如第七章中所述）。

2.10 所有成本估算从其性质上来看，都存在不准确和变更的问题。为了有效地管理财务风险，所有估算值都应该包含一些预期准确度的说明（如+/-范围）。过去估算中也许出现过估算过多或过少的失误，也可能接触过尽可能详细、明确和准确的规格信息，这些经历都可以帮助我们提高估算的准确度。

2.11 制定项目预算有两种主要方法，即"自上而下"预算和"自下而上"预算。

2.12 在自上而下的预算（Top-down Budgeting）方法中，高级经理会根据他们的判断和过去类似项目的经验，对项目总成本进行估算。他们会通过估算构成整个项目的主要子项目的成本，来扩展他们的分析。然后，他们将估算值分配到较低层级的经理手中，由其继续对成本进行分解，对项目计划中明确的每项活动都分配一定的数额。

- 这种方法的优点在于，以许多项目经理的经验，整个项目预算可能会相当准确。例如，建筑行业中许多项目经理感觉有能力根据他们的经验，即由每平方英尺×英镑得出总成本，从而相当好地预测建造办公楼的成本是多少。

- 这种方法的缺点在于，在更详细的层次上，存在着相当严重的不准确性。另外，这种方法会引起低层经理之间激烈的竞争，他们会争夺自己在预定预算中的份额。经验表明，低层经理常常会认为他们得到的数量不足以完成所要求的可交付成果。

2.13 自下而上的预算（Bottom-up Budgeting）方法则反其道而行之。一旦项目已经做了详细的计划，而且所有项目活动是已知的情况下，则可以要求负责每项任务的人员来估算有关的资源需求。然后，将这些资源需求转化为货币等价物。在此过程中，有关经理之间可能也会有协商或分歧。为了确保估算的准确性，项目经理可能也会参与这一过程。项目经理可能也会增加一项间接成本估算，它不专门针对某种特定的风险，也许还会增加一项应急准备金用以应对意外的发展。将所有这些数额累加起来，就得到总预算。

- 这一方法的优点在于，对单独的活动进行成本计算，提高了准确性。还有一个行为上的优点，即参与制定自己负责的活动的预算会使经理们对活动的完成付出更大的承诺。相反，没有参与该过程，却被强加预算于身上的经理们则会心存不满并影响士气。

- 这种方法的缺点在于，确保所有单独的活动都已包括在内非常关键，而且这是一项困难的任务。另一个缺点是，低层级的经理倾向于认为所有提议的预算都会被削减，所以会夸大自己的资源需求。

2.14 梅雷迪思等人相信，自上而下预算法在实践中用得比自下而上预算法更为普遍。"高级经理觉得自下而上的过程比较冒险。他们不会特别相信有野心的下级，因为这些人会夸大资源需求，试图保证自己工作的成功，并且获得绝对支配权。可以理解，他们不愿意将（关键项目控制工具）移交给经验和动机还成问题的下级手中。"

第三节 关键路径分析和项目计划评审技术

网络分析

3.1 项目往往是由在进度上彼此互相联系的大量独立活动组成的。例如，在活动 A 和活动 B 完成之后，才可以开始活动 C。网络分析是指分析活动之间关系并用图表形式呈现出来的过程。为了绘制网络图，有必要估算每项活动的工时。

3.2 现在，网络图的创建总是涉及计算机的使用。项目计划的编制人员可以将活动相关数据录入计算机（例如，活动 C 的工时，以及它只能在活动 A 和活动 B 完成之后开始）。然后，计算机程序会绘制前导图，同时产生各种对计划编制者有用的管理信息条目。例如，软件可以计算：

- 哪些活动在关键路径（Critical Path）上，即自己的任何延迟会导致项目整体完成工期延迟的活动。
- 哪些活动具有"浮动时间"（比起可利用的时间，实际用时更少的活动），这些活动有多少浮动时间或"时差"。
- 特定活动超支或超时的概率，项目整体超支或超时的概率。

3.3 利用网络分析来识别关键路径的做法被称为关键路径分析（CPA）或者关键路径法（CPM）。

3.4 使用网络分析的主要优点包括：

- 进一步强调了需要考虑清楚项目活动及其依赖关系、估算工时。
- 对"关键活动"的重点关注，即那些没有"时差"的活动。如果关键活动延迟了，项目就会延迟。为了对资源分配进行优先级排序以便避免关键活动上的成本超支以及非关键活动上的资源浪费，需要我们识别哪些活动属于关键活动。通过将额外的资源分配到关键活动，使它们更加迅速地完成，从而缩短整个项目的进度，这也是有可能做到的。再者，如果活动已经有"浮动时间"或者时差，那么这样做就是浪费精力和成本。
- 网络分析清晰地展示了整个项目过程中的所有关键活动的依赖关系，因此可以使项目经理保持对项目进展的持续检查。

绘制网络图

3.5 在绘制网络图时，可以使用不同的记号。我们图示了箭线图，其中每项活动是用连接两个圆圈（常常被称为节点）的一根直线（或者箭线）来表示的，活动工时写在活动箭线下面，如图 9-2 所示。

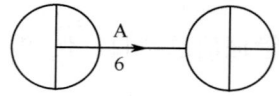

图 9-2 基本的"箭线图"

3.6 在我们的例子中，活动 A 具有 6 个单位的工时（天、小时、周或者无论什么单位）。表示活动 A 的开始与结束的节点被分为三个部分，其中的原因我们以后再解释。

3.7 理解网络图绘制的最好办法就是做练习题。甲项目由 9 项活动组成，我们命名为 A、B、C、D、E、F、G、H、J。表 9-2 反映了哪些前导活动（Preceding

Activities）必须在下一项活动开始之前完成，以及每项活动的估算工时。

表 9-2 甲项目的活动顺序及工时

活　动	前　导　活　动	工时（天）
A	—	3
B	—	3
C	—	7
D	A	1
E	D, I	2
F	B	2
G	C	1
H	E, F, G	1
I	B	1

3.8　这种信息可以用一个梗概网络来反映，如图9-3所示。

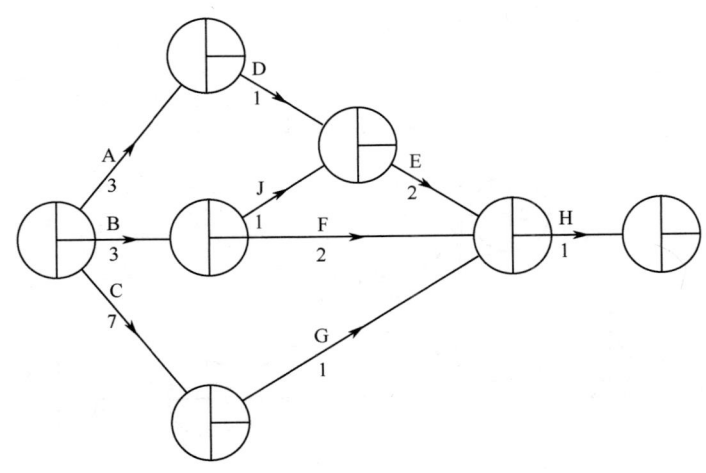

图 9-3　梗概网络

3.9　接下来，我们给节点编号，从最左侧的1号开始，往右移动，如图9-4所示。

3.10　现在，我们接着在网络图上从左往右完成下一步，添加活动工时，来计算每项活动的最早开始时间（EST），并将它画在每个节点象限的右上角。一项活动只有在其所有前导活动都完成的情况下才可以开始。如果没有前导活动（如对于例子中的活动 A、活动 B 和活动 C），则 EST 按照惯例可以被称为 0 天（即立即）。如果有前导活动，我们就必须加上完成这些活动所需的时间。图 9-5 中已经标上了 EST 数据，确保读者理解我们的数据的来龙去脉。

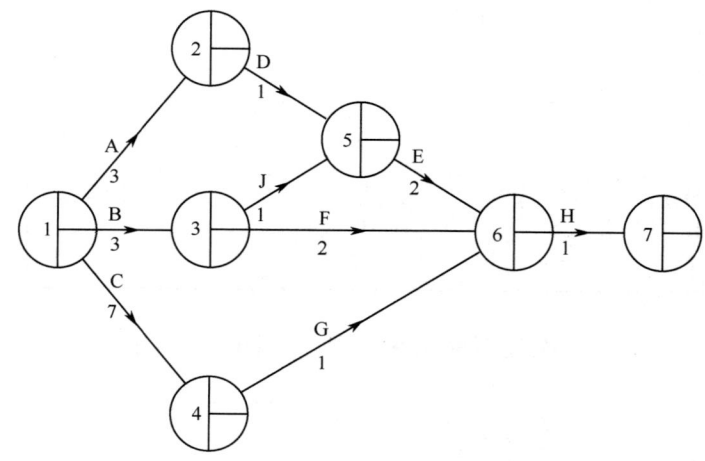

图 9-4　给节点编号

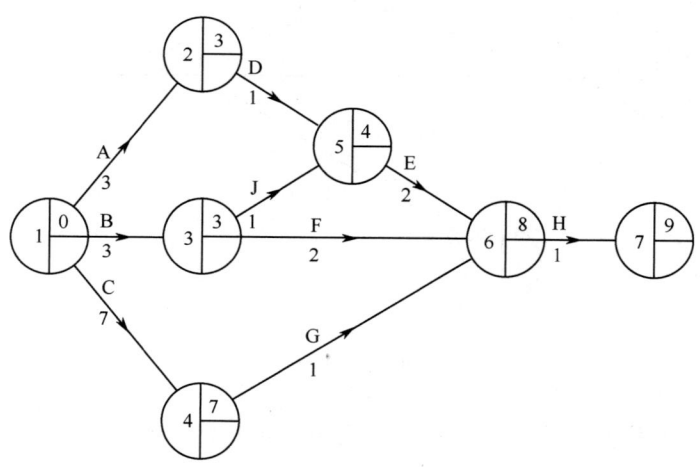

图 9-5　最早开始时间

3.11　记住，如果有多于一项活动进入一个节点，则要录入最长的累积时间，原因在于所有在该节点就已经完成的活动必须在后续活动开始之前完成。例如，6 号节点的 EST 是 8 天：尽管它经由 5 号节点到达 6 号节点仅花费了 6 天时间，经由 4 号节点的路线则花费了 8 天时间，这意味着活动 H 在第 8 天之后才有可能开始。

3.12 现在，我们在网络图上再倒回去（即从右到左），减去活动工时，计算每项活动的最晚完成时间（LFT），并标在每个节点象限的右下角中。LFT 是指进度在按目标进行的情况下，结束于一个节点的所有活动必须都完成的时间。如图 9-6 所示。

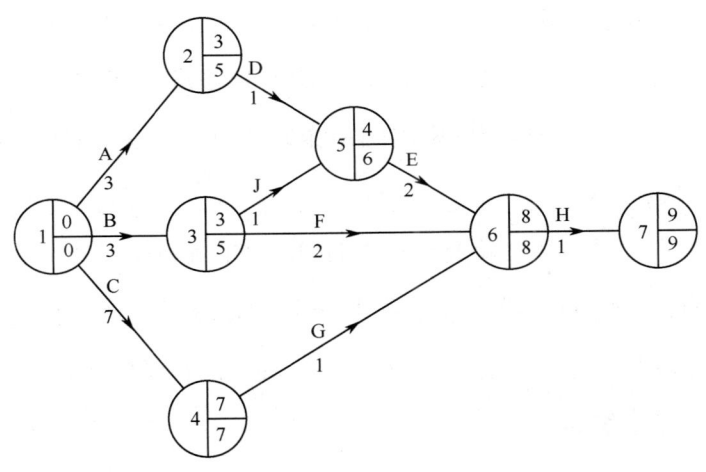

图 9-6 最晚完成时间

3.13 如果多于 1 个活动/箭线从一个节点出来，如 3 号节点，我们就需要非常小心谨慎了。从 3 号节点到 6 号节点需要 2 天时间，所以，看起来好像是 3 号节点的 LFT 是 6 天，留给活动 F 的时间是要到第 8 天之前完成。但是，那会没有时间完成最长路径 E—J。为了给活动 E 和活动 J 留出 3 天时间，3 号节点的 LFT 必须是 5 天。

网络图分析

3.14 一旦绘制出网络图，我们就可以从中推导出有用的信息了。

- 很明显，项目完成要花费 9 天的时间（假设没有延迟）。
- 通过比较每个节点的 EST 和 LFT，可以看出每个活动的"浮动时间"或时差是多少。例如，在 2 号节点，有 2 天的浮动时间。换句话说，尽管我们希望活动 A 花费 3 天时间，但是它即使用 5 天时间也不会破坏整个进度计划。
- 当 EST 和 LFT 相同的时候，就没有浮动时间。活动的任何延迟都会造成整个项目的延迟，那么这种节点就处于关键路径上。在我们所举的例子中，关键路径从 1 号节点开始，经由 4 号节点和 6 号节点，到达 8 号节点，活动 C、活动 G 和活动 H 是取得 9 天项目工期的关键。

3.15 这个简单的例子足以反映网络图是如何绘制的，以及如何分析网络图揭示的信息。

- 要识别关键路径，就要寻找 EST 和 LFT 相同的节点。在这些活动上没有浮动时间（或者时差），因此这些活动发生的任何延迟都会造成整个项目的延迟。记住，按照定义，关键路径是完成项目的最长路径，而不是最短路径。
- 如果 EST 和 LFT 不同，则在前导活动中存在浮动时间。浮动时间（Float）是指在不影响整个项目工期的情况下，一项非关键任务可以延迟的时间量（按照定义，所有关键路径活动都具有 0 浮动时间）。

活动赶工

3.16 有时，从网络图中会看出项目花费的时间过长。那么，我们需要考虑如何"压缩"活动，即通过提供额外的资源来缩短他们的工时。程序如下所述。

- 识别可以"压缩"的活动。

- 对于每项活动，计算相应的成本。
- 估算活动在增加资源情况下的工时。
- 确定修订后的完成日期和成本。
- 重新计算关键路径和成本。
- 比较各种方案，确定最有效的解决方案。

3.17 通过压缩活动来缩短项目工期有许多方案，例如从其他任务上调配人员，从供应商分包资源，批准加班工作，增加倒班，雇佣或租赁额外的设备。我们将在第十章进一步讨论这些内容。

项目计划评审技术

3.18 在讨论关键路径分析的时候，我们假定每项活动所需的时间是已知的。实际上，这些时间很明显都具有一定的不确定性。这就给项目经理带来了问题，利用统计分析技术，在某种程度上可以解决这一问题。目标是要在可能的范围之内，确定每项活动的实际时间可能是多少。

3.19 项目计划评审技术（PERT）是利用概率理论来处理网络分析活动工时估算中的不确定性的方法。这种技术并不是去估算每项活动的一个确定的工时，这么做很易于出错，相反，计划编制者会界定乐观工时（a）、悲观工时（b）和最可能工时（m）。利用这三个工时，就可以计算均值（μ）和标准差（σ），其计算公式为

$$\mu = \frac{4m + b + a}{\sigma}$$

$$\sigma = \frac{\sigma + a}{\sigma}$$

3.20 利用这些计算，我们可以扩展 CPA 的用途，来适应活动工时估算中内在的不确定性。例如，当一项关键路径上的活动超出了为其分配的工时，

并因此危及整个项目按时完成的时候，我们可以计算它的概率是多少。这种计算当然也是靠计算机软件来完成的。考试中，考生只需要注意到潜在的原则即可。

时间进度安排问题

3.21 无数案例表明，项目经常会拖延进度。梅勒分析了进度偏差的各种原因，如下所述。

- 活动工时估算包含着不确定性。
- 一项指定的活动常常至少会用完所分配的时间。这是帕金森定律的一个例子："工作会膨胀，直到填满可利用的所有时间。"
- "一个环节上的延迟会全部转移到下一个环节，而一个环节上节省的时间则常常会被浪费掉（高德拉特）。"这是由于人们倾向于推迟行动，直到他们预期开始的那个时间，而不是抓紧时间尽早开始。
- 大多数人都同时执行多项任务，这样就增加了他们所承担的所有活动的前置时间（由于时间在从一项任务切换到另一项任务的时候浪费掉了，如果再开始一项中断的工作时还需要热身）。
- 人们会在其进度安排估算中增加安全边际（或者"保护垫"），故意夸大完成一项活动所需的时间估算，以便将超时的风险降至最低（"仅仅是为了更保险一些"）。但是，"安全"的感觉实际上无法推动项目团队努力达到紧迫的截止期限：他们相信自己仍有时间，从而倾向于延迟开始，却忽视了他们最初为意外事故可能性留出的时间。

关键链项目管理

3.22 关键链项目管理（CCPM）是一种现代方法，试图解决传统项目工具所引起的时间进度安排问题。它本质上是一种不同的时间估算方法。
- 固守计划的活动顺序并不重要。"时间计划建立了前导关系，但我们只能从全局的角度来对待它。项目管理的本质是要反映实际动态情况，并且在变化发生的时候应对变化。"（梅勒）
- 时间估算不包括保护垫。这就要求对项目计划编制者进行教育，并且需要他们的认同。它也要求我们认识到，许多时间是低估的：经理应提前明确提出，他们期望的是50%的活动超时，同时也有50%的活动是提前完成的。
- 当时间成为项目的关键的时候，传统的管理方法会利用"压缩"活动"浮动时间"（时差）的方法。相反，CCPM则利用"缓冲时间"（Buffer）：用于项目进度计划的确定的时间量，以保护承诺的预定日期不发生偏离。"汇入缓冲"（Feeding Buffer）可以在它们汇入关键任务的时候保护非关键任务，增加关键任务按时开始的概率。"能力缓冲"（Capacity Buffer）则用于多项目环境中，保护项目免受资源（其他项目也使用这些资源）变化的影响。"资源缓冲"（Resource Buffer）则保护项目免受关键资源在使用时却短缺的可能性的影响。

第四节　甘特图和基线

甘特图

4.1　享利·甘特（1861—1919）是科学管理的一位先驱。科学管理是一种生产管理方法，强调将任务分解为子任务并测量它们资源使用量的重要性。他用自己的名字命名了测量项目活动随时间的进展情况的图表类型。常见的情况是，图上既反映实际进展又反映计划进展，这样就可以直接看出超时的情况。

4.2 斯拉克等人(《运作管理》)提出一个很好的简单甘特图的例子,显示了一个小型专业家具制造商所承担的工作,如图 9-7 所示。

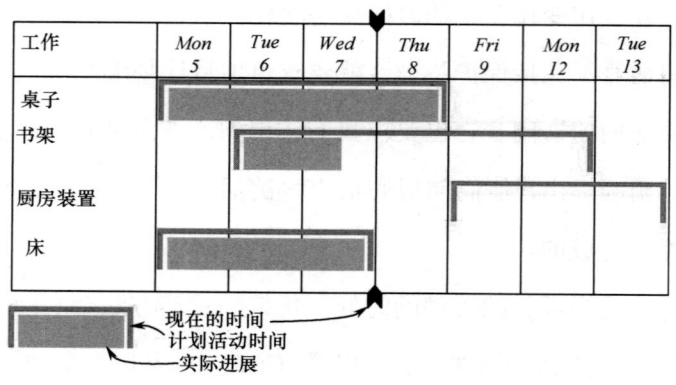

图 9-7 工作进展甘特图

4.3 垂直线表明,现在是 7 号星期三下班时间。桌子已经做完了(从图中阴影区域可以看出),意味着制造商的进度比计划提前一天。与此形成对比的是,书架落后于进度(阴影区应当到达当前的时间线,但实际上却落后于当前的时间线)。对厨房装置所计划的工作还没有开始。床的工作已经按进度完成了。

4.4 甘特图的使用范围远远超过了这张非常简单的图表。例如,我们可以使用彩色编码体系来反映某天使用的资源类型(蓝色表示电工,棕色表示木工等)。或者在甘特图下面绘制资源图,它可以反映某一天所需的特定资源的数量。很明显,这与资源计划是有关系的:通过将任务从某一天转移到另一天,就可以使对特定资源的需求变均衡,避免出现有些天资源过载而有些天利用不足的情况。

4.5 例如,每项任务所需的人员数量(或者其他资源)可以写在图表每条直线或棒线的下面。当一项 5 人的任务与一项 3 人的任务重叠时,就比较容易看到，对于重叠部分，需要 8 个人。因此，对于整个项目工期我们可以再画一条直线，分段表示资源需求，如图 9-8 所示。

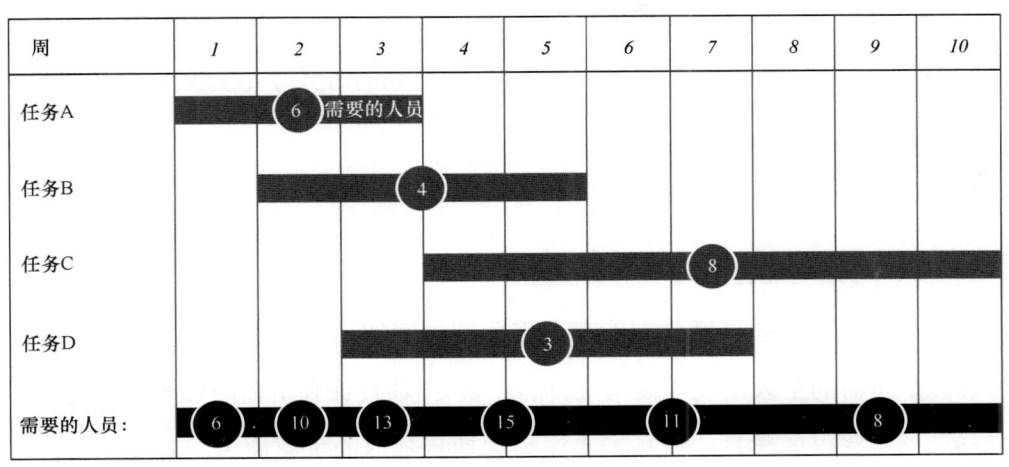

图 9-8　反映资源需求的甘特图

4.6　在这个例子中可以看到，在项目的高峰期间，活动 B、活动 C 和活动 D 并行进行，会需要 15 名员工，而在其他周却还有空闲时间。为了提高效率，可以采用各种方法来均衡资源需求（取决于不同任务之间的依赖关系）。

- 可以早一些或晚一些开始任务 D（你可能喜欢这样试一下，然后重新计算一下图表底部人员需求直线）。
- 另外，如果该表反映了关键路径网络，你可能会选择在你的项目团队中保留 10 名或 11 名员工，同时在高峰期间抽调其他的人员，从而将空闲时间降到最小。

基线

4.7　在风险管理中，基线（Base Lines）是整套用作风险基本评价的假定和方法。在项目管理中，基线是项目最初的计划，即"开始的"进度计划和里程碑。这可以让我们对照最初的项目计划来测量进展情况（突出累积背离

4.8 有些甘特图软件和项目管理软件应用程序提供了如下选择。

- 突出显示基线计划,这样才可以方便地和当前版本的计划进行比较。
- "锁定"基线计划,这样在修订进度计划的时候才不会影响基线计划。

资源分配优化

4.9 资源分配可能存在两个主要问题。

- 资源可能被过度分配或者不堪负荷(例如,具有不现实的日或周工作负荷的个人,或者技术人员的短缺):项目计划所需的资源数量超过了可获得的数量。这是工人压力和项目延迟的主要原因。对此的解决方案包括从其他任务调派人员过来、分包、使用临时工以及提高生产率(例如,通过加强 ICT 培训与使用)等。

- 资源可能分配不足,或者利用不足(例如,项目团队要做的工作没有多少):人员或设备已经分配给项目了,但是供他们做的工作却不够。这在短期内是可以忍受的,或者出于灵活性的考虑也是可以容忍的,但却体现了较差的资金价值(尤其是闲置资源或利用不足的资源还要按照较高的日费率来付费的时候)。可选方案包括:尽可能严格地按照任务来分配资源;兼职、弹性和短期合同工作;加速项目进度计划,利用可获得的资源;重新分配利用不足的资源(例如,未来任务的准备工作)。

4.10 我们经常可以看到,项目计划(例如甘特图)会反映出从一项任务到另一项任务或者从一周到另一周的时候资源需求出现不可避免的高峰和低谷,这就带来了资源平衡(Resource Smoothing)或资源调配(Resource Levelling)的挑战。在项目生命周期中有效地配置资源,尽可能避免过度分配或利用不足的问题。解决资源平衡最明显的方法是控制非关键任务的时间（在可利用的浮动时间范围内，这样不会影响整个截止期限），平衡资源需求的高峰和低谷。

本 章 小 结

- 项目计划是控制项目和保证目标成功实现的关键。
- 工作分解结构是以井然有序的方式，用来组织项目活动的一种方法。
- 项目控制的一个关键内容是系统地估计活动时间和成本。
- 关键路径分析是用图表格式对项目活动进行排序的方法，它帮助我们确定哪些活动在关键路径之上。
- 甘特图是另一个辅助项目控制的图表技术，它强调了项目在不同时间预期用到的资源量。

自测题
括号内数字为参考答案所在段落。

1. 为什么项目计划是重要的？（1.1）
2. 使用 WBS 的六个阶段是什么？（2.4）
3. 自上而下的预算和自下而上的预算有什么区别？（2.12，2.13）
4. 使用网格分析有哪些好处？（3.4）
5. 要"压缩"网络图中活动，其步骤是什么？（3.16）
6. CCPM 与传统项目管理方法的区别有哪些？（3.22）
7. 在项目管理背景下，基线是什么意思？（4.7）

第十章

项目实施与控制

对应大纲内容

2.4 评估项目的组织、实施和监控如何缓解供应链中的风险

- 工作包的组织与分派
- 确定人员需求
- 工作场所的健康与安全问题
- 建立绩效评审机制
- 实施补救行动
- 发布变更控制指令
- 项目收尾
- 获得客户接受
- 进行审计，总结经验教训

引言

在本章中，我们通过详细阐述第八章中涉及的项目生命周期的组织、执行、控制和收尾四阶段，完成教学大纲在项目管理方面的内容介绍。

我们将介绍大量的实务信息，其中包含的许多基本原理已经在前几章介绍过了。项目执行阶段强调了所有类型的运营风险；监督与控制阶段明确针

对风险因素（如时间、成本和质量偏差）的识别与纠正；审计和学习阶段旨在支持未来项目的风险管理。基于这三种原因，本章内容与风险的管理与减轻密切相关。

第一节　项目组织和实施

1.1　在较高层次上，项目"组织"方面的很多工作已经在项目计划阶段完成了。例如：

- 建立项目管理和治理结构。
- 明确项目责任与职责。
- 建立项目沟通与汇报机制。
- 创建工作分解结构，定义可管理的工作包，并将工作包分配给有关的职能、工作团组或风险责任人。

工作包的组织与分配

1.2　工作分解计划和类似技术的结果，就是识别分立的工作包，然后分配给工作团组、项目团队或个人。工作包的有效组织包含分组活动，这样：

- 它们构成了整个项目有意义的、可管理的、面向指定的个人或团队的分块。
- 它们通过对那些有共同资源要求和共享专家专长的任务进行归类分组，可以最优化地利用可获得的资源（包括专长、知识和设备）。
- 它们将工作包内部对协调机制的需要降至最小（例如，将工作集中于某个团队或职能中），这样就能够有精力关注工作包之间的协调（即项目领域之间的联系）了。

- 它们可以被视为一个单独的责任领域，作为单独的经理或团队负责人的责任（确保结果是在其控制范围之内）。

确定人员需求

1.3 教学大纲提到"人员需求"，不过这可以分为两个关键的组织流程。
- 确定人员的需求——对信息、资源、时间和权力的需求，以便使他们可以完成他们在项目中承担的工作。
- 确定对人员的需求：换句话说，就是确定每个工作包的人力资源和技能需求。组织需要多少人时，在什么技能水平上，在什么条件下？对于像关键人员流失、进度偏差、预料之外的需求、技能的缺乏、员工生病、缺勤或流动等一类的风险，需要制订什么应急计划？

1.4 我们将在本章后面的几节中重点介绍两个关键的实施问题——项目团队管理和健康与安全问题。

第二节　项目团队管理

项目团队协作

2.1 项目团队一般是跨职能团队，其建立的目的是为了处理特定的战略发展问题（如引入准时制方法）、与特定流程有关的任务（如库存控制的信息化）、与特定"案例"或客户有关的任务（例如，与某一特定供应商之间对交通的协调）或者对程序或改进机会的特殊审计或调查（例如，对订购限制因素或供应商道德准则的检查）。项目团队是工作组或问题解决团队的例子。它们本质上常常是短期的，并且在项目规格和职权范围内拥有采取行动的权力。

2.2 跨职能团队特别有助于团队成员对其任务和决策有一个全局概念,从而将职能目标与整体战略密切结合起来。它们可以促进观点、专长和资源更广泛的分享,并且代表了更广泛的利益(这既可以提高决策质量,又可以将执行阶段的冲突和抵抗降到最低)。通过集思广益,有助于产生创新性的和全面的问题解决方案以及绩效或流程改进建议。

2.3 跨职能工作常常需要不同的领导角色。

- 会有一位指派的团队负责人或项目经理,主要负责团队建设与管理,并负责按时、按预算交付项目结果。

- 可能会有一位项目发起人:是对实现项目商业目标负责的一位关键利益相关者,他或她提供了投资于项目中的资源,并且对此负责。对项目而言,通常有一个确定的个人或团队发起项目,并且确保可以获得必要的人力和其他资源以支持目标。发起人的角色是充当团队工作的集成者和促进者。

- 团队可能是自治的或自我管理的。自我管理的团队对管理层负责,对团队任务活动(日常计划与控制)和内部人员管理职能(选拔、辅导、发展等)承担一定程度的管理责任。团队成员学习并共担管理任务,尽管团队可能要向发起人汇报工作,但是看不到直接经理的存在。

2.4 当经理在选拔项目团队成员的时候,要保证他们具有某种适合项目的属性、能力和资源的组合。可能要求专门的技能和知识(也许来自组织的不同领域);经验可能是有帮助的(尤其是对于指导团队中缺乏经验的成员时);在组织中的影响力以及获取资源(包括信息)的能力可能有助于带领团队获得有限的资源。

2.5 除了其目标的具体要求(可称为内容角色)外,一个有效发挥作用的团队要求其成员能够担任不同的任务和团队维护(或过程)角色。例如,你可能从《采购与供应中的管理》课程的学习中了解到贝尔宾九种团队过程角色：一个有效的团队需要领导者、出谋划策之人、有全局观的人和关注细节的人、执行者、批评者和挑战者等各类角色的组合与平衡。

国际项目团队

2.6 如果项目是跨职能的、多场所的、"虚拟的"，甚至是跨组织的，那么项目团队很可能是由来自（和/或位于）不同国度的成员组成的跨文化的或国际性的团队。这又带来了额外的一些管理挑战。

- 关于团队中应吸取哪些国家的人（以及在什么程度上）并且如何最好地利用这些不同的来源，必须作出决定。除了考虑到所需的诸如个人专长和团队成员过程角色等一些因素之外（贝尔宾），还应考虑到政治问题（代表谁的利益或声音）和语言问题（团队的主要语言和通用语言是什么）等。

- 团队的组织要与关键的项目位置相关联。一个方案就是将团队集中到一个项目办公室，项目办公室可以根据需要从一个关键地点搬迁到另一个关键地点。另一个方案就是，团队成员长期驻扎在不同的关键场所（但是互相在地理上是分散的）。这就引发了沟通的不同时区的问题、频繁出差的问题、驻扎在国外的成员所遇到的"文化冲击"等。ICT 联系越来越多地被用来促进跨国界的虚拟项目团队协作。

- 由于价值观和行为准则、商业惯例、语言、关系和沟通风格等方面存在差异，多国家的/多文化的团队带来特别的领导挑战。例如，你可能比较熟悉霍夫施泰德模型（Hofstede Model），该模型提出各种文化在特定几个关键维度上有所区别，包括他们对权威和领导的接受度，他们对安全、秩序和控制的偏好，他们对个人主义或集体主义工作风格的喜爱，以及他们主导的关系价值观。你也应当能够想到具体的文化差异例子：性别角色和看待公平机会的态度；谈判与决策风格；对地位和长辈的尊重；"面子"的重要性；职业道德和工作模式等。
- 一位国际项目经理应具有非常成熟的跨文化能力，不必在所有涉及的文化上都具有非常深入的知识，但要对差异和动态、灵活性和适应性敏感，并且具有促进讨论和（必要时）促进冲突解决的能力，让差异和假定公开化。

项目团队开发与团队建设

2.7 团队不是静态的。它会成熟，会发展。布鲁斯·塔克曼发现，该发展过程包括四个阶段（"小型团组的发展顺序"，《心理学期刊》）。
- 形成期（Forming）是第一阶段。在这一期间，成员试着互相了解，并且了解团组是怎么运转的，团组的目的、组成、领导和组织仍旧有待建立。可能对新思想的引入持谨慎的态度：成员会严格遵守规定，以免自己不被团组接受。这种谨慎的引导阶段是重要的，但并非有助于任务的有效性。
- 震荡期（Storming）是第二阶段。在这一期间，成员开始坚持自己的主张并且测试出角色、领导、行为准则和观念。在这些领域存在着或多或少公开的冲突和竞争，但这也可能是一个收获的阶段，随着制定出更为现实的目标，沟通更加透明，产生出更多的想法。
- 规范期（Norming）是第三阶段，事实上是一个平息的时期。在这一期间，关于工作、共享、个人要求和输出期望都已达成一致，团组流程和习惯将会被规范并受到忠诚的保护。第二阶段的激情和头脑风暴已经变得越来越弱直至消失，但是可以引进并维持有条不紊的工作。

- 执行期（Performing）是最后一个阶段。在这一期间，团组重视任务的执行；团组建设的困难集中体现在执行方面。

2.8 一个项目团队可能或快或慢地经历这些阶段，也可能发生阶段重叠，或者停顿在某一阶段（尤其是"风暴期"）。塔克曼等人（摘自《团组和组织研究》书中的"重谈小团组发展阶段"部分）在原有模型的基础上，又增加了新的阶段。

- 调整期（Dorming）：团队已经成功地运转了一段时间，开始变得自满起来。它进入一种半自动运行状态，所做的工作主要是维持团队本身。
- 悲痛期或解散期（Mourning or Adjourning）：团队认为自己已经完成了目的，团组不仅从物理上解散了（例如，像在暂时项目团队中那样），而且在心理上也解散了（当团队转向新的目标、重新议定成员身份角色，并返回到下一阶段的形成期）。

2.9 团队通常并非能够自我发展。经理或团队负责人的一个任务就是"建设"团队，启动或加速开发期、促进向成熟执行期的进展。例如，对于一个新团队中出现的冲突，团队负责人可能不会贸然采取措施来消除或解决这些冲突，反而可能会鼓励这些冲突，并使之暴露出来，以便让团队顺利地度过震荡期。

2.10 对于松散结构的团队、地理上分散的团队（如在多场所项目中）和矩阵结构的团队，包括供应链伙伴关系和虚拟团队，团队建设是团队领导者面临的一个特别的挑战。这类团队的挑战还包括角色和共同目标的确立、对工作的监督与控制等。

第三节 健康与安全问题

3.1 教学大纲在与项目有关的风险这一标题下面介绍了职业健康与安全问题。

当然，在通常的商业运营中也和在项目中一样，存在健康与安全危险，而且这还是运营风险的一个主要类别。1972 年，据英国皇家职业健康与安全委员会的报告（鲁本斯报告），由于"人的态度、能力和表现以及他们所处的组织系统的效率"这些因素，工业事故、伤害和疾病每年都造成大量不必要的工作时间损失。

3.2 因此，随着消费者对组织社会责任提出越来越高的要求（也来自组织吸引和挽留高素质人才的竞争需要），以及像印度博帕尔化工厂的化学品泄漏和阿尔法石油钻井平台爆炸等灾难的广泛曝光，人们越来越关注健康与安全问题。那么，组织为什么应当计划将工作场合的健康与安全风险最小化呢？

- 为了保护人们免受疼痛和苦楚（很明显，这是我们的愿望）。
- 为了遵守有关的法律和政策标准。
- 为了将事故和疾病的成本降至最低（包括停工、疾病津贴、修理、代替人员、法律赔偿和补偿等）。
- 为了提高组织吸引和挽留高素质员工的能力。
- 为了避免负面的公众形象，提高他们在公司社会责任方面的品牌与信誉。

3.3 现在，职业健康与安全成为最成熟的风险学科之一。由于法律的支持，与工作场合危险控制和风险最小化有关的风险评估与管理，已经走过了很长的一段历史。自从鲁本斯报告发布以来，主要的法律已经在英国有效实施了。

健康与安全法律框架

3.4 《英国职业健康与安全法案 1974》（HSWA）是英国的基本法律，它规定了工作中涉及的所有人员的义务，包括雇主、雇员、承包商、建筑物管理者和供应商。《法案》延伸到所有企业、部门和工作场所（包括运输车辆，这些车辆被视为司机的工作场所）。

3.5 HSWA 是一项授权法（Enabling Act），引起许多法律、授权执业准则和为组织提供风险管理和合规框架指南的颁布。为了实施欧盟健康与安全指令，英国还出台了许多补充法规。

3.6 每个国家和行业都有其自己的职业健康与安全（OHS）制度，所以我们应该努力了解自己所在的地区和兴趣领域的有关规定。

项目环境中的危险

3.7 下面是一些一般工作场合危险的例子。

- 错误地或不负责任地使用设备、机器和工具（特别地，忽视现有的安全防护装置和规定，没有使用防护设备等）。
- 与狭窄的或杂乱的空间、楼梯、没有得到很好维护的地板材料或者湿滑地板等相关的移动所造成的危险。
- 危险材料和化学品的存储、处理和使用。
- 设备的操作（例如，带有锋利的或者运动部件的机器）。
- 照明、采暖、通风或卫生等条件太差。
- 工作场合、设备和家具的人体工程设计不合理，给工人带来压力（例如，在设计不合理的工作站长时间工作造成的眼部或背部压力）。
- 抬举重物（尤其是使用错误的技术，或者在需要使用的时候却没有使用机器辅助设备或者防护设备）。
- 火灾的风险（尤其是涉及电力、杂乱的空间和易燃材料的时候）。

3.8 塞德格洛夫设计了一个健康与安全风险识别与评估模板，如表 10-1 所示。

3.9 因此，风险减轻方法由以下步骤组合而成。

表 10-1 健康与安全风险识别与评估

风　　险	问　　　题	✓
设备	员工是否从事危险设备或压力系统方面的工作	□
危险物质	员工是否从事与危险物质有关的工作	□
电力安全	员工是否从事与电力工具或设备有关的工作	□
滑倒、绊倒、摔倒	工作环境是否可能潮湿？员工是否在高空作业？员工是否会被电线或其他障碍物绊倒	□
抬起和搬运	企业是否存储了大量存货？是否有人用手抬举货物	□
计算机	是否有员工长时间面对计算机显示器工作	□
重复性劳损（RSI）	职员是否在做重复性的任务	□
噪声和振动	工作场合嘈杂吗？在使用振动设备吗	□
狭窄的空间	是否有人在狭窄的空间工作	□
交通工具	工作中是否涉及货车、机动卡车或叉车	□
总分	（每打一次勾计一分）	□
分数：0~3 分：低风险。4~6 分：适度风险。7~10 分：高风险		□

- 风险评估。
- 预防措施与标准（既包括物理的，如机器安全防护装置和防护服，也包括程序上的，如安全存储和搬运协议）。
- 生态和环境控制（例如，卫生的保持和人体工程学设计）。
- 员工信息、培训、指导和监督（将冒险行为最小化）与健康安全意识文化的创建。在有些行业，健康与安全是一个优先考虑的事项，有强制的培训、就职和资格要求。

例如，在澳大利亚，对于所有从事建筑工作的工人来说，"建设白卡"是强制性的要求。为了拿到白卡（要想进入工作场所就必须出示白卡），员工必须能够认同工作场所健康与安全（WHS）法律要求；清楚建筑危险和控制措施；清楚 WHS 沟通与汇报流程；了解 WHS 事件和应急响应程序。

接触危险材料

3.10 接触危险材料（包括黏合剂和清洁剂）和在工作过程中产生的物质（如煤气、烟雾或灰尘）是有些工作场合重要的一个已知危险。接触会导致如烧伤、过敏反应、皮肤过敏、感染、肺损伤（由于吸入）和长期健康问题（如癌症或石棉沉滞症）。

3.11 根据 COSHH 规定，雇主有义务对工作带来的健康风险进行合理的和充分的评估，并且采取相应的措施来减轻这些风险。降低暴露风险的措施包括：

- 在受控条件下，将危险材料存储在限制进入的区域。
- 控制措施：通风系统、卫生制度、接触时间限制或防护服。
- 给危险物质贴上清晰的标签，辅助以警告语、使用说明书和暴露事件发生时的操作指南。
- 对安全搬运、使用、存储和应急程序中的员工（尤其是新员工）提供充分的信息、指导、培训与监督。
- 卫生监督检测（当残余风险仍旧很高时）。
- 处理事故、事件和危急的安排，包括急救设施、警报系统和疏散程序（熟练使用演练）等。

健康与安全风险管理

3.12 根据英国《职业健康与安全法案 1974》，每一个英国雇主都负有一般责任，即在切实可行的条件下，确保所有雇员工作中的健康、安全和福利。这一义务的具体内容，出现在《法案》和实施细则中，这里总结在表 10-2 中。

表 10-2　雇主和雇员在健康与安全管理上的义务

雇员的义务	雇主的义务
职业健康与安全法案 1974	
• 对自己要进行合理的照顾，对受到自己行为或工作疏忽影响的其他人要合理地照顾 • 配合雇主履行其义务（包括实施安全规定） • 不得有意无意地干扰为健康与安全利益所提供的任何机器或设备	• 提供安全系统（工作实践） • 提供安全的和健康的工作环境（适当照明、供暖、通风、卫生等） • 维护所有厂房和设备，达到必要的安全标准 • 用信息、指导、培训和监督，支持安全工作实践 • 征求公认工会所任命的安全代表的意见 • 如果有要求，任命一位安全委员来监督安全政策 • 将安全政策和措施清楚地以书面形式宣贯到所有员工
职业健康与安全管理规定 1992	
• 将任何可能引发危险的情况告知雇主	• 对所有工作危险长期开展风险评估，一般是以书面的形式 • 引入控制系统来降低风险 • 评估其他受工作活动影响的任何人所面临的风险 • 与其他雇主共享危险和风险信息，包括那些相邻建筑物的雇主、场所的其他居住人和进入建筑物的所有分包商 • 起草或修订以上几方面的安全政策 • 发现那些显著处于风险之中的雇员（其他法律则引用孕妇、年轻工人、倒班工人和兼职工人） • 提供新的和适当的安全事宜培训 • 为雇员（包括临时工）提供健康与安全方面的信息 • 聘用有能力的健康与安全顾问
健康与安全（征求雇员意见）法规 1996	
	• 就健康与安全事宜，征求所有雇员的意见（例如，关于健康与安全培训的计划，对可能影响职业健康与安全的设备和程序所做的改变或者引入新技术产生的健康与安全后果）

健康与安全的合规风险

3.13　值得一提的是从健康与安全问题引发的其他合规风险。《职业健康与安全法案 1974》包含了通过使用刑事诉讼，对所有健康与安全法律所要求的所有义务强制执行的详细规定。

3.14 健康与安全委员会对监督职业健康与安全和制定政府政策负有一般责任。它的执行机构是"健康与安全执行委员会",负责监督特定工作场所的健康与安全。HSE 检查员对检查和法律的强制执行有着广泛的权力,手段包括:

- 发布禁令布告,要求在采取纠正措施之前关闭危险流程。
- 发布改进通知,要求在某段时间期限内达标。
- 扣押危险物品予以销毁或做无害化处理。
- 起诉违法者,对其进行罚款,严重者甚至进行监禁。

第四节　监督与控制

控制系统

4.1 为了保证对项目目标足够的把控,项目委员会需要确定控制系统的关键特性。

- 我们对项目中哪些环节努力施加控制呢?
- 我们试图控制哪些因素?
- 如何测量我们试图控制的因素?
- 在干预之前,我们可以容忍多大程度的偏离?
- 在偏离发生之前,我们如何才能发现潜在的偏离?

4.2 梅雷迪思等人发现了三类不同的控制流程。

- 动态控制(自动检测与纠正与计划的偏差,比如在测量来自生产过程的输出中)。
- 放行/禁止控制(测试一下,看看在允许进展到下一步骤之前,是否达到了某种条件,这有些类似于项目"门"的用途)。
- 后期控制(事情之后的检查,以期提高未来的绩效)。

4.3 动态控制系统（Cybernetic Control Systems）是项目控制最常见的方法。这样一个系统是建立在测量过程输出的基础上，并与预定标准进行比较，自动地将偏差报告给决策制订者，由他来决定是否采取纠正措施，如图10-1所示。

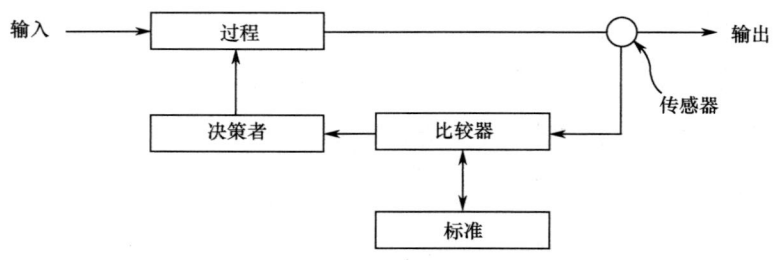

图 10-1 动态控制系统

4.4 这样一种系统的目的都是减小与预定标准之间的偏差。当检测到发生了偏离标准的移动时，系统的作用就是将进展带回到原有轨道上去。这也被称为负反馈循环（意味着系统会运用一个与所检查偏离方向相反的、负的力量）。

4.5 这一控制系统在项目中的应用一目了然。一般情况下，作为最初项目规格的组成部分，在成本、时间和质量等方面存在着预定的标准。通过将实际结果（实际的开支、完成日期和可交付成果）与计划进行定期的对比，得出其偏差就很明白了，项目经理可以作出纠正偏差的决定。可是，动态控制的运用在项目工作中并不十分简单。

- 即使我们发现了一个偏离，也可能并不知道潜在的原因。
- 即使我们发现了原因，也可能无法改正。例如，如果采取措施，就会超出预算。
- 我们不一定能够应用想要的改进。例如，我们可能发现，某一工作组需要加班来弥补失去的时间。但是，要劝说他们这样做可能不太容易，而且即使我们做到了，也可能会挫伤他们的士气和工作质量。

4.6 放行/禁止控制系统（Go/No-go Control System）的基础是，检查是否达到某一特定条件。如果达到了，我们就进展到下一步骤；如果没达到，进展就停顿下来，然后由决策者确定如何进行下去。例如，一旦它是由"入口"或"检查点"检查决定的，在阶段末检查点存在不足，项目经理必须采取措施来纠正，否则就不同意进入下一阶段。梅雷迪思等人引用了新飞机发动机的例子，其中每部分都必须通过它自己的放行/禁止测试。要么它展现出预期的质量，要么就是失败的。

4.7 这种类型的控制应用在项目工作环境中必须谨慎。即使与计划发生一个小的偏离，也足以使进展中止。从这个意义上说，有些因素显得很关键。而其他因素则可以有较大的变动范围，并且可以忽略较小的偏离。

4.8 后期控制（Post-control）是在项目完成之后进行的。这时对项目进行期间已经发生的事情再做什么补救已经为时已晚，但这是为未来项目作计划时所用到的重要工具。梅雷迪思等人建议，通过一个相对正式的、由四个独立部分组成的文件，实现后期控制。

- 项目目标，明确目标实现的程度和为什么没有完全达到目标的原因。
- 里程碑、检查点和预算。对于与这些预定目标的重要偏离，要识别并作出解释。
- 项目结果的最终报告。里面应该突出与计划的重要偏离，包括好的和坏的（即在问题领域之外，可能出乎意料地进展顺利）。
- 绩效和过程改进的建议。对于未来项目绩效的提高来说，这是一个有价值的工具。

绩效评审机制

4.9 定期的绩效和进展情况检查应是项目控制系统的中心内容。绩效测量和报告系统应：
- 采用项目团队易于理解的简单绩效指标。
- 保证经理们仅仅测量真正重要的东西（影响成本、时间和质量的关键因素）。
- 设置合理的控制范围、公差或可接受的偏差：当超出这些范围或公差，系统就要发出信号，告诉我们采取措施。
- 仅是例外报告。

4.10 项目管理使用一系列的控制方法，以便将项目中复杂的和相互牵连的组成要素拉回正轨。

- 阶段末评估（End Stage Assessments）是在项目每个阶段完成的时候进行的，利用的是项目经理和用户代表提供的报告。对下一个阶段的计划要进行检查与审核，必要时提出管理问题（包括利益相关者沟通和关系）。
- 重点报告（Highlight Reports）是项目经理定期向指导委员会或项目委员会提交的。这些是定期反馈控制的主要机制：它们常常是每月提交一次（或者以项目开始时确定的时间间隔）。它们基本上是进展报告，其中会简要介绍项目在进度、预算和可交付成果等方面的进展情况。
- 检查点（Check Points）是由项目团队用于反馈和控制：它们包括进展评审会议，常常每周举行一次（比重点报告更为频繁），方便团队成员和负责人的持续监督。
- 项目计划一般包括里程碑（关键阶段目标）和门（测量点，在该点对照验收标准判断每个阶段工作"通过"或者"失败"），作为检查点。
- 项目预算、甘特图和网络分析等技术可以用于对照特定质量、成本和进度目标对进展进行监督。
- 复杂的项目管理软件（如 Microsoft Project）可以用来协调计划、进展跟踪和汇报数据。

项目报告

4.11 梅雷迪思等人认为，向适当的人士提供详细的、及时的进展报告具有以下优点。

- 对项目目标达成相互的理解。
- 了解平行活动的进展。
- 使计划更加切合实际。
- 理解不同任务之间的相互关系。
- 问题与延迟的早期警报信号。
- 对于任何必要的变更，减少沟通上的拖延现象。
- 对于有缺陷的工作，要作出更快的管理应对措施。
- 使高级管理层有更高的能见度。
- 保持客户和其他利益方得到最新的消息。

4.12 梅雷迪思等人也指出了在准备报告过程中经常出现的问题。

- 常常是太过琐碎反而变得没用，结果真正有用的常常被没用的所掩盖。
- 项目信息系统和所在公司信息系统之间的接口衔接常常不太完善。
- 计划系统和汇报系统之间的通信经常不畅达。报告针对的问题可能并不是直接产生于项目计划的问题，这意味着它们不能用作控制工具。

挣值分析（Earned Value Analysis）

4.13 我们已经在第九章讨论过预算控制的原则（因为它与预算计划过程联系紧密）。不过，一个常见的陷阱，是测量与时间有关的资金花费，而不是测量与结果和可交付成果有关的资金花费。例如，项目可能在第一月需要花费当月预期的资金。但是，除非完成了第一月的目标，否则仍旧不应该批准这项开支。不然，项目开支似乎是符合目标的，但可能实际上却没有得到控制（因为应当已经完成的活动却没有完成）。

4.14 这种困境导致了一种综合的测量工具的产生，即挣值分析（EVA）。利用这一方法，项目控制者可以计算已完成工作的"挣值"，并且将它与实际花费的资金额相比较。例如，如果项目团队完成了 50%的任务，对应的预算成本是 1 000 英镑，那么它就取得了 500 英镑的挣值。如果实际支出了 750 英镑，从预算的观点来看虽然不错，但是从挣值的观点来看则不是那么好。

4.15 梅雷迪思等人总结了实践中用来估计项目活动完成百分比的许多方法。

- 50—50 规则：任何进展中的任务都算是完成了 50%（"一半"）。这种方法的优点是简单，但很明显，不太科学。

- 0—100 规则：任何未完成的任务都算完成了 0%。很明显，这种方法很保守：它鼓励人们向着完成目标努力，如果任务没有 100%完成，报告中就会反映出这项任务仍是待完成的事项。

- 关键输入规则：明确每项任务的关键输入（如 X 等级的人力），算算到目前为止这项输入已经使用了多少百分比。这种方法可以让我们估算任务完成了多少。

- 比例规则。如果一项任务原定要花费 10 天的时间，到目前为止已经在这项任务上花费了 3 天的时间，我们就认为这项任务完成了 30%。

进度跟踪测量

4.16 类似地，用来跟踪和测量项目进度（控制"时间"要素）的简单方法包括如下几种。

- 完成价值百分比：频繁收集每项活动完成百分比数据（如上所述），即"我们现在到达多远的地方了"。
- 剩余工时估算：估计每项活动剩余工时有多少天，即"我们还要走多远"。
- 实际开始/完成时间：记录每项活动的实际开始与实际完成日期（在完成时），即"我们到那里了吗"。

4.17 这些方法的优缺点总结如表 10-3 所示。

表 10-3 进度跟踪测量

测量方法	优 点	缺 点
完成百分比	• 易于被所有人理解 • 可以用于集成、资源管理和 EVA 方法	• 可能比较主观，诱使人杜撰"创造性的"报告并产生冲突
剩余工时	• 实际的方法 • 激励性：对估算人实现估计值施加了压力	• 对所使用的资源或成本没意义 • 有争议，过分简单化，而且难于合计
实际开始/完成	• 用起来非常简单 • 没有为主观判断提供余地 • 易于核对信息	• 对于进展中的任务来说，精确度太低或者根本不精确；对重要的任务，这是不可接受的

4.18 项目管理软件可以用来支持项目跟踪，所凭借的方法如下。

- 它提供了关于进展数据的一个综合而集中的来源，经过适当的格式设计，为了不同的目的发布给不同的用户。它也有助于促进项目团队内部和与利益相关者之间的快速、有效的沟通。
- 它可以创建图表（如甘特图），突出显示计划进展与实际进展，易于对比。软件也可以生成其他灵活的报告格式，例如，将落后于进度的任务、处于进展中的任务等列成表格式的报告（或检查表）。
- 它也可以支持管理决策（例如，通过创建例外报告的方式）：告知控制者，进度在什么时候落后了。更先进的软件系统还可以让我们进行

"要是……又怎样"情景分析和电子数据表分析，这样可以对可能的重订时间表或附加资源解决方案进行建模、评价。如果被批准通过，还可以合并到新计划中。

- 它允许使用类似的系统进行进度控制，如同用于预算控制一样（对照实际开支，监督预算执行情况），以便采取更加全面的控制措施。

项目中的问题解决

4.19 项目管理利用一系列技术，来解决项目工作中出现的问题。梅勒强调了五种问题，与风险管理思想不谋而合。

- 有的问题需要立即作出反应或者"条件反射"，也许是因为有人会受到物理危险的威胁。
- 有的问题可以列为一次危机，如果我们不尽早采取措施，就可能酿成大错。
- 有些问题则是"正在出现的"，如果我们不提前采取措施，不利的事情看来就要发生。
- 有些所谓的问题实际上是机会，我们可以加以利用，并且将潜在的损失转化为收益。
- 有些问题持续的时间很长。通过制定长期战略，我们可以预先阻止不利的后果和/或利用机会。

4.20 实践中，项目经理总是会面临许多问题（不管这些问题是怎么界定或识别的）。一个关键的技能是决定首先处理哪些问题，换句话说，就是要对产生的问题进行排序。

4.21 具有下列某些特征或全部特征的问题可能具有较高的优先级，这从我们对风险管理广义的考查来说，应该是为人所熟悉的。

第十章 项目实施与控制

- 与该问题相关联的是紧迫的截止期限，不容许出错（即紧急性）。
- 其他问题或活动取决于该问题的解决（即依赖性）。
- 如果我们没有处理该问题，就会产生严重的不利后果（即重要性）。

4.22 可以用许多技术进行优先级排序。

- 帕累托分析（以"80/20 法则"为基础）揭示出，如果你消除了 20% 的问题，你就可以避免 80%的不利后果。通过发现那些影响大、关键的、重复发生的问题并且解决其根本原因，就可以戏剧性地减少整体风险。
- 配对比较分析（Paired Comparison Analysis）是权衡不同方案相对重要性的一个工具，这样你就可以选择最重要的问题加以解决，或者选择能够最有效利用资源、给你带来最大收益的解决方案。本质上，你可以将想要比较的所有问题列于表中，这样就可以成对成对地比较所有方案。对于每一对，你可以决定哪一个更重要、多出多少（评出一个分数），然后将每个方案的分数累加起来，排出它们的优先级。
- 风险（概率/影响）分析可以用来评价对成功完成项目具有最大风险的问题。

4.23 还有一系列工具和技术也常常在项目管理中用于问题解决，包括头脑风暴法和思维导图（Mind-mapping）、石川图（因果分析图或"鱼骨图"）以及决策树（见第五章）等。

4.24 梅勒举了一个石川图使用的例子，即研究软件延迟交付给客户的问题如图 10-2 所示。

4.25 这类技术可以综合到一个系统性的问题解决过程模型之中。梅勒建立了这样一个模型，包括以下几个步骤。

- 明确问题。
- 寻找替代性的定义。

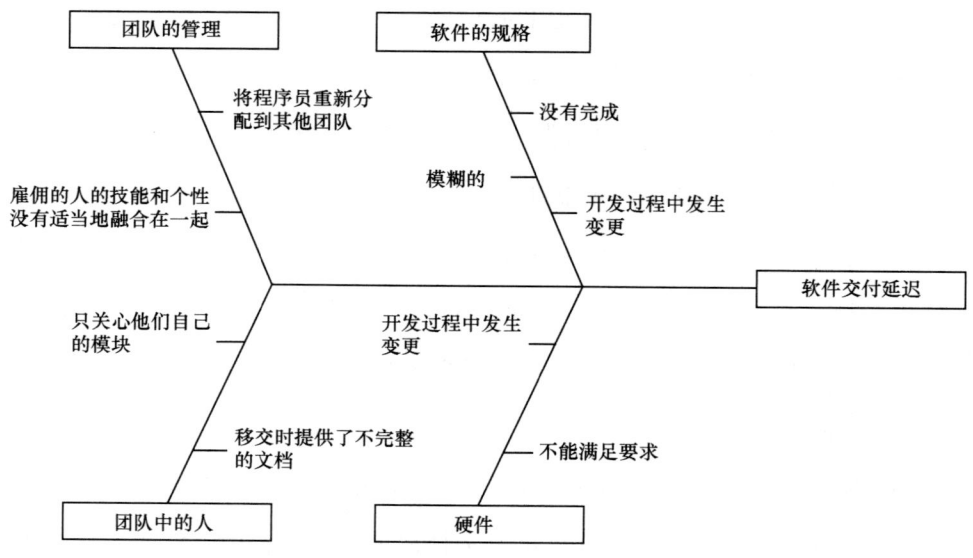

图 10-2　用石川图/鱼骨图分析延迟交付问题

- 选择定义。
- 评估可能的解决方案。
- 选择解决方案。
- 执行。
- 检查与修正。

采取纠正措施

4.26　如果当前的项目计划版本不能满足规定的项目截止期限，或者项目进展落后于进度计划，那么我们可以有许多方案来缩短项目的工期。下面举几个例子。

- 检查并质疑个别的任务工时，特别是处于"关键路径"上的任务（决定项目工期的任务）。如果可以克服不必要的延迟和时间估算中的"保护垫"，就可以缩短关键任务工时，从而缩短整个项目的工期（为了避免给员工带来压力，这项工作应该慎重地、商量着做）。

- 分析活动排序逻辑，看看有些任务是否可以并行执行，或者项目是否可以简化或者缩小范围（例如，通过对任务数量合理地缩减——删除任务或者合并任务，消除每个组成任务夸大估算的影响）。

- 批准加班、增加倒班等，这样员工在一个工作日中可以完成更多的工作（这种做法有可能显著增加成本，影响雇员关系，并有可能影响健康与安全，所以只能当做一项应急手段加以使用）。

- 增加资源：当生产能力达到饱和时，既可以聘用更多的人员，也可以寻找附加的人手或设备（如通过外包）。如果缩短工期带来的好处可以超过增加的成本，并且增加额外的资源能够直接而可靠地缩短工期，那么这就是一个值得考虑的合理的策略。

- 在不影响适用性的前提下降低质量（例如，当产品的规格过高或者公差不必要那么严格的时候），这会产生缩短任务工时的效果。

4.27 时间的优化可能会对成本造成影响：既有可能是正面的影响（要缩短工时，要求在更短时间内节省昂贵的人力资源），也有可能是负面的影响（缩短工时会耗费更多的资源）。实际上，现在有一系列可利用的策略来降低项目总成本。

- 通过删减任务或者减少分配给任务的资源，缩小项目的范围（假如在某一阶段的成本比其他目标更重要）。

- 质疑最初的资源估算，可能的话，明确"贴补"的数量和质量（还是需要慎重地、商量着做，因为这可能会威胁到项目团队）。

- 质疑项目的一般管理费用（与项目可交付成果没有直接联系的任务成本，如住宿费用、办公设备、运输和旅行、沟通和行政等）。

- 为合同工协商富有竞争力的市场费率，为分包建立富有竞争力的招投标环境（在议价势力允许的情况下）。

- 可能的话，为了达到规模经济，在更长的时间期限内对资源进行规划与调动（例如，更长期的工作合同）。

4.28 对于项目，质量一般定义为"符合用途"（Fitness for Purpose）：可接受的最优质量水平，既不能太高（要求过高，质保过度，产生更高的成本），也不能太低（影响项目的成败与可接受性）。与"产品质量"相比，"符合用途"的概念用于项目会产生一系列问题，如使用的便捷性、用户培训、支持文档、安装与移交程序等。例如，"最好的"软件或设备可能对小企业或简单任务来说显得规格过高，同时，如果对用户来说难于操作或使用，或者如果在开发阶段没有征求用户意见、没有满足关键的用户要求，则它也可能变得不符合用途。

4.29 全面质量管理一类的方法是针对重复性过程工作的，而"第一次就将事情做对"的原则则可以有效地用于项目。过度的检查、测试、维修和返工，不必要地增加了成本、耗费了时间，同时给项目团队带来困扰。质量文化应该是一种质量保证（建立控制和体系，预防或最小化缺陷），而不是质量控制（缺陷检测）。

发布变更控制命令

4.30 变更是项目的生存状态。除了最简单的项目，大部分项目在项目进展的过程中可能会出现在计划阶段未考虑到的情况。特别地，客户常常会改变计划，并且想把一些改进加到进度计划中。如果不对这些变更进行严格的控制，就会产生干扰项目的风险。一般情况下，变更的控制是以发布变更命令（Change Orders）为基础的。

4.31 梅勒提出一个有些复杂的变更控制模型，如图 10-3 所示（如果你觉得这张图看起来有些复杂，可以先关注中间变更协调人的部分，然后依次顺着编号 1~10 的方框看下去)。这一模型相当复杂,并不适用于较小的变更。对于较小的变更,很重要的一点是授权个人,让他们自己在规定的范围内决定采取合理的措施。

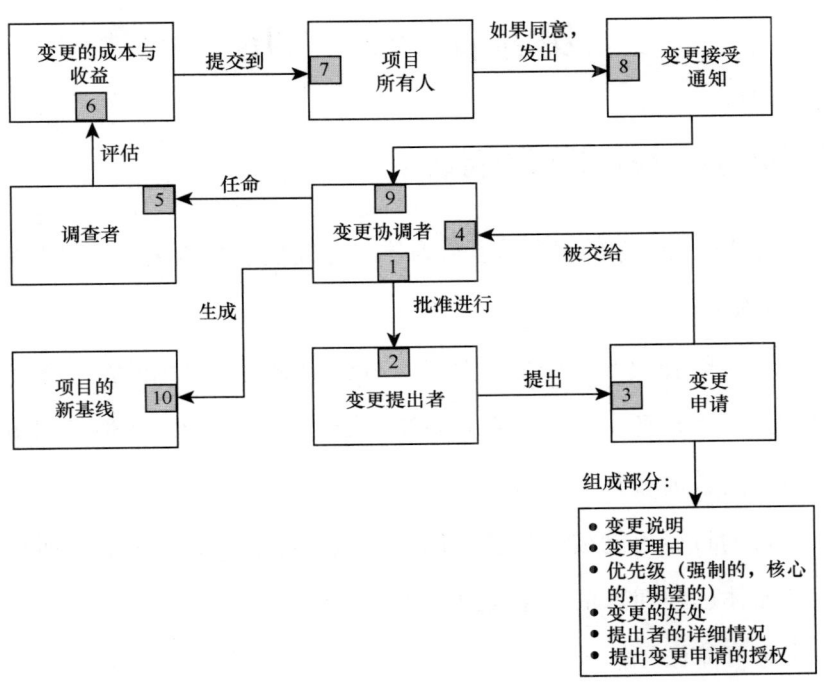

图 10-3　变更控制系统

4.32　一旦作出变更,记录下来就变得很重要了。对变更不作适当的记录,则意味着项目团队还在不知不觉地朝着不再适用的目标而努力。

4.33　项目合同中应该包含变更控制程序。对于变更控制过程中双方的各自角色和责任,还有变更申请提出、评估、核算和批准的程序,必须清晰地加以明确。

4.34　应当有一个单独的变更控制程序可以适用于所有变更,尽管在一些特定情形下可以采用授权的或简化的程序(例如,授权的预算限额,在这个限额范围内合同经理不用请求高级管理层的批准)。这一程序应当具有一定的灵活性，来处理紧急的变更（例如，附加的、紧急的要求，或者为了支持一个供应商渡过现金流难关而协商的分期付款协议）。

第五节 收 尾

获得客户的验收与安装可交付成果

5.1 许多项目都比计划的提前终止。为什么会发生这种情况呢？其中有很多原因，例如：

- 项目可能会失败。如果失败了，就必须解散项目团队，重新将人员分配到其他任务中去。尽管项目整体上并不是成功的，但仍旧可能有要吸取的教训和要庆祝的成功。
- 项目的目标可能被取代了。例如，组织可能被另一个实体所接管，而该实体已经拥有正在开发的系统或资产。
- 资金可能已经耗尽。

5.2 事实上，如果项目完成了，那么关键的最后一步是获得客户的签字认可。客户可能是一个内部的部门，也有可能是另外一个组织。不论是哪种情况，在事情做到令人满意之前，客户都不会认可项目完成。这一过程也包括任何"硬的"可交付成果的安装。例如，如果一个项目是要建立一个信息化系统，那么客户在看到系统安装并有效运行之前是不会接收的。

5.3 虽然从客户的角度来说这是完全合理的行为，但是项目经理必须确保事情没有发展得不可控制，以至于客户一直坚持最初项目计划中没有考虑到的变更和改良。

5.4 梅勒强调，"一盎司形象值得一磅的付出"。这种观察角度意味着把项目的成功"推销"给客户是很重要的。这会提高项目组织在客户眼中的形象，甚至更广一些，提高在公众中的形象。这种有利的宣传在组织内部也会产生积极的效果，因为人们会认为，好的绩效既是客户追求的，也是受到客户认可的。

项目归档

5.5 梅勒认为，项目归档是项目最不令人激动的部分。因此，存在被忽视或省略的危险。可是，关于为什么要彻底地做好项目归档工作，有其重要的原因。

- 为项目已经按适当方式完成提供证据。这是满足客户的重要一环，也是避免争端的一个辅助手段。
- 为客户提供产品（计算机系统、办公楼等）操作与维护方面的指导。
- 为任何未来类似的项目提供好的起点。

5.6 最好不要将归档工作留到最后阶段。这是因为到结束的时候可能已经丢失了很多信息，而且有关的团队成员可能已经调动到其他项目中去了。在活动进度计划中，应当包括持续的归档准备，和所有其他项目活动同时开展。

5.7 为了支持归档过程，个人应该保存好自己的事件、讨论和协商日志簿。项目文档应该包括所有合同、审批、信件和备忘录。尤其重要的是，要包括所有具有法律意义的文件。

发布最终报告

5.8 梅雷迪思等人认为，项目最终报告是"项目的历史，项目生命和时间的编年史，是包括以下内容的摘要：哪些做对了、哪些做错了、谁参与了项目、发挥了多大的能力、为了项目的产出做了哪些工作、项目是如何管理的"。

5.9 最终报告所需的信息可以在项目主计划（一份包含项目建议书、所有行动计划、预算、进度计划、变更命令等的文件）中找到。项目生命周期内开展的所有审计与评价、项目经理的思考等，可以作为补充。

5.10 梅雷迪思和曼特尔认为，最终报告应该包含如下要素。

- 项目绩效：将项目实际达到的与项目努力达到的进行对比。
- 管理绩效：对项目管理部分做得如何进行总结（经常被人们错误地认为是项目成败的次要因素）。
- 组织结构：关于该结构是如何促进了或阻碍了项目的进展作出总结。
- 项目和管理团队：对个人绩效进行的秘密总结。
- 项目管理技术：关于团队在预测、计划、预算、进度安排、资源分配、风险管理和控制等方面做得如何的一个总结。

5.11 对于最终报告中的每一个要素，都应该包含相应的改进建议。这反映了最终报告的最终目的，即改进未来项目的管理。

最后的步骤

5.12 在项目被认为完成之前，还需要完成以下步骤。

- 在最后的阶段频繁检查和召开项目会议，保持项目完成的紧迫感。
- 将项目结果分为三类："足够好的"（可以改进，但对项目整体成功没有什么影响）；不够好，但不值得坚持的；对项目成功很重要，因此在最后阶段要置于优先级的。
- 更换项目经理，以反映项目收尾所需的不同技能（与日常的项目管理不一样的）。
- 测量结果。
- 向客户和团队宣布成功。
- 置入结果（包括最终用户的培训）。
- 庆祝成功。

第六节　审计与学习

6.1 在每个项目结束的时候,都有更多的反馈收集和报告的机会。项目经理应当起草总结报告,将达到的项目目标和结果、预算和进度偏差、任何未解决的问题或未做完的工作(以及下一步如何采取行动)等进行总结。

完成后审计

6.2 完成后审计(Post-completion Audit)经常被当做项目的正式评审,以便评估它所产生的影响,并且确保从中总结并吸取教训。进行这样的审计也可以使用面向所有项目团队成员和关键利益相关者的问卷调查,或者开会讨论成败得失。

6.3 完成后审计的重点如下:

- 评估项目结果是否达到发起人和其他利益相关者的期望,达到的程度有多高;可交付成果是否符合标准,它们是否符合进度与预算等。
- 评估过程管理的效果:为项目制订的计划与建立的结构的有效性;个人和团队的绩效;哪些问题(如沟通上的失误、冲突、故障、延迟)会影响未来类似的项目,如何避免这些问题。

6.4 梅勒对项目审计过程有些怀疑,有时候被描述为"对不值得表扬的却进行了表扬,对无辜的又进行了惩罚"。尽管如此,项目审计仍是提高未来项目绩效的一个重要环节。对于这项任务,组织需要分配适当的资源。

6.5 项目经理应参与审计过程,但从组织中其他部门任命一位审计员常常也是明智的做法。这样会促进公平性,而且如果要利用适当的技能时,这么做也是很有必要的。例如,对项目财务方面的审计就需要一名具有财务专长的审计员。

6.6 审计过程包括如下步骤。

- 建立程序,即在财务影响、绩效、环境影响等方面确定活动本应该如何完成。
- 检查文件,以确保遵守了程序。
- 对于表现出不足之处的任何领域进行报告。

6.7 梅勒指出了应接受审计和绩效检查的领域,如表 10-4 所示。

表 10-4 检查和审计标准

标　准	审　计	检　查
财务	会计系统	投资回报,成本偏差
时间	对计划的符合性	客户满意度
质量	质量程序	客户满意度
人力资源	对政策的符合性	团队精神,激励
环境的	对政策的符合性	环境影响评估
计划	对计划的符合性	成本,所用的技术
控制	控制系统	改进的基础

6.8 梅雷迪思等人将审计过程视为一个持续的过程,而不仅仅是一个要在项目结束时才执行的程序。从这个角度来说,审计报告应该包括如下内容。

- 项目的当前状态。
- 未来状态:是否有可能发生显著的进度改变?
- 关键任务的状态。
- 风险评估。
- 与其他项目有关的信息。
- 本审计的局限性。
- 吸取的教训;沟通、评估和学习。

捕捉可用于未来项目的知识

6.9 项目的一个重要结果应该是获得改进的思路。梅勒指出，我们既可以边做边学，也可以在做之前学习，如图 10-4 所示。

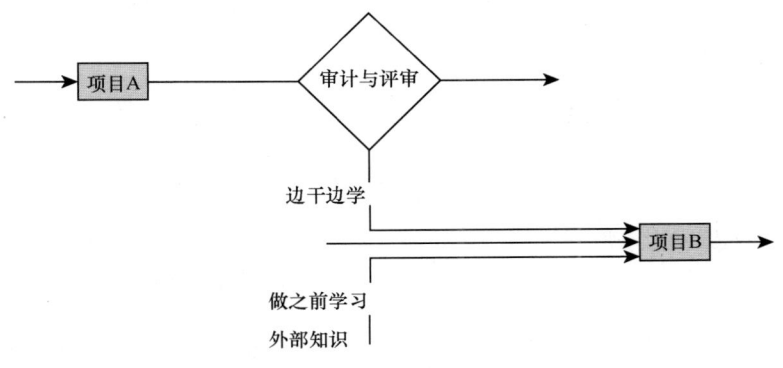

图 10-4　绩效改进

6.10 图 10-4 反映了在开始项目 B 之前，可以利用我们在项目 A 中的经验（边干边学），也可以利用我们之前的准备（干之前学习）。

6.11 在这种环境中，另一个有益的模型是大卫·科伯设计的经验学习循环（Experiential Learning Cycle）。它表明，日常工作经验如何通过"边学边干"的过程，用于学习、个人发展和绩效改进，如图 10-5 所示。

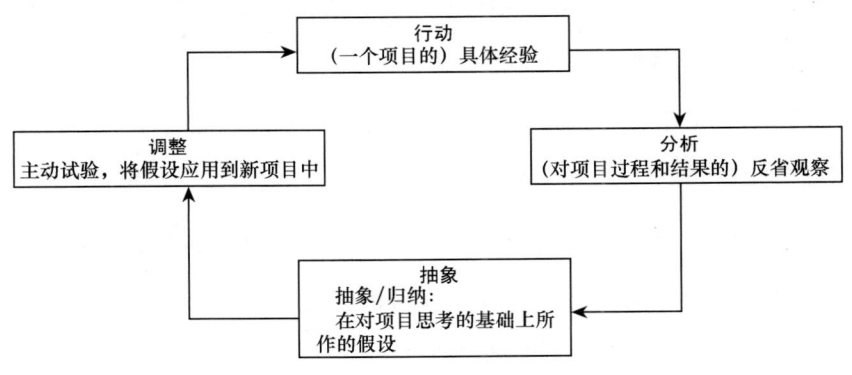

图 10-5　经验学习循环

6.12 让我们依次看一下学习循环：

- 学习者对要学的技术或概念有一个具体的体验（例如，一个团队参与到项目中）。

- 学习者对项目、项目阶段或项目中发生的关键事件进行思考，也许是利用日志记录过程，或者学习团组讨论。哪儿出错了？下一次做的时候可以用哪些不同的方法？

- 利用理论与经验，学习者形成一些抽象的概念（例如，绩效问题和可能解决方案的解释），并且制订行动计划，可以在未来有机会时对可能的解决方案进行检验。

- 学习者在下一个项目阶段或下一个项目中应用并检验这些想法和解决方案，为未来的思考提供素材：改变后的方法或行为是否是成功的，或者下一次做的时候可以用哪些不同的方法？

本 章 小 结

- 组织一个项目的一个关键内容是构建一个工作分解结构，将任务以合乎逻辑的方式进行分类。

- 项目一般是由跨职能团队执行的。这类团队的管理与运营性的管理相比，要求不同的领导角色。

- 风险的一个重要类别是健康与安全领域。不仅在项目工作中是如此，在商业运营活动中也是如此。

- 项目一般是用动态方法进行控制的，其中，我们可以对照预定标准来测量输出并研究偏差，必要时采取纠正措施。

- 项目结束的一个关键的最终步骤是获得客户的书面签字，这也是应该完成全部项目文档的阶段。

第十章 项目实施与控制

- 完成后审计有助于从项目中吸取经验教训，以便日后开展项目时参考。

自测题
括号内数字为参考答案所在段落。

1. 依据什么原则将活动分组为有意义的工作包？（1.2）
2. 描述项目中的领导角色与一般商业运营中领导的区别。（2.3）
3. 描述塔克曼的团组发展阶段模型。（2.7，2.8）
4. 为了将健康和安全危险降到最低，组织应当进行计划，请列出理由。（3.2）
5. 列举工作场合的典型危险。（3.7）
6. 描述动态控制系统。（4.3）
7. 在项目进展过程中详细而及时的进展报告有哪些好处？（4.11）
8. 阐述项目问题的几种排序方法。（4.22）
9. 为什么应当认真仔细地对项目进行归档？请给出几个原因。（5.5）
10. 项目审计过程的步骤有哪些？（6.6）

第十一章

风险控制的合同救济办法

对应大纲内容

3.1 分析合同救济在管理供应链中风险中的应用

- 赔偿与负债
- 知识产权的所有权
- 不可抗力条款的应用
- 测试、检查和接收的条款
- 全球供应源搜寻的考虑因素和确保与标准的一致性
- 模板合同（如 NEC——新工程合同和 FIDIC——国际咨询工程师联合会）中用于风险登记、通知和补偿的条款

引言

在我们介绍了项目管理的详细内容之后，本章我们将转到课程大纲中出现的供应链风险管理中的其他"关键流程"。这些是一般性的风险减轻方法，在适当的时候可以用于一系列具体的风险：运用合同纠正办法、聘用第三方服务、利用保险"防止风险损失"以及应急计划（包括业务持续性和灾难计划）。

在本章中，我们强调如何通过合同条款和合同管理与控制来对风险进行管理。显然，这本身就是一个广阔的研究领域，并且这也是其他科目教学大纲中

的重点。这里，我们强调的是本课程教学大纲中的重点，但你也应该能够利用在其他单元学习的法律知识。

你可能会惊讶地发现，上述清单中漏掉一个领域，即关于分包和外包方面的合同保护。这里我们将在第三节的"合同履行"中介绍分包和分配条款。第七章也要简要地介绍了外包合同的一些明示条款，其中讨论了工程与服务的外包风险分配问题。

第一节 管理合同履行过程中的风险

1.1 合同的作用是规定交易或关系中双方的角色、权利与义务。对于合同绩效管理的目的而言，合同从根本上说是对如下情况的说明。

- 两方或多方商定要做的或交换的究竟是什么（如规格、价格、交付和付款日期等）。
- 可能会改变约定的条件和意外（例如，强制履行某些条款变得不合理的情形，或者"如果甲方完成 X，那么乙方就完成 Y"的协议）。
- 如果一方没有履行其承诺，另一方所具有的权利（"违约"的"补救"措施）。
- 在碰到问题的时候，如何分配责任或"债务"（例如，谁为货物的损害或损失买单）。
- 争端应当如何解决（如通过仲裁）。

1.2 合同条款是合同各方就他们理解的合同赋予他们的权利和义务所作的说明。他们明确了"要约"（或者反要约）的内容，一旦另一方接受，就变成具有约束力的条款。

1.3 关于合同条款的类型，存在着许多重要的区别。

- 明示条款（由任一方或双方明确地加入合同中的条款）和默示条款（根

据有关法令、惯例或商业和其他因素，自动假定为合同组成部分的内容）。

- 从根本上，默示条款（例如，根据英国《货物销售法案 1979》所暗指的那些）旨在保护买方免受基本风险的影响。例如，在制定采购决策时依赖货物说明或样品，在这种情况下，隐含着将来提供的货物应与说明或样品一致的意思。类似的，所提供的货物应具有令人满意的质量和符合用途，这也是默示条款。

- 在合同风险管理中最重要的许多条款都是明示条款。最常见的例子是，双方明确价格、交付日期，如何分担运输和保险成本等。另一个例子是豁免或免责条款，表明某一方对某些特定的违约不担负责任（或者仅承担有限的责任），或者不可抗力条款，规定了一方不用为其未能履行合同义务而承担责任的特殊情形。

- 条件条款（即合同至关重要的条款，如果违背了，被伤害的一方有权利取消或者"拒不履行"合同）和保证条款（合同的非重要条款，如果违背了，受伤害的一方仅仅有权要求赔偿，双方均负有相互的合同义务）。这在不履行合同或违约等风险的管理中是一个重要的区分。

一经出售概不负责

1.4 习惯法"一经出售概不负责（Caveat Emptor）"的原则表明，买方不能就货物或服务不符合用途的缺陷提出损害赔偿金要求，除非卖方有意隐瞒这些缺陷。换句话说，就是买方在签订合同之前，必须对检验和明智的挑选承担责任。

1.5 现在，根据"令人满意的质量与符合用途"这两条默示的法律条款，对买方有了更好的保护，不过买方仍须尽心尽责，进行合理的调查、检验和选择。

合同拟定和风险管理

1.6 对于如何利用合同来最小化或减轻一系列供应风险，我们大体上总结了一下，如表 11-1 所示。表中列出了一些典型的采购相关风险，以及如何利用合同规定来减轻这些风险。

表 11-1 用于减轻或补救风险的一些合同规定

潜在的风险	合同规定
供应商交付了错误的数量	应该就提供的数量、如何提供等作出规定，并且供应商组织中的哪些人应该对询问进行回复
产品没有按照正确的规格来做	合同提供了产品规格，并且规定了如果产品没有按规格来提供应如何进行矫正
买方没有支付供应商货款	合同规定了何时应该付款以及若买方在该日期之后付款也许要支付"利息"
供应商推迟交付	应该如何处理可能的延迟交付；"时间是否是交付的关键要素"，从而让买方有权采取其他的补救措施
关于谁应该支付运输费，双方意见不一致	合同应规定，应该如何交付货物，谁应该为其中的成本负责
服务的提供或者安装的实施是由不胜任的人员完成的	合同应对开展服务或进行安装的人员的资质或经验作出规定，并且陈述如何确定个人的资质和经验
产品搬运可能具有危险性	合同应规定产品应该如何交付、如何包装，或者产品应该在什么类型的容器中交付给客户，以避免健康与安全风险
关于规格、新服务的提供、设计或绩效测量等方面，可能需要对合同进行变更	变更条款，详述如果需要作出变更并保证资金价值，应履行什么程序
合同双方可能想要改变价格	价格变化或合同价格调整（CPA）条款，可能建立在双方认可的成本指数的基础上
发生争议	争议解决条款，详述了应履行的程序，如调解或仲裁

1.7 我们将在本章剩余的内容里，详细探讨教学大纲强调的关键合同救济措施。

合同中风险的转移

1.8 风险一般（即"初步证据"，"除非另行证明"）随着货物所有权而转移，但并不总是这样。风险转移决定了谁应该对货物投保负责，谁应该承担货物损失或损害的成本。

1.9 这对国际合同来说，尤其重要。国际采购中，交付可能由几个阶段构成，在不同的阶段，货物是在不同的人的手中。对于谁对交付过程中每一步的保险和损失负责，国际商业合同标准条款（《国际商会国际贸易交易术语解释通则2010》）明确规定了从供应商到买方路途上不同阶段的风险转移。

合同挫败的补救措施

1.10 许多合同条款用以澄清期望与义务，防止不履行，为受损害的一方提供法律"补救办法"（赔偿），从而达到最小化风险的目的。可是，不可避免地存在一方不愿意或无法履行所有合同义务的情况。在这种情况下，对受损害一方造成的损害或损失必须根据违约法律补救办法作出补偿。

1.11 违约是指没有正当理由地不履行合同条款。根据违约是已经发生或者将要发生（一方显示了不愿履行合同的意图），以及是否违反条件条款或保证条款，我们有许多针对违约的补救办法。

1.12 在有关事例中，因违约受损害的一方可以采取如下一些法律"补救办法"。

- 损害赔偿金（Damages）：对于违约造成的损失作出财务上的补偿。如果在合同中规定了损害数额，作为受损一方损失数额的真实估算值，则这被称为"违约赔偿金"（Liquidated Damages）。如果没有规定违约赔偿金的数额，那么就将由法院决定是否要支付"未经算定损害赔偿金"（Unliquidated Damages）以及支付多少数额。

- 强制履行（Specific Performance）：这种补救办法就是，如果损害赔偿金并非恰当的补救办法（例如，如果原告想购买一件特别的不动产），则由法院命令被告人履行合同的义务。
- 禁令（Injunction）：为了避免违约，法院命令某人完成某事（强制性禁令）或者不得做某事（禁止性禁令）的一种补救办法。例如，一个制止供应商违反某排他合同的禁令。
- 按劳计酬（Quantum Meruit）：当合同部分履行时可采用的一种补救办法，已经提供利益或者履行工作的一方有权获得一定数额的补偿。

合同管理和风险管理

1.13 需要我们记住的重要一点是，法律并不是确定不履行合同的唯一因素。采购人员（或者合同经理）还必须监督并分析一系列财务的、技术的和绩效的数据，以确定供应商是否执行了价格、时间、质量和其他明示和默示条款，交付的货物是否符合规格的要求，服务是否达到协商的服务水平等。这是项目管理、合同管理、供应商管理和供应商绩效管理的关键内容：这些都是重要的风险管理内容。

1.14 许多采购可用的风险减轻措施（以及成本节约和改进），都需要通过买方与供应商在合同签订之后的合作来贯彻。如果买方组织没有积极主动地或有效地管理合同履行，则会出现下面一些不利后果。

- 供应商可能不得不控制合同履行和问题解决，导致不符合买方利益的不平衡的决策。
- 可能没有适时地（或根本没有）作出决策来保护或优化履行。
- 买方和/或供应商可能没有理解他们的合同义务和责任，从而形成恶劣的履行条件。

第十一章 风险控制的合同救济办法

- 合同双方可能存在误会和分歧,太多的问题可能不适当地升级处理,破坏了双方的关系。
- 进展缓慢(由于没有采取加速完成措施),或者没有能力继续下去。
- 可能没有实现预期的合同利益。
- 可能失去提高绩效、增加价值和获得竞争优势的机会。

1.15 另一方面,正面的、积极主动的合同管理具有很多重要的好处。

- 在合同签订与管理过程中提高了风险管理(尤其是在保持最低库存水平的动态供应环境中,给可靠的、风险受控的供应商绩效带来压力)。
- 提高了供应商的履行和承诺。
- 对持续的关系和绩效改进带来激励和动力。
- 增加价值(由有效合同管理和履行带来的)。

第二节 责任、赔款和保险

责任

2.1 在法律领域,责任(Liablility)实际上是指某种情形中一个实体所负有的法律和财务责任或义务。组织对债务承担责任,即在法律上有义务付清债务。根据一些法律概念,如过失侵权行为和违约损害等,由于其行为使其他人或其他实体遭受损失,他们也负有支付补偿金或支付损害赔偿金的"责任"。

- 严格责任(Strict Liability)是指一个实体在法律上对行为或过失造成的损害或损失负有责任,而不管其是否有过错(例如,蓄意为之或粗心大意)。为了鼓励实体采取所有可能的预防措施,法律对具有固有危险的情形适用严格责任条款。产品责任中包括严格责任,例如,制造商、分销者、供应商、零售商或其他向公众提供产品的人对任何他们造成的伤害负有责任。
- 替代责任（Vicarious Liability）是指上级对下级行为承担责任的情形：组织一般要对其雇员在工作过程中的行为负责。

诉讼风险

2.2 塞德格洛夫引述了一个 AXA 的调查。调查发现，对于中小型企业来说，可觉察到的最大威胁来自增加的诉讼：受到赔偿诉讼的威胁。随着"不胜诉、不收费"的法律服务越来越普遍，助长了这种威胁。"比起诉讼，更多的企业受到一般风险的损害，如火灾或者销量不好。企业仍然会立刻受到牵连，所以应采取措施来加以预防。"

2.3 公司可能受到来自以下几方面的诉讼。
- 雇员：由于不正当的解雇、歧视、健康与安全事件。
- 消费者：由于产品或服务故障，或者没有将建筑物建造为残疾人易于使用的。
- 客户或供应商：由于违约，包括不付款。
- 竞争者：由于违反知识产权或不公平竞争。
- 压力集团：由于企业社会责任或者破坏环境。

2.4 风险减轻措施的重点是道德和合规行为、员工培训、记录保持等。事实上，合同上的补救办法包括确保法律合同清晰、全面且经双方签署同意。

赔偿条款

2.5 赔偿条款用来保护一个企业免于遭受来自其他方面的危害：其他方对合同履行过程中发生的事件所产生的任何损失承担责任，并对受损害的一方或多方的损失作出赔偿。换句话说,就是将主要责任分配给合同中的另一方。

2.6 赔偿条款可能包括:成本或债务(例如,对违反合同条款或产品责任问题所引起的矫正成本或法律补偿);由于工作疏忽或工作缺陷造成买方财产的损失或损害;由供应商不当的专业意见导致的商业损失;由于另一方人员的疏忽,对买方员工、客户或第三方(如参观者)造成的伤害,尤其是当他们在买方建筑物中(如在清洁服务的情形中)或者客户建筑物中(如在外包服务交付的情形中)开展工作的时候。

2.7 下面列出了一般的赔偿条款,其目的是保护买方。

"由于供应商违反本合同中规定的任何义务,直接或间接地让买方产生的所有成本和损失,供应商应当给予补偿。"

保险条款

2.8 买方常常希望确认,当由于违约产生赔偿或法律损害赔偿金的时候,供应商有能力支付赔偿金。买方常常在合同中要求供应商购买必要的保险来为此担保。我们将在第十二章讲述保险的不同类型。

2.9 下面可能是一个全面的赔偿和保险条款。

"在没有侵害到买方可利用的任何其他权利或补救办法的情况下,由于与合同履行有关的供应商或聘用人员的疏忽或故意行为或遗漏,对任何买方财产造成的所有损失或损害,以及在如下几方面产生的或引起的所有要求和诉讼、损失、成本和费用,供应商应当对买方进行补偿:

　　A. 与合同履行有关的任何聘用人员的死亡或人身伤害(由于买方疏忽造成的除外)。

　　B. 与合同履行有关的供应商或聘用人员的疏忽或故意行为或遗漏,造成其他任何人的死亡或人身伤害。

　　C. 与合同履行有关的供应商或聘用人员的疏忽或故意行为或遗漏,

造成任何的财产损失或损害。"

"根据任何有效法律的要求以及本合同中规定的供应商应承担的适当义务，供应商应当提供财力，在合同期间购买并维持这样的保险。这类保险应当包括第三方责任险，每次和所有索赔的赔偿额不得低于'200万英镑'。"

健康与安全

2.10　除了上面介绍过的保险和赔偿规定，还有另外一个买方和供应商均须遵守的法律要求，即《职业健康与安全法案1974》及有关法规。

2.11　对于买方来说，利用合同条款来提醒供应商满足如下要求的做法也很常见：《职业健康与安全法案 1974》所规定的法律要求；供应商的合规责任；供应商确保其在买方（或者买方的客户）建筑物工作的人员遵守这些建筑物健康与安全要求的义务。如果供应商没有遵守法律，造成买方承受的任何责任、成本、损失或费用，买方也可以要求供应商进行补偿。

2.12　下面列出的就是一个这种类型的简单条款。

"所有货物均应安装所有必要的安全防护装置。你方有责任在货物与服务方面遵守《职业健康与安全法案1974》。如果你方未能遵守，并由此造成对我方的任何责任、成本、损失或费用，都应对我方进行补偿。

当你方在我们建筑物中或我们客户的建筑物中提供任何服务或者安装货物时，你方应确保你方员工遵守我们的或我们客户的建筑物内的要求。"

责任范围

2.13　"免责条款"（Exclusion Clause）这一术语适用于下面的合同条款：
- 完全免除一方部分违反合同（如劣质货物的供应）造成的责任。

- 以某种方式限定或限制其责任。
- 试图提供某种形式的"担保",以取代违约的普通责任。

2.14 这些条款过去常常出现在印制合同和制造商、分销商和货物承运商等提出的销售条件中。不过,现在法律的趋势是限制免责条款的使用,尤其是在涉及私人公民或消费者的交易中,这些人一般不阅读或不理解摆在他们面前要他们签字的"小字印刷文字"有什么影响。

2.15 关于过失(Negligence):
- 在商务活动中,如果因为过失造成了他人死亡或人身伤害,都不可以减免责任。任何试图减免此类责任的条款都是被禁止的。
- 在商务活动中,如果因为过失造成了损失(死亡或人身伤害除外),也不可以减免责任,除非这个免责条款是"合理的"。

2.16 关于违约(Breach of Contract),任何声称要以标准条款合同(其中,一方按另一方的书面标准商业条款成交)或者消费者合同(企业与消费者之间为了普通个人用途销售货物)形式免除或限定责任的条款都是无效的,除非它是"合理的"。证实免除条款"合理性"的负担落在希望依靠该条款免责的一方身上。根据合同签订时合同双方已知的(或者按道理应该知道的)或可以预料到的情形,条款内容必须公平、合理。

第三节 合同履行

3.1 为了明确合同履行有关质量、价格和时间等的关键内容,可能会在合同中加入许多明示条款。

测试、检验和验收条款

3.2 检验和测试条款可以用来规定:

- 法律上，买方在货物检验和/或测试以确认它们符合规格和符合用途之前，有权拒收货物（接收可能意味着所有权的转移和风险的转移）。
- 允许买方有合理的时间来检验和测试购进的货物。

3.3 有关的验收条款可能规定，买方有权由于种种原因拒绝货物，如质量缺乏或交付延迟（即规定了"时间是关键因素"的合同）等。

3.4 有一系列条款可以用来支持绩效管理，尤其是在外包合同中，以确保供应商在特定 KPI 和关键成功因素上的绩效。下面举几个例子。

- 检验权利条款，给外包方提供检查供应商建筑物、流程或绩效来监督遵守情况的权利。
- 进度绩效条款，使之成为一个合同的条件条款，即根据规定的进度或者在规定的时间范围或响应时间内执行某些任务。
- 对特定不履行的罚金（如违约赔偿金），以及对履行或改进的奖励（如收益分享安排、奖金的支付）。

所有权的转移

3.5 一般来说，货物所有权在双方想转移的任何时点都可以从卖方转移到买方。如果双方没有明确表明他们的意图，则根据英国《货物销售法案1979》第 18 节规定的各种规则，完成所有权的转移。不过，合同可以明确地规定买方接受所有权的恰当时点。

- 买方可能希望规定，当货物在经过检验、测试或其他程序之后正式交付或验收的时候转移所有权。
- 供应商则希望规定，只有当货物款项付清时才转移所有权。这样，如果买方没有付清款项（或者破产），卖方就可以重新获得自己的货物。这被称为所有权保留条款，或者罗马尔帕条款（Romalpa Clause）。标准的所有权保留条款如下：

"根据本合同提供的所有货物，直到买方完全付清款项之前，仍旧是供应商的财产。"

- 买方可以在检验和付款后获得货物所有权，但可以要求供应商保留部分或全部货物的所有权，以便降低其自己的存货。

价格

3.6 合同条款可以用来阻止或限制供应商在合同履行期间涨价，或者添加最初报价或标书中没有包括的"杂费"。例子如下（在第七章简要地介绍过）：

- 合同履行期间固定价条款。本质上，将所有与成本有关的风险都转移给供应商或承包商。
- 合同价格调整条款，详述新价格或价格变动是如何确定并获得各方一致同意的。本质上，与供应商或承包商一起分担成本有关的风险，也通过价格调整和实际成本上升（或下降）的联动机制来减轻一些风险，而不是协商一个含有夸大"应急"要素的先期价格。
- 争议解决条款，详述价格争议如何解决。

履行时间

3.7 履行时间方面的明示规定（如装运、转移或交付日期）一般被当做商业合同和其他合同的条件条款，时间流逝会大大影响货物的价值。

3.8 这样的时间规定一般被作为货物基本描述的一部分，而且受到默示条款的约束（《货物销售法案1979》第13节）。可是，明确地提出"时间是关键要素"也是比较常见的做法，这样买方就可以坚持合同中规定的交付日期。在这种情况下，如果在合同履行中存在延迟，受伤害的一方可以将其视为违背条件条款而不付款（并且即使提供了，也可以拒绝接受履行的延迟）。

分包和转让

3.9 由于买方对于确保供应商所生产的货物或提供的服务的质量有着关键的利益，因此，他们不想让供应商把合同移交给第三方，他们无法对转包商进行资格预审和审核。最初的供应商应对第三方造成的任何故障承担责任，但这种风险对买方来说仍旧是不可接受的。

3.10 一般来说，之所以选择这个供应商是因为他独特的质量。（因此，把合同转包给第三方，往往有悖购买者的初衷。）

3.11 分包和转让条款可以用来预防未经事先书面同意就进行分包或转让的情况。典型的条款可能如下：

"事先未经买方书面许可，供应商不得将本合同全部或部分工作分配或转移，或者将根据本合同提供的任何货物的供应或生产转包出去。"

违约赔偿金

3.12 违约赔偿金条款是用来保证买方在遭受因供应商延迟完成合同或不符合要求地完成合同所产生损失的情况下，获得相应的赔偿金，同时用来激励供应商履行合同。这种条款常常用在大型合同中，如资本设备或建筑工程合同。

3.13 违约赔偿金的目的是将受侵害的一方恢复到合同正确履行时其应有的状态：它们是"补偿性的"，而非"惩罚性的"补救办法。所以，如果卖方没能交付货物，买方违约赔偿金的数额就是协商合同价格与买方按当前市价在其他地方购买货物所需支付的价格之间的差额。

3.14 作为争端和关系管理的一种主动的方式，合同双方均同意违约时偿付一定的数额，或者双方可能根本不会讨论这件事情。

- 当合同没有规定损害赔偿金的时候，法庭会决定须支付的损害赔偿金。这种损害赔偿金称为"未经算定损害赔偿金"（Unliquidated Damages）。
- 如果在合同中规定了损害数额，则被称为"违约赔偿金"条款。

3.15 该条款规定了违约时应以预先确定的数额（例如，每延迟一天 X 英镑，这是不履行合同造成的损害或损失的真实估计值）支付赔偿金。如果发生违约，该条款具有强制效力，一般不用诉诸法律。如果双方一致同意该条款，买方可以简单地从其付给供应商的款项中扣除损害赔偿金即可。

3.16 即使实际的损害赔偿金要比合同中规定的违约偿金多，索赔方也只能根据规定的违约偿金要求赔偿。

3.17 如果该条款只是出于抑制或震慑的目的（努力将合同不履行的风险最小化）而被写入合同，法律上就会将其视为惩罚条款（不管在合同中是如何命名的）。这样的条款在法律上不具有强制力，即使出现违约也是无效的。受伤害一方必须在法庭上证明其所遭受的实际损失。未经算定损害赔偿将由法庭进行评估并执行支付。一般来说，如果条款没有显示出对违约前的损失进行真实估算的意图，就会被认定为惩罚条款。例如：

- 规定的金额不合理地高。
- 出现一种或多种违约现象，都用同一笔损害赔偿金来赔偿，不管这个违约行为是微不足道的还是严重的。
- 规定的对未付款导致的违约进行赔偿的损害赔偿金金额要大于需要支付的全部付款金额本身。

不可抗力条款

3.18 根据普通规则，除非另外达成协议，一方只要没有履行合同义务，不管理由是什么，都被认定为违约，就必须承担损害赔偿金。法律上的"不履约"原则，旨在减少普通规则的残酷性，允许一些理由充足的未履约行为的存在。

3.19 不可抗力（Force Majeure）条款是为了免除合同各方违约的责任，如果这种违约是由于不可预见的、他们自己无法负责的、不可避免或克服的各种情况导致的。

3.20 这些情形的例子包括"自然灾害"；洪水、地震、火灾、暴风雪和其他自然物理灾难；战争、革命、暴动或国内动乱；一般的劳资纠纷（不限于供应商或其分包商的雇员）等。这些情形不会自动地挫败或终止一个合同，但可能会影响延期交付或不交付，与此有关方面的责任应予以免除。

3.21 不可抗力条款应当（根据 CIPS 格式条款）：

- 说明和本产业或市场相关的不可抗力包括哪些内容。
- 说明一旦出现不可抗力影响合同履行的情况，任何一方都有义务通知另一方。
- 说明只要能够证明确实是因为不可抗力导致无法完全履行合同，就不被认定为合同违约。
- 如果不可抗力导致合同耽误了 30 天以内的时间，那么合同就暂停相应的时间。
- 如果不可抗力导致合同耽误了 30 天以上的时间，在双方同意的情况下，合同可以终止。（之前已经完成的工作应获得合理的报酬。）

3.22 简单的不可抗力条款如下：

"如在合同签署后因为不可抗力的原因导致合同无法履行，则任何一方无需承担违约责任。不可抗力包括但不限于：战争及其他战事、恐怖活动、革命、暴乱、地震、水灾或其他自然灾害，及产业纠纷（不限于合同双方或其分包商的雇员）。"

申诉机制

3.23 申诉机制（或者争议解决机制）是解决合同关系或商业关系中双方或多方之间产生的不满、问题或争端的结构化流程。为了确保合同履行和关系问题能够得到处理，最好不通过诉诸法律而耗费资源和破坏关系，合同中常常规定一系列申诉机制。

3.24 在买方与供应商关系中，供应合同常常包括规定用来解决合同双方之间争端、必要时如何将争端"升级"（更进一步或者更高层级）的方法的条款。

3.25 在 2001 年，英国商务部（OGC）提出了争议解决指导原则，指出："争议解决技术可以被视为一个连续系列，从合同双方之间自己举行的很不正式的谈判，到引入外部资源的更加正式和更直接干预的方法，再到按照严格程序规则举行的法庭听证。"

3.26 合同中规定的申诉机制一般是"非司法的"（不在法庭内解决），而且包含一系列"备选争议解决"（ADR）机制。例如：

- 磋商（Consultation）："问题"管理的一种形式，其中，在问题发生之前（或者一旦问题发生，尽可能快地），会讨论冲突可能的原因，并且另一方有机会提出自己的意见。例如，买方会正式或非正式地与供应商磋商，是否需要变更合同条款。
- 谈判：常常用作一种官方机制，解决与供应商的合同争端和关系问题。合同可能会对"升级途径"作出规定：一般由买方供应商谈判开始，然后逐渐升级到由有关组织的高级管理代表组成的联合论坛。
- 调解（Conciliation）：一个通过讨论来解决冲突或不满的过程，由一名公正的调解员协调，其作用是控制该过程，并提出建设性的建议（而且不是为一方或另一方作出判断）。通过协商达到双方可接受的状态，如果可能，达成一种双赢的结果。

- 调停（Mediation）：在调解之后如果还没有达成自愿的解决，则诉诸调停。必须任命一位独立的人士（或者陪审团），由他来考虑双方的情况，并提出正式的建议与意见（不局限于任一方），作为解决争端的基础。

- 仲裁（Arbitration）：任命一位双方都可接受的独立人士（或者陪审团），在正式的、封闭的过程中，由他来考虑双方的论据，并且作出法律上对双方具有约束力的决定或判断。因为诉讼的缺点及成本，越来越多的采购者及供应商把上诉到法庭作为最后一步棋，因此通常都会在合同中规定必须首先通过仲裁来解决争议，这就是"仲裁条款"。通常，在仲裁协议中会包括一旦出现争议必须开始仲裁程序的时间限制。合同中可能会明确仲裁员，或者在争端发生的时候任命一位仲裁员。这种约定的另一个要点是，合同双方必须遵守仲裁员的决定，它具有类似于法庭决定的效力。

3.27 另外，合同可能还包括处理不满、合同变更和"索赔"的特别规定（我们将在本章第六节模版合同中介绍这些内容）。

第四节 知识产权保护

知识产权（IPR）

4.1 企业往往花费大量的时间和金钱开发能给他们创造利润的概念、流程、设计及其他无形资产。一旦这样做了，他们自然希望确保自己能收获所有的利润，而不受其他人的干扰。在这些方面，法律通过提供一系列的手段来保护"知识产权",帮助这些人保护自己。这些法律源自习惯法和法规(尤其是《著作权、设计和专利法案1988》)。

4.2 关于知识产权的所有权与保护,有各种法律规定。

- 技术发明受到与专利有关的法律的保护(如《专利法案 2004》)。为了保护发明,所有人向知识产权局申请专利授予和注册,有效期为20年。专利所赋予的权利是对发明使用和商业开发的控制权(包括向其他方提供的许可使用证书)。如果专利受到了侵害,可以提起民事诉讼,以阻止进一步滥用和获得损害赔偿金或利润补偿。

- 具有独特设计(形状、图案或装饰)的产品受与注册设计有关的法律的保护。设计可以在英国知识产权局注册,保护期为5年(期满可延5年,最长不超过25年)。不论在何种情况下,自动的"非注册设计权利"从物品首次出售算起有10年有效期,或者从其首次设计算起有15年有效期,以最短的那个计算。在这一期限的最后5年,任何向所有人支付版税而制作物品的人都可以获得一个许可。如果任何设计权利受到侵害,补救办法是禁令加上损害赔偿金,或者利润补偿。

- 与企业所用某一特定商标或标识关联的信誉受商标法和服务标识法的保护(英国《商标法案1994》)。在滥用非注册标识的情况下,标识所有人的主要追索权是根据习惯法起诉"假冒"这一民事侵权行为:通过蓄意与另一个(知名)品牌或组织造成混淆来欺骗公众。注册商标(注册机构正式登记过的商标)是受保护的,不得使用与注册标识所覆盖的那些相"类似的"货物或服务标识(造成公众混淆的可能性)。

- 原稿、戏剧、音乐和艺术品等(包括图形和计算机程序)是由著作权法(《著作权、设计、专利法案1988》)来保护的。保护权利从作者(或者其他指定所有人)死亡年份的最后一天自动生效,有效期70年。侵犯著作权常常意味着有人复制或改编了他人创造的作品。

4.3 由于以下方面产生的问题，IPR 风险问题成为近几年的焦点。

- 现有的知识产权法是否足以处理新数字格式，特别是考虑到现在流行下载、共享和利用数字内容的做法，同时受到消费者和活动分子维持不受严格知识产权控制的"因特网自由"的强大压力。
- 像智能手机和平板电脑等应用专利技术的许可，公司之间（如三星和苹果等）为保护专利价值、促进技术创新的法律较量不断升级。

4.4 IPR 条款的目的是强制保护合同任一方拥有的设计、专利和著作权。

4.5 对于买方来说，重要的是确保货物和服务合同中对于可能发生这些问题的地方进行了足够的保护。下面给出了一个条款示例，规定了对买方的保护。（一个更复杂的条款是针对侵害知识产权所引起的任何索赔或成本，谋求供应商的赔偿。）

- 凡为履行本合同，承包人特别准备或开发的所有文件、图样，计算机软件及工作的相关知识产权权利都被合法授予客户。
- 所有在合同履行过程中由承包商开发和采用的、不属于客户的知识产权，应属于承包商。承包商特此向客户发放一个免版税的、全世界的、非排外的知识产权使用许可证。
- 客户提供给承包人的、与本合同相关的所有文件的版权及其他物品的知识产权权利仍为客户的财产，即所有权仍属客户。
- 为了更好地提供服务，应承包人或其员工、分包商或代理人的要求，客户在此授予承包人非独家的、不可转让的许可，允许其使用自己拥有的（或有权这么授权的）所有知识产权权利。该许可仅仅是在本合同期内并仅用于承包人为履行本合同义务。
- 对于在遵守这一条款的规定的过程中所引起的合理成本，承包商应给予客户适当的补偿。

保密条款

4.6 保密条款的目的是,在合同履行过程中,当他们需要给另一方提供其运营信息访问权时,保护合同双方的利益。

4.7 保密条款应该对"机密信息"作出界定(例如,信息对某个人是机密的,或者明确说明就是机密的),并且应该规定,另一方须采取所有适当的步骤来保护这些信息的机密性。

4.8 某些时候,对机密性要求甚至会更严格,一方可能会要求另一方签署一份单独的"保密协议"作为合同的附件。

第五节　国际供应源搜寻合同

国际供应源搜寻中的机会(上行风险)

5.1 进行国际供应源搜寻,可以获得一些机会。

- 可以获取所需的材料、设施和/或技能,这些也许在本地供应市场上无法获得(或者以适当的价格无法获得)。
- 可以利用更广泛的供应商基础,有机会选择最有竞争力的供应。如果任何单一市场无法可靠地满足需求,通过国际供应源搜寻则可以灵活地改变供应源。
- 成本节约的机会。从历史的角度来讲,这已经成为国际供应源搜寻的首要动因。由于廉价的工资、供应资源(例如,易于获取当地充足的原材料供应)、规模经济、政府出口补贴或有利的汇率等因素的影响,比起国内供应市场,某些海外国家具有显著的价格竞争优势。

- 富有竞争力的质量，源自供应商利用原材料品质、技能和技术专业化，或其他文化中的质量价值观和管理技术等的能力。
- 降低法规和合规性负担。在质量标准、健康与安全、最低工资水平、环境保护或者知识产权保护方面，有些海外国家可能具有更为宽松的法规体制。尽管对于进口者来说，这是信誉和合规性风险的一个来源，但是它也可以使组织在成本上节约一些。
- 充分利用 ICT 技术，如虚拟组织、电子供应源选择和电子采购、合同管理和供应商关系管理与沟通。
- 提升自己与那些从上述优势中获益的竞争者展开竞争的能力。

国际或全球供应源搜寻中的下行风险

5.2 国际供应源搜寻和贸易也为企业带来了一系列风险。根据特定形势的不同，可能包括如下几点。

- 社会文化差异（包括商业习惯、消费者行为、沟通和谈判风格、管理风格和社会价值观）：给沟通带来了潜在的障碍；在跨文化营销、采购和管理战略上困难重重；而且，在有些领域增加了贪污与受贿的风险。
- 语言障碍：有可能发生误会（影响一般沟通的有效性，从法律意义上来说，同样会影响合同的有效性）。
- 法律问题：例如，在解决合同争端时该适用哪个国家的法律。
- 物流和供应风险：源自长距离供应线路、较长的供应前置期；运输过程中货物损失、损害或变质的风险；在这种环境中所有权和风险的转移、保险责任等可能不明确。
- 技术风险：缺乏技术专长、供应和资源、基础设施。
- 增加了人员和运营的安全风险：绑架、敲诈、恐怖主义活动和国内动荡。

- 由于合同期间外国货币价值可能波动，从而带来汇率风险（需要采取远期外汇合约之类的措施）。
- 支付风险，源自合同双方有限的直接接触、不同的法律体系和可能的货币限制。
- 难于监督和保证海外供应商运营的质量、环境和道德标准（尤其是在缺乏当地标准、法规和法律的国家和地区），引起质量、合规性和信誉风险。
- 海外环境中一般的 STEEPLE 因素风险：政治不稳定、政府的企业国有化、经济不稳定、通货膨胀、保护主义政策（关税、配额等）、不完善的技术基础设施，以及不完善的教育基础设施和技能训练等。

价格和成本风险

5.3 国际供应源搜寻虽然有很大的成本优势，但同时也带来了与成本有关的许多风险。

- 有些情况下，获得相关信息很困难（例如，无法到现场参观与监督绩效），质量标准和法规体制可能存在差异（无法提供足够的合规性保证），因此会增加新供应源识别、评价和开发的成本。
- 鉴于国际交易单证的复杂性、时区的差异、需要详尽的合同、规格和合同管理等，交易成本较高。（通过电子采购和电子商务技术，可以在某种程度上减轻一些，但这些技术本身又需要投资，并且带来技术风险。）
- 运输风险和延迟造成的成本，原因在于运输距离与前置期，在搬运、存储和运输过程中货物有可能变质、损害和损失。减轻这些风险的风险管理措施会增加成本，如特殊的包装、冷冻、保险、催交系统等。

- 汇率风险，由于买方或供应方货币价值波动（见第五章）和货币管理成本（获取外国货币、安排信用证等）而造成的。

- 支付风险，由于距离造成的供应商收款信心降低（特别是承担了未交付、货物损失或提前付款货物的拒收等风险）和风险管理措施的复杂性（例如，信用证和汇票，从 CIPS 四级课程的学习中你应该熟悉这些支付机制的细节）。

- 与贸易关税和非关税壁垒有关的成本，如烦琐的通关程序和文件、进口关税和税额，以及进口配额等。

与质量标准有关的风险

5.4 质量风险是由许多因素造成的。

- 在距离遥远的情况下，或者涉及不同报告体制的情况下，难于获得经过验证的供应商资格预审信息（例如，通过实地访问或财务报表）。

- 在距离遥远的情况下，难于监督供应商的质量管理体系，或者对产出进行抽样验证。

- 在供应链文件不完善、缺乏沟通基础设施的情况下，难于对供应商自己的供应链进行检查。

- 对价格竞争的重视可能鼓励质量方面的偷工减料行为。

- 在消费者保护、标签和其他质量问题等方面的法规体制上存在差异（例如，涉及质量低劣的材料或成分）。

- 质量标准和有关因素方面的差异，如职业教育和管理发展、技术基础设施、可用的质量输入、对质量管理标准和技术的认识、工作条件、对质量的投入、受文化影响的质量价值观和认识。

5.5 管理这类风险的重点在于：对供应商进行严格的资格预审与监督；对质量

要求、公差、服务水平和 KPI 制定严格的规格；为了提高质量性能进行合同奖励与惩罚；使用治理机制来启动问题解决和争议解决流程；利用第三方当地代理人或顾问来开展供应商评估和绩效管理任务。

国际供应风险

5.6 国际供应市场和供应链中的供应风险可能包括：

- 由如下因素引起的供应中断和供应商破产风险：海外区域的政治不稳定、国内动荡、战争或恐怖主义、贸易政策变化（如强加进出口配额）、行业动荡或自然因素（如干旱、洪水、地震或疾病）等。
- 运输风险：鉴于距离太长以及涉及的前置期，运输过程中货物损失、变质、损害或盗窃的风险，搬运、存储环节和运输条件（灰尘、压力、水）等方面的内在风险。海上抢劫或战争破坏对世界某些地区的海运或公路运输构成风险。自然因素也可能造成延迟：最近的例子包括大雪中断了公路运输，还有火山喷发中断了航空运输。
- 由于运输距离加大而增加了供应前置期（尤其是较慢的运输方式，如海运或公路运输）；由于天气或交通堵塞引起的延迟；由于关税审查和检验引起的延迟；由于无效的运输规划引起的延迟等。
- 由于语言差异或谈判、规格或供应合同等的翻译（不同文化中术语和概念的含义不一样），导致误解需求（在数量、时间、地点或其他方面）的风险。
- 沟通迟缓造成的问题（例如，由于落后的通信设施或时区差异）。

5.7 这类风险的管理，一般强调如下一些措施。

- 积极主动的需求预测和采购规划，考虑到现实的国际供应前置期。
- 为了将交付、关税审查等的安全和效率最大化，进行积极主动的运输

- 规划。
- 严格的风险识别、监督与评估,包括定期更新供应风险登记簿。
- 应急计划:对于不太可能发生但可预见的风险事件制订行动计划,采取减轻措施(适当的话,制定备选的本地"后备"供应源)。
- 购买适当的保险,覆盖到可能的和/或高影响的意外事故,使用国际商会国际贸易术语解释通则,确定买方和供应商的保险责任以及在存储、运输和搬运过程中的风险责任。
- 与供应商合作,将已识别的风险降至最小,支持灾难恢复与供应连续性(例如,在发生地震或海啸之后,丰田在重建中对其供应网络的支持)。
- 利用第三方服务供应商(如代理人、货运代理公司或物流供应商),以便获得国际专长和当地公司支持,并共担或转移风险责任。
- 使用国际商会国际贸易术语解释通则,将合同模糊性降至最小;明确所有运输阶段的风险、成本和保险;明确风险从卖方转移到买方的时点。
- 在合同和协议谈判与签订过程中,使用当地代理人或顾问或笔译与口译服务。

合规风险、法律风险和信誉风险

5.8 国际供应源搜寻中其他类型的风险可能来自如下一些因素:
- 法律框架的差异(例如,在合同法、健康与安全、就业、环境保护和知识产权保护方面)。

  这类差异可能会引起直接的商业和项目风险:例如,知识资产的损失;违反供应合同和诉讼或仲裁的成本;不安全材料或成分的使用。(买方最终为消费者的损失或损害负责。)

由于其劳动标准不完善、供应链造成的不良环境影响，对买方也可能造成信誉损害。

- 围绕"适用法律"的问题：关于国际合同中合同双方的争端，决定使用哪个国家的法律体系进行仲裁。人们正在作出努力，尤其是在贸易集团内部，以协调法律框架，并建立国际仲裁体系。
- 道德标准的差异及其管理成本与复杂性，例如，对供应商进行道德上的监督。鉴于公众越来越关注人权、道德贸易等问题，道德问题不仅直接影响商业实践（例如，与贿赂或"润滑金"有关的成本与道德冲突），而且引起信誉损害的风险。

5.9 对有些风险可以在运作中进行管理：通过供应商监督、合同中投诉机制的规定和关系管理计划；保险；国际商会国际贸易术语解释通则的使用等。在战略的层面上，采购专业人员需要建立政策指导方针（例如，在道德和风险管理方面），并且执行持续的环境监督与研究。他们还需要对供应网络配置作出重大的战略决策，例如，使用代理人、货代公司、物流供应商、战略同盟或当地战略业务单元（或分支机构），来帮助管理国际供应链关系。

国际商会国际贸易术语解释通则的使用

5.10 国际商会国际贸易术语解释通则（Incoterms）是国际合同可以采用的一套合同条件或条款，其目的是在国际的范围内实现理解与通用。《国际商会国际贸易术语解释通则 2010》对于国际贸易中确定卖方和买方义务的许多术语规定了普遍公认的解释。该文件根据商业实践的发展，定期进行更新。

5.11 合同中使用 Incoterms 可以节省许多谈判工作。合同采用 Incoterms 时，则 Incoterms 相关的详细规则都将适用于该合同，从而明确风险领域与责任。Incoterms 中详述的领域规定了交付各阶段买方和卖方的义务，并且以此作为检查和管理合同履行的框架。

国际申诉机制

5.12 买方和供方所在国的法律体系可能是不同的，协议各方必须就两件重要的事情达成一致。

- 根据合同，在发生争议的情况下适用哪一国的法律？
- 应该到哪个国家的法庭解决争议？

5.13 在英国，《合同（适用的法律）法案 1990》为《关于合同义务适用法律 1980》的《罗马公约》赋予了法定效力。《罗马公约》允许合同各方选择约束他们之间合同的法律，这种选择必须在合同文件中明确地表达出来。不论出于何种原因，当合同双方没有就合同的法律作出选择时，《罗马公约》第 4 条规定，约束合同的是与之"最有关系"的国家的法律。

5.14 仲裁是国际争端中最常用的争议解决形式。利用国际商会（ICC）仲裁法庭，或者联合国国际贸易法律委员会（UNCITRAL）仲裁准则，我们有非常成熟的国际争端仲裁框架。仲裁引入中立的措施，这样任何一方都不会由于诉讼地区、使用语言、适用程序等事宜受到不利的对待。

5.15 在仲裁之前，合同双方必须都同意使用仲裁。双方既可以在争端发生之前，也可以在发生之后对此达成一致。不过，良好的风险管理流程应确保在签订国际采购合同之前考虑这个问题。

5.16 在合同中采用 Incoterms 意味着法庭会默认法律中 Incoterms 标准，但 ICC 会对争端进行仲裁。如果这一行动被认为是值得的，ICC 会建议在合同中包括下列条款。

"本合同所产生的所有争端,应最终依据《国际商会调停与仲裁条例》,并由依据该《条例》任命的一位或多位仲裁人加以解决。"

5.17 投诉机制也可以用作在企业与社区之间建立公开的、透明的和公正的沟通渠道的一个工具,作为一个负责任的组织处理可持续发展和社区关系的途径。

5.18 它们可以为当地社区提供一个表达并解决与发展项目有关的问题的渠道(如劳工权利或环境问题),为公司提供了一个解决此类问题的途径。同时,这种机制和论坛有助于公司系统地识别可能带来国际发展项目风险的新出现的问题和趋势,以此为基础,进行积极主动的问题管理和信誉保护工作。

5.19 世界银行提出:"基于本地的投诉解决机制建立了一个可靠的结构和一套方法,提供了一种有前途的途径,本地和公司可以一起从中找到有效的解决方案。"这种投诉机制一般承认一系列的国际上公认的人权、劳动和环境标准,将其作为期望的结果和补救办法的基础。

第六节 模版合同

模版合同

6.1 模版合同(Model Form Contracts)通常由第三方(如贸易协会及专业团体等)制定并发布,结合了特定行业内出于特定目的的合同标准做法,并且确保了买方和卖方合同权利与责任的公平的平衡。

6.2 模版合同常常用于在特定行业中建立买方与卖方之间的合同条件,成为买卖双方都普遍认同的商业和法律模式。根据某些特定的商业环境和买卖关系,可对模版合同进行适当调整。

NEC（新版工程合同）

6.3 英国土木工程师学会制定了一份新的模版合同，使建筑行业的合同条款实现了标准化。新版工程合同被用在土建、工程、建造、电气和机械等领域中。该合同最初是在20世纪90年代初制定的，目的是为了引入一种不会自相矛盾的合同战略，以更好地促进对项目的管理。

FIDIC（国际咨询工程师联合会）合同

6.4 国际咨询工程师联合会代表全球的工程行业。这个联合会为世界各地的建筑行业制定了一系列模版合同，包括：

- 建造合同（雇主设计的建筑及工程项目的建造合同），即红皮书。
- 生产设备和设计—施工合同（电气的及机械的生产设备合同及承包人设计的建筑及工程项目合同），即黄皮书。
- 短格式合同，即绿皮书。
- 设计—建造—运营（DBO）合同。
- 与咨询者相关的协议格式：客户/咨询顾问服务协议（即白皮书），子公司协议及合资企业协议。

6.5 FIDIC合同包括风险、职责、责任、赔偿、保险和不可抗力等条款。

使用风险登记簿和风险警告的规定

6.6 NEC合同结合了一个被称为风险登记簿（Risk Register）的管理工具。其目的在于，以一种合作的和积极主动的方式，支持项目风险管理。该合同（第11条）将风险登记簿定义为"关于合同数据中所列各风险以及项目经理或承包商已作为早期警告事项通知的各风险的登记簿"。

6.7 每一方都把他们在合同中看到的（大体上是价格、时间和质量风险）和他们想要控制的风险列出来。内容上的最低要求是对风险进行描述，再加上避免或减轻风险所需的行动措施的描述。在签订合同时没有预见的风险，可以在日后添加到风险登记簿中。

6.8 第16条进一步提供了警告程序（Warning Procedure）。如果出现一个不可预见的风险，项目经理或承包商必须将任何影响价格、时间或质量的问题通知另外一方。如果必要的话，应召集风险减轻会议，这样有关各方可以合作制订计划，克服新出现的风险。项目经理有义务更新与修订风险登记簿，反映所讨论的问题与任何作出的决定。

赔偿事件的规定

6.9 由于"赔偿事件"的概率，风险登记簿、警告程序和风险减轻会议在NEC中是重要的。赔偿事件是NEC合同中的一种机制，通过这种机制，承包商可以提出索赔（针对增加的时间和/或成本），为意外事故的负面影响得到相应的补偿。

6.10 如果所发生事件的风险根据合同是由雇主负责的，并且事件是突然出现且承包商遭受了负面的影响（如增加了成本），承包商可以将该事件看做一个赔偿事件，并且对付出的额外时间或金钱提出索赔。

6.11 这一机制的含义是要限制项目进行期间可能产生的争端数量。允许提出索赔的事件限于那些合同中已经特别认定为赔偿事件的事件。如果某一特定事件没有包括在内，即使该事件事实上在工作执行过程中推迟了承包商的工作，或者产生了额外的成本与开支，承包商也不能提出有关那一事件的任何索赔。

6.12 如果产生的新风险最终导致承包商的索赔（作为一个赔偿事件），而且如果人们相信承包商本应该及早通告这种形势及其潜在的影响（使用警告程序或风险减轻会议）但却没有这么做，那么赔偿金的数额应该有所降低。换句话说，就是承包商没能及早地、在还可以采取措施来消除或降低事件影响的阶段提请项目经理注意事态发展，从而未能履行自己减轻损失的义务。

6.13 当一个问题已经作为一个项目风险而被提出，但没有制订减轻计划，或者项目经理没有考虑所需的减轻措施，这会被记录在风险登记簿中。如果问题随后升级为一个赔偿事件，该登记簿就可以用来反映是否给出适当的警告。这将有助于承包商用事实来支持其索赔，避免由于没减轻风险而受到的惩罚。

6.14 承包商必须决定他们是否提出了有效的索赔，而项目经理必须谨慎地评估从承包商那里收到的任何索赔，以便确定它是否需要评估或驳回。有效的赔偿事件是指：

- 不是由于承包商失误造成的事件。
- 合同中规定的赔偿事件之一。
- 已经发生的事件。
- 对承包商成本、关键日期和完成日期产生影响的事件。
- 在合同规定的时间期限内，就额外增加的成本与时间提出的索赔。

本 章 小 结

- 风险减轻的一个重要内容是谨慎地起草供应商合同，在合同中这应当澄清所有各方的义务以及出现问题时如何处置。
- 利用在赔偿、保险和责任范围方面的具体条款，明确（也许是限定）签约各方的责任与义务，是一种常见的做法。

第十一章 风险控制的合同救济办法

- 与履行有关的典型合同条款涉及测试与检验、商品所有权的转移、价格、履行时间、分包和转让、损害赔偿金和不可抗力。
- 通过合同条款来保护知识产权也很常见。这些涉及发明、设计、商标和保密。
- 在国际范围内组织项目变得越来越普遍,但这会增加另外的风险。例如,文化差异、汇率和不同法律体制等所造成的特定风险。
- 模板合同是由第三方专业机构发布的,包含了特定行业中的标准惯例。

自测题

括号内数字为参考答案所在段落。

1. 请区分两组概念:明示条款和默示条款,条件条款和保证条款。(1.3)
2. 如果违反合同,对受损害一方的补救办法可能有哪些?(1.10~1.12)
3. 赔偿条款的含义是什么?(2.5)
4. 什么是免责条款?(2.13)
5. 在合同履行过程中可以防止供应商提高报价的条款有哪几种?(3.6)
6. 违约赔偿金条款和惩罚条款的区别是什么?(3.14,3.17)
7. 知识产权条款所保护的资产有哪几类?(4.2)
8. 从国际供应源搜寻政策中可以获得哪些好处?(5.1)
9. 在采用国际供应源搜寻的时候,关于价格和成本方面的风险有哪些?(5.3)
10. 在 NEC 合同的情况下,什么是赔偿事件?(6.9)

第十二章

风险管理中的第三方

对应大纲内容

3.2 分析在供应链风险管理中使用外包第三方

- 将信誉评级和其他商业服务外包给第三方服务提供商
- 将供应链风险审计外包给第三方服务提供商
- 将灾难恢复服务外包给第三方服务提供商

3.3 评估保险在防止供应链风险中的应用

- 保险在防备风险中的应用
- 保险的主要类别：雇主及公共责任、专业责任、产品责任和交易信誉
- 保险的法律原则
- 保险与索赔

引言

在本章中，我们介绍另一个通用的风险管理方法，即使用第三方服务或资源。

在本章第一节，我们将介绍各种第三方服务供应商，组织可以通过承包或者以其他方式利用其承担各种风险管理活动：教学大纲强调了信用评级、风险审计和灾难恢复（这一主题会在第十三章中更详细地介绍）。教学大纲明确这类风险管理职能可以外包给第三方供应商，但事实上许多第三方资源和服务并不

总是适合外包（在有些情况下，对于服务评估来说，还有更节约成本和更灵活的有用方式）。

在本章最后一节，我们将转到本书经常提到的与一系列风险有关的一般性减轻措施——保险。

第一节　商业风险管理服务

1.1　作为供应链风险管理的一个组成部分，我们可以利用一系列第三方商业服务来评估风险和降低风险。

使用第三方信用评级服务

1.2　信用报告与商业风险管理机构可以为希望获得有关其他企业信用和财务信息的企业提供一揽子的服务，作为他们签订合同或缔结商业伙伴关系之前的一部分功课。可以通过许多网站查到信用评级信息。买方公司的财务主管可以为采购职能获取这类报告。

1.3　当对投标供应商进行资格预审时，买方组织常常会使用这类服务（在其自己的财务数据分析和报告之外），在合同签订之前对供应商进行评估，或者对目前的供应商进行供应商等级评定，以期决定是否继续把他们保留在合格供应商清单之中。信用评级检查表是对供应商财务评估的一个标准环节：分析的内容包括供应商财务状况和稳定性、财务风险来源（例如，过度的债务负担或无效的应收账款或应付账款管理）、效率、成本结构和利润率等。

1.4　营销组织也会使用信用评级服务，作为信用风险评估和管理的内容：建立潜在客户的商誉，以此作为开放账户交易、信用证条款和信用额度等的谈判基础。供应商面临着买方应付账款到期而没有能力或不愿意付款的风险。为了最小化这一风险，供应商一般会在授予其信用之前，对潜在的客户进行筛选。标准的做法是，从潜在客户所用的银行，或者从其他交易债权人那里征求意见。在有些情况下，从专门的信用机构获得全面的信用参考是比较合适的。然后，可以设置一个合适的信用额度。

1.5 举例来说，一些信用机构会提供如下服务。

- 关于指定公司的企业信息报告，提供全面的企业信用信息。包括：企业简介、支付历史和组织结构图；行业趋势和公共报告文件；财务报表；信用额度建议（以商誉为基础）。

- 关于指定公司的综合分析报告，完整的商业信用检查和财务分析，包括企业支付历史和组织结构图、公共报告文件、行业比较、财务报表、信用额度建议、信用评级，以及商业信用和财务压力评分。

- 关于指定公司的信用评价者报告：概要信用报告，常常用来支持商业信用决策，包括报告监督、信用额度建议和行业支付对标。

其他商业风险管理服务

1.6 在风险管理的不同方面，有一系列其他的商业服务可以有所帮助。

- 招聘机构，覆盖未预料到的人力资源需求（如未预料的需求、由于疾病或事故、罢工造成的人员流失）。

- 信息保证顾问，在信息系统的风险管理方面很专业（如第三章所述）。

- 建筑物安全服务，提供安保人员（如仓库保安、前台保安）、系统（如警报、监视系统、ID卡系统）和风险评估。

- 其他基于安全的服务和咨询，提供如下服务：旅行风险或政治风险方面的建议；保护性的和安全性的（如保镖、防御性驾驶）服务；"绑票"

顾问；公司内部调查（针对安全风险和遵守情况）；计算机和/或财务法庭调查。

- 经纪业和代理服务，提供专门知识、技能和/或"本地的"知识，以减轻组织进入新产品、供应市场或国际市场的商业风险。
- 法律服务，提供专门知识与技能，评估、最小化并减轻合同风险、法律风险和合规风险。
- 保险服务。

第二节　风险审计服务

2.1 根据组织的特定风险状况，组织可以从不同的来源购得（或外包）外部风险审计服务。

- 外部审计员。
- 风险顾问和安全顾问。
- 研究公司。
- 神秘顾客（Mystery Shoppers）。

2.2 专业外部审计员（一般为会计师事务所工作）从事公共公司的公司财务和内部控制等方面的独立调查工作。在公共部门中，国家审计署和审计委员会也设置了类似的角色。在英国私营部门，外部审计是对年营业额在一定阈值之上的公司提出的法律要求，每年必须严格执行。审计员可以绕过董事会，直接向股东报告。

2.3 公司治理和财务报告中，外部审计员的作用是：

- 关于财务报表是否对企业财务状况给出一个"真实而公正"的观点表达自己的意见。如果没有（例如，报表被认为受到了欺诈或错误的影响），则要据此对审计报告进行检定。

- 设计审计流程，以便对查找由于欺诈或失误引起的错报或误报有一个"合理的预期"。
- 记录任何反映欺诈或错误可能存在的调查结果，并且将它们报给管理层。（如果事情涉及公众利益，需要报给外部当局，外部审计员会要求由董事来制作该报告。如果董事拒绝这样做，或者欺诈事件已经令人对董事的正直有所怀疑，那么审计员应该自己完成报告。）

2.4 外部审计员一般会调查组织中运转的内部控制体系。这种检查的结果常常包括对潜在脆弱性和未管理风险领域的识别。

2.5 使用外部审计员的一个重要优点是他们的独立性，即作为第三方，他们处于要他们评价的体系和运营之外，而且这样就不太可能有利益冲突。然而，在实际中外部审计员的这种独立性也是有局限性的。

- 尽管从理论上讲审计员是股东任命的，而在实践中审计公司是由董事选择的。
- 审计员也是人。他们可能（举例来说）受到董事们的胁迫，或者害怕强力压制企业造成的后果。
- 审计公司总是为他们的审计顾客执行其他非审计工作：税务建议、咨询。自然地，他们希望保持这种业务，并因此可能不愿用一个不利的审计报告为客户找麻烦（许多国家制定规定，限制外部审计员为顾客执行的非审计工作数量）。

2.6 外部审计员的工作被视为是对公司报表准确性和公司内部控制体系的有用检查。可是，对外部审计员并没有特别要求检测或报告风险或欺诈事宜，除非这些事情会造成会计数字的重要误报。在一定门槛之下的错误即使被曝光了，也会被视为无碍"真实与公正观点"。外部审计员必须完全基于抽样来计划他们的工作，要检查所有交易也是不现实的。审计员对内部控制感兴趣的主要原因在于，如果内部控制体系是有效的，那么不需要做太多测试就可以形成审核意见，审计员对会计数字的可靠性有一些保证。

风险咨询师和安全顾问

2.7 目前有许多商业风险顾问服务，常常专门从事（或者提供专业技能）已知的风险类别。例如：国际风险；绑架、人质和勒索风险；健康与安全风险；建筑物安全；火灾与洪水；环境影响评估。

2.8 政府机构（如健康与安全监察局）、工会、保险供应商、第三部门组织（如环境研究与压力团体）和警察、火灾和应急服务等，也会提供有关风险类别的风险评估与建议。这种帮助有些是免费提供的，或者收费很低，目的是实现这些组织的使命；在雇佣商业的（追求利润的）顾问之前，建议寻求这种方案。

2.9 任命外部风险顾问，有一些优点。

- 他们给组织或供应链带来了"新颖的视角"，不受现有规范、假定和现状中既得利益的限制。
- 他们提供了独立的判断，不受内部顾问或直线经理的约束（例如，碍于对同事的批评，或者对他们帮助计划或执行的体系提出批评）。
- 他们带来了有关风险类别和问题的专业技能和丰富的经验，这使得他们能够比内部人士（只是大概了解且经验有限）更加准确、迅速地定位风险。
- 他们可能提供了风险管理的专业资源和能力，如安全系统的安装、保安人员的提供或环境清洁服务。

2.10 利用外部顾问，也存在一些缺点。

- 顾问和服务提供的成本。
- 在审计和变革过程中对运营有可能造成中断。
- 向顾问简要介绍客户组织中特定的情况、文化和风险因素所需的时间与资源。
- 由于认为利用"局外人"来判断局内人是否胜任目前的工作，或者代表管理层强制推行不受欢迎的变革（不过可以使管理层远离责任），因此可能产生利益相关者的抵触和冲突。

研究公司

2.11 组织可能会委任第三方研究供应商开展环境扫描、市场和竞争者情报收集、消费者或行业趋势分析和其他形式的风险研究。作为一种选择，它也可能向这类组织购买一般的出版报告（如关于行业、市场、政治或商品风险的报告）。举例来说，一家计划向新的海外市场扩张的公司可能会委托开展专门的研究，如市场状况、当地经济、竞争者活动、现有消费者的品牌认知度等。作为一种选择，它可以购买或订阅有关这些国家和市场的出版报告。

2.12 我们还可以从其他一些组织中获得一系列研究报告或简报，如旨在促进贸易、行业和出口的政府部门、商会、行业协会和其他组织。

2.13 竞争情报收集和竞争者分析是战略风险中的关键问题，我们可以请专业顾问来做。这类研究的重点如下所述。

- 发现公司的主要竞争者：不仅仅是市场上明显的参与者，而且可能是新的进入者（既包括国内的，也包括国际的）。
- 发现当前和潜在竞争者的竞争优势和劣势、他们独特的战略能力与资源、他们竞争优势的来源（相对于被研究公司的优势、劣势和资源）。
- 就可用的竞争标准进行比较（如市场份额）。
- 分析关键的对标领域，学习竞争者的优势，如通过逆向工程（分析竞争者的产品和流程，看看对手是怎么做的）、比较成本结构和供应链关系等。

2.14 竞争情报顾问会使用公开的新闻资源，经常保存在在线数据库中；采访目标组织的前雇员；并且可能的话，约谈目标组织目前的雇员和利益相关者（如供应商和客户）。很明显，由于竞争分析最有价值的信息会被目标竞争者视为机密的或敏感的信息，所以令人担心的是上述活动会涉及道德问题。英国竞争情报专业协会（SCIP）制定了严格的道德准则，确保合法地、符合道德地获取信息。

神秘顾客

2.15 在零售和服务部门，专业研究服务可以用来审计市场营销风险。例如，市场营销研究机构可以雇佣神秘顾客，不显露身份地充当顾客，对组织的商业流程进行测试、观察、记录，并将客户对组织商业流程的经历进行报告。这类活动在风险管理中的目的在于发现脆弱性领域、负面的遭遇和特征（如价格或质量）以及相比之下竞争者的表现。

第三节　灾难恢复服务

3.1 灾难是指重大的自然或人为事件，对组织或供应链关键基础设施造成严重的损害，并因此对其运营造成严重中断的事件。例子包括战争或恐怖主义袭击、破坏活动、洪水、飓风、地震和火灾等，并且根据企业的性质，也包括诸如电力故障和系统故障之类的事件。我们将在第十三章应急计划这部分详细介绍灾难恢复计划。

第三方灾难恢复资源

3.2 可以供我们获得灾难恢复服务或者可以承接灾难恢复服务外包的第三方

资源包括：

- 提供非现场备份数据和文件存储的商业服务（包括"云计算"服务和非现场档案设施）。
- 利用专门的灾难恢复硬件和软件，对 ICT 系统和数据中心恢复的专门服务。
- 一系列商业服务：短期将关键业务的恢复（或运营）外包给之前通过资格预审的供应商，作为他们在业务持续性计划的优先任务。这可能包括利用呼叫中心（维持客户服务）、IT 服务（维持系统和数据管理）、采购服务（维持采购和供应）、物流、运输和仓储服务等。
- 如果组织建筑物受到破坏或处于不安全的状态，可代替的建筑物、设施或工作场所的供应源。
- 公众应急服务：疏散、清理和公众服务维护（例如，在洪水、火灾、地震等事件中，这些会影响整个城市或地区）。
- 灾难恢复的补助和财务援助（例如，来自政府和政府机构、行业协会或工会的）。

3.3 如果建筑物、交通工具或设备在一场灾难中受到损害，我们可以在灾难恢复过程中使用各种商业服务。

- 第三方灾难恢复服务机构保持或提供的备用建筑物、设施和/或运营。后备办公室设施常常被命名为"冷的"（容纳员工的备用空间）、"温暖的"（空间加设备）或"热的"（空间、设备加软件和备份数据文件，能够使企业立即再次开始运营）。显然，考虑到先前的投资和管理，维持一个"热的"后备场所的代价是高昂的。
- 公司的其他业务单元或场所以及供应链伙伴或重大公司客户，可能会"借给"或提供备用建筑物或资源。例如，灾难恢复计划可能会要求在指定分支部门或工厂保持足够的空闲空间。

- 短期内（为了恢复）从外部供应商那里租用备用建筑物、设备、交通工具和其他资源。
- 根据需要，可以租用服务式办公室。

外包灾难服务的动机

3.4 在自然灾难时期，组织有强烈的动机去雇佣专门的灾难恢复服务机构。

- 企业人员和经理自身可能会受到事件的影响与创伤，可能无法处于最有利的位置来有效应对（即使组织不愿意对其处境博取人道主义同情）。
- 专门服务机构具有专业的、训练有素的人员、设备和其他资源，对灾难造成的状况和危险能够进行有效的应对。鉴于许多灾难风险发生的概率太低，对于一家企业来说，由自己来投资这些资源和能力不太可能经得住商业论证。

3.5 关于专门的数据中心或 IT 系统灾难恢复领域，e-Week.com 提出如下"十个不可抗拒的外包灾难服务理由"。

- 数据中心多样化。大多数数据中心都有来自各种供应商的新老设备。与数据恢复供应商合作，有助于充分利用由最新的和较老的（"遗留的"）设备所组成的共享库。供应商也能提供一个专业恢复服务团队，他们对于复杂 IT 环境中的工作非常熟悉。
- 服务范围。供应商理解并能够满足一系列关键服务要求，如各种操作平台、通信服务和集成应用软件。
- 准备就绪的恢复系统。一个企业不可能负担得起在灾难之前一直闲置的恢复系统。灾难恢复供应商在一个单独的场所就拥有成百上千台可利用的服务器，缩短了恢复时间，成本却只是内部维持同种设备成本的一小部分。

- 专注于灾难恢复业务。专注的支持、资源和专长，不用为其他优先业务"分心"。
- 强大的基础设施。服务器具有相应的能力，确保一周 7 天、一天 24 小时，都可获得主机应用程序，并且可以随着商业需求的变化进行扩展与升级。
- 灾难恢复的经验。IT 员工很少有完全恢复训练的经历；灾难恢复供应商可以提供在恢复方法和最佳实践等方面非常熟练的人士。
- 知识库。与灾难恢复供应商合作，可以使我们获得从成千上万次恢复测试和事件中积累的知识，远远超过了在企业内部所能预测和培训的。
- 合规性。数据中心需要遵守一系列法规和标准，灾难恢复供应商在认证和合规性方面具有专长。
- 雇员支持。灾难恢复供应商为受影响的雇员提供支持服务，包括灵活的方案和工作场合，让雇员可以在一个安全的环境中工作，既可以是现场的，也可以是远程的。

3.6 你也可以利用上述十点做一个检查表，来评估和选择灾难恢复服务供应商。

第四节 利 用 保 险

4.1 保险是风险管理的一种形式，用来对冲偶然的、不确定的损失或可能不会发生的损失。

4.2 用学术术语来说，"对冲"（Hedging）是一种技术，即利用一个市场中的头寸（开展一项投资），专门用来抵消或平衡另一个头寸或投资引起的损失。利用对冲技术，可以防止各种类型的风险，如商品价格风险、信用风险、货币或汇率风险、利率风险、股票风险和需求量（消费者需求）风险。我们可以利用一系列财务工具进行对冲，包括远期外汇合约（详见第五章

4.3 　减轻汇率风险部分）、期货合同、期权、金融衍生性商品（例如，针对商品价格或股票价格波动的对冲）和保险。用更一般的术语来说，"对冲"（如同在"对冲下注"中一样）是"保证自己免受损失"的同义词。

4.3 保险可以定义为"一个实体通过付钱作为交换，向另一个实体公平转移损失风险"。

4.4 保险费（针对一定数额的保险项目收取的费用）是由投保方（或者投保人）向保险公司（出售保险的公司）支付的。这就逐步建立了一个资金储备，当投保的风险事件发生时投保人的损失就可以由保险公司来进行补偿。换句话说，就是保险公司从许多投保人那里聚集资金，以覆盖只有一些投保人才会引起的损失。

4.5 针对如下风险，可利用的保险有很多种。

- 偷窃与欺诈。
- 财产损害。
- 火灾与洪水。
- 海运（船舶）、航空（空运）和汽车（公路运输业）运输险。
- 公众责任（如果公众中有人在投保公司的建筑物中遭受伤害）。
- 产品责任（如果公众中有人在使用产品过程中遭受伤害）。
- 雇主责任（如果雇员在工作中遭受伤害或疾病）。

保险的好处

4.6 保险并不能解决潜在的风险、危险或脆弱性，因此肯定取代不了全面的风险评估和减轻措施。可是，保险：

- 降低了风险事件的财务影响（有时这被称为"对冲"风险）。
- 通过提供资金替换失去的或受损的资产，帮助恢复。

- 可能使客户、供应商和其他关键利益相关者满意：可以利用资金来减轻对他们造成的任何损失（如通过责任险），或者否则就会转移给他们的损失（如对运输中的货物投保）。
- 可能是采购或销售合同所要求的（例如，为了确保供应商能够履行它对买方的责任）。
- 可能是法律要求的（例如，雇主责任险就是英国的一项法律要求）。

保险的法律原则

4.7 用法律术语来说，投保方承担了一个有保证的、已知的和相对小的损失（以已定约的向保险公司缴纳费用的形式）换取在财务损失发生时保险公司对其进行赔偿（或补偿）的承诺。保险单是一份合同，详述了对投保方赔偿的条件和情形。

4.8 许多不同种类的风险都可以投保，而且保险单也可以详细规定覆盖哪些危险（可投保的风险事件）、不覆盖哪些。可是，为了让保险公司认为投保的风险事实上是可保风险的，投保的风险必须满足一定的条件（罗伯特·I. 梅尔等人，《保险原理》）。

- 保险公司必须能够收取足够的保险费，才能覆盖所有的风险费用（换句话说，就是要投保的风险不能太大，否则没有保险公司愿意承保）；但是保险费也必须是可以负担的（换句话说，就是要投保的风险不能太大，否则任何客户负担不起保险费）。保险费需要覆盖预期的损失成本，加上保险公司发布并管理保险单、调查并判断损失的成本，以及维持赔偿支付能力的资金。
- 损失的性质必须是确定的（在已知时间、已知地点、由于已知的原因发生的），而且财务上是可以计算的。

- 损失大小从受损方的角度来看必须是有意义的，应能证明保险费支付的合理性。另外，损失不能太大，以至于让保险公司破产（灾难性的巨大损失）。例如，保险公司资本金限制了其出售地震险的能力。
- 损失本质上应是随机的或意外的：既不是投保方能提前知晓的事情，也不是投保方所能控制的事情。
- 损失应该是"纯粹的"：由于一个只有不利下行风险的事件引起。投机风险（如商业风险）一般不能投保。

4.9 保险也有一些关键的法律原则。

- 合同。寻求转移风险的实体一旦借助于合同（这被称为"保险单"），由"保险公司"承担风险后就变成"投保方"。保险合同一般包括参与方的识别（保险公司、投保方、受益人）、保险费、保期、覆盖的特定损失事件、例外（没有覆盖的事件）和覆盖的额度（在发生损失时向投保方或受益人支付的数额）。当投保方经受到特定风险损失之后，保险项目使它有权根据保险单的规定，就覆盖的损失额度，向保险公司申请赔偿。
- 赔偿。保险公司保证在发生损失时向投保方赔偿或补偿一定数额的补偿金（"投保方的利益"）。赔偿的意思是尽可能使接受赔偿的一方恢复到特定事件发生之前的状态。
- 保险利益。投保方必须在投保的人或财产损失或损害中有其利益（例如，拥有所有权或责任），投保方直接遭受了损失。
- 近因（Proximate Cause）。损失原因（风险事件）必须是保险单覆盖的，损失主因不能是政策中的例外情况。
- 减轻。资产责任人有义务将风险事件造成的损失保持到最低水平，就好像没有投保时一样。
- 代位追偿权（Subrogation）。为了减轻损失，保险公司代表投保方获得寻求恢复的法律权利。例如，保险公司可能会起诉对投保方损失负责的那些组织或个人。

- 最大诚信（Utmost Good Faith）。投保方和保险公司必须遵守诚实和公平的诚信契约，对所有与风险及合同有关的材料事实必须进行披露。

保险实践

4.10 保险公司一般是一个大型的财务服务组织，具有充足的资产储备，以确保损害赔偿金的支付能力。保险公司通过承保风险损失（选择要保的风险是什么，确定对于这些风险收取多少的费用）并且收缴比损失上支付出去的钱更多的保险费，来挣取自己的利润。

4.11 客户常常是与专业中间人交易，这类人被称为保险经纪人（Insurance Brokers）。他们的角色是向客户建议最适当的保险单和可利用的最优保险，并且充当客户代理人，与保险公司谈判保险合同（商定最有利的保险费）。经纪人常常是由承保的保险公司来支付佣金的。

4.12 投保人的成本（即保险费）是由保险公司的保险精算师根据风险事件统计概率计算出来的。通常有一个投保人不得不支付的金额（被称为免赔额），即投保人同意承担所遭受损失的最初部分。免赔额（Excess）一般是不一样的，对应的保险费也有高有低：投保方可能会同意较高的免赔额（如果风险事件发生，承担更多的损失）而少付保险费（如果风险事件不发生，则取得了价值最大化）；或者同意较低的免赔额（风险事件发生时，取得更多的损失赔偿）而多付保险费（如果风险事件不发生，则承担了较高的保险成本）。

4.13 保险公司为了减少它自己的风险暴露，尤其是灾难性的大风险的情况下，可能会与其他保险公司签订一个再保险（Re-insurance）合同，与其共担风险（共享保险费收入）。事实上，在这种情况下，投保方合同完全是与最初的保险公司签的。再保险合同是保险公司之间签的，不影响投保方。

保险核保

4.14　保险核保（Underwriting）是一方（如银行或保险公司）同意接受另一方的一些风险而另一方要支付保险费作为交换的一个过程。这一术语来自劳埃德伦敦保险市场。以保险费为交换，同意接受一些投资风险（起初，常常是贸易海运，有翻船的风险）的银行主会在劳埃德记录纸条上的风险信息栏下签署他们的名字。

4.15　保险公司的保险核保包括如下程序：
- 评估潜在顾客的风险暴露。
- 确定保险公司是否应该接受为顾客保险的风险，以及顾客应该购买多少保险项目。
- 确定与保险公司风险暴露相称的保险费（顾客应当为保险支付多少费用）。
- 保护保险公司风险组合免受可能亏损风险的影响。保险公司赚钱的一个主要方式是选择为哪些风险保险，并且接受那些风险要收取多少保险费。

4.16　每家保险公司都有一套保险核保规定，帮助确定：
- 公司是否、在多大的程度上接受某一指定的风险。
- 哪些信息可以用来评估风险暴露（例如，对于职工健康保险，保险公司可能需要评估申请人的年龄、职业、健康状态和医疗历史）。

4.17　保险单价格确定是以保险精算师的计算为基础的。他们利用统计学和概率论，根据某一指定的风险，预测未来的赔率。这意味着，要考察被保险者危险的频度与严重程度，以及造成的预期平均支出。为了评估保险费规模是否足够，保险公司会收集历史损失数据，以其"现值"（即其以今天货币计算的价值）计算，并且与保险费数额进行比较。核保效果是用"综合成本率"来衡量的：保险费支出与损失的比率。（综合成本率小于 1，表示核保盈利，而大于 1 的比率，则表示核保亏损。）

4.18 保险公司用来对风险分类的因素应当是：客观的（尽可能）；与暴露程度和提供保险项目的成本相关的；对管理人是现实的；遵守适用的法律和法规；并且最终，诸如保护保险计划的长期可持续性和生存能力（《保险精算师执业准则第 12 号》）。

索赔

4.19 索赔可能是直接向保险公司提出的，或者通过保险经纪人或代理人。如果投保方遭受了某个加入保险的事件造成的损失，它就可以索赔财务补偿，实际上就是已经购买的保险"产品"。

4.20 保险公司会对索赔进行调查，确保它是有效的。换句话说，就是确保损失已经发生，而且它与保险合同覆盖的风险直接相关。收到的索赔可以根据严重性进行分类，然后分派给理赔师（Claims Adjusters）或险损估价师（Loss Adjusters），由他来对索赔进行调查（常常是与投保方进行合作），计算索赔的货币价值，并且批准支付。

4.21 在责任险索赔的情况下（涉及第三方时），由于原告（受损的一方）与投保人不同，他没有配合保险公司的合同义务，并且可能寻求最大可能的赔偿。在这种情况下，理赔师必须为投保方获得法律建议，监督诉讼，参与最后解决会议。

4.22 投保方可能会雇佣其自己的第三方理赔师代表它自己的利益与保险公司

协商解决（它也可能取出一份单独的"损失恢复保险"单，覆盖了为可能导致复杂索赔的保单雇佣理赔师的成本）。

4.23 因此，提出索赔的一般过程总结如下，如图12-1所示。

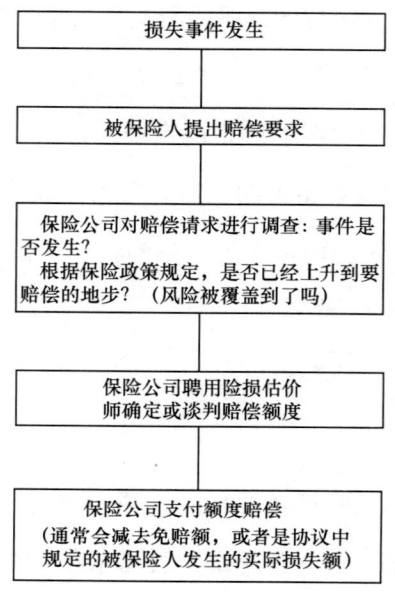

图12-1 索赔过程

4.24 在许多方面，选择保险提供商或经纪人采用的是和选择任何其他服务供应商所采用的一样的标准（你可能会想到瑞·卡特的10C，即能力、产能、成本、质量承诺、流程控制、现金、服务一致性、兼容性、合规性和企业社会责任）。事实上，还有影响决策的其他因素。

- 保险公司在行业风险的关键领域是否很专业，是否值得投保？
- 保险公司是否有所准备，能够灵活地对特殊的风险保险（如创新流程）？
- 保险公司是否愿意就保险费和免赔额进行协商？
- 保险公司的风险偏好。
- 保险公司在索赔评估速度、赔偿款支付、索赔争端等方面的跟踪记录。
- 保险公司合作或提供辅助服务进行风险识别与评估的意愿。

自我保险

4.25 自我保险（Self Insurance）的情况是，当公司选择：

- 不从外部提供商购买保险，但是建立并维持其自己的储备金、紧急资金或应急资金来覆盖任何未来的损失。
- 购买保险，对任何索赔均分配了巨大的"免赔额"，以期降低保险费，则免赔额来自内部储备资金。

4.26 这一种方法的主要优点如下：

- 降低了"前面的"保险成本（避免向外部保险公司支付保险费）。
- 保证覆盖到用其他方式无法投保的风险（以及无法用运营现金储备应对意外的情况）。
- 储备资金具有覆盖广泛意外事故的灵活性。

4.27 这一方法的主要缺点是专门用于储备金的资金的机会成本，我们也许可以将这些资金投到别处，更快地获取回报或收益。还有一个风险，就是组织会遭受到可用储备金无法覆盖的损失，组织一般保留的储备金规模都比大型金融服务提供商的要小。

4.28 具有普通风险状况的公司（如行业协会或者地区政府当局）可能会建立联合的或合并的自我保险储备金，作为另一种共担风险方式。

专属保险

4.29 专属保险（Captive Insurance）是自我保险的一个变种，一个公司或行业协会组建或并购一家保险公司，专门为自己的风险保险。专属保险公司在许多方面与外部保险公司是相同的，参加的公司支付保险费，并按要求提出索赔。比起自我保险，这是一种更为正式的方法，专属保险公司必须遵守所有专业保险公司要遵守的纪律。

4.30 可行的话，专属保险方法还是有一些优点的。
- 降低了保险费。
- 从企业或集团内部保留的保险服务规定中获利。
- 对所覆盖的风险类型施加影响，得益于对行业状况的专业意识。
- 税收优势（尤其是当保险提供者在海外运营的时候）。

第五节 保险的类型

5.1 正如我们提到过的，许多风险类型都可以投保。一项单独的保险单可能覆盖到一个类别以上的风险。例如，交通险一般既涵盖了财产险（包括偷窃和损害），也涵盖了责任险（包括事故引发的法律索赔）。

5.2 作为企业风险管理的一部分，企业可能购买的保险的一些主要类型如表12-1所示。

表 12-1 保险的类型

意外伤害险	保险的一大类别，也包含一些责任险（如雇主的责任） • 犯罪保险覆盖到第三方所做的对组织不利的犯罪行为（如偷窃或欺诈引起的损失） • 政治风险保险覆盖到政治不稳定性或运营所处地区冲突给组织带来的损失 • 绑架和勒索险覆盖到绑架、勒索、非法拘留、劫持和在高风险地区开展运营的其他危险给组织带来的损失
财产险或赔偿保险	保险的一大类别，覆盖到由财产损害引发的损失。它包含一些专门形式的保险。例如，火灾、洪水和地震险；恐怖主义险；设备崩溃险（对设备或机器造成的意外损害）；建设者风险保险（在建设期间对财产造成的物理损失或损害）；污染险（由于危险材料的偶然、意外排放所造成的对投保财产的污染，包括清理和责任）；航空和航海险（针对航空公司和船运公司）

（续）

责任险	保险的一个大类，覆盖到对受损方不利的法律索赔所造成的损失。在以下几种情况下，组织有责任支付赔偿金（或者其他补救办法的成本）：法庭支持的违约赔偿；过失导致的对另一方造成的损害、伤害或经济损失；违背法律义务（根据《职业健康与安全法案》）；缺陷品的规定（根据《消费者保护法案》） 责任险提供了法律索赔有关的赔偿（由保险公司代表投保人付款）。事实上，它们一般仅覆盖由受损方过失产生的赔偿，而不是故意或蓄意行为造成的损失或损害 • 公共责任险覆盖到就公众个人由于个人伤害或财产损害/损失（在企业的建筑物中，或者由于企业运营或行动造成的）提出的法律索赔所给企业带来的损失 • 雇主责任险覆盖到就职业中受到伤害、疾病或伤残的雇员提出法律索赔所给企业带来的损失 • 专业责任险覆盖到投保的专家（如建筑师、律师和医疗专家），就工作过失而被客户提出的法律索赔所给专家带来的损失 • 产品责任险覆盖到就使用组织所提供、修理或测试的货物而造成的人身伤害或财产损害/损失提出法律索赔所给组织带来的损失
信用险	当某些情形导致借钱人不还钱的时候，信用险会偿还部分或全部的债务或贷款 贸易信用险是一种商业险，覆盖到投保方的应收账款，即债务人欠下的未付部分。如果债务人不履行付款责任，保险公司给投保企业支付相应的应收账款
业务中断险	业务中断险覆盖到一个投保的风险事件（冒险）中断正常企业运营之后给组织带来的收入损失和增加的开支。这一般也是业务持续性计划的组成内容

本 章 小 结

- 许多第三方资源可以帮助减轻组织的风险。这些包括信用评级机构、就业机构、建筑物保安服务等。

- 外部审计员和风险顾问以不同的方式帮助组织减轻风险。有些组织也通过研究公司来作环境研究。

- 第三方资源在灾难恢复过程中也可能是至关重要的。例如，他们可以提供离开现场的数据备份服务或者备选的建筑物。
- 也许最常用到的第三方减轻风险的方法是对组织资产投保。可是，有些组织则选择自我保险或专属保险来达到这一目的。
- 常用的保险类型有意外伤害险、财产险、责任险、信用险和业务中断险。

 **自测题**
括号内数字为参考答案所在段落。

1. 信用资料服务机构提供的服务有哪些类型？（1.5）
2. 外部风险审计服务有哪些不同的类型？（2.1）
3. 外聘审计员的独立性在实践中是如何受到限制的？（2.5）
4. 任命外部风险顾问的好处有哪些？（2.9）
5. 列出第三方供应商可能提供的灾难恢复服务。（3.2）
6. 外包灾难恢复服务为什么是可取的？请说明其中的原因。（3.5）
7. 买保险的好处是什么？（4.6）
8. 列出保险核保中涉及的程序。（4.15）
9. 保险索赔过程中包含哪些阶段？（图 12-1）
10. 哪种责任保险可能为组织所采用？（表 12-1）

第十三章

应急计划编制

对应大纲内容

3.4 分析应急计划在应对供应链风险中的应用
- 应急计划的意义
- 业务持续计划与灾难恢复计划的组成要素

4.4 制定降低供应链风险的战略
- 制定风险管理战略以降低供应链风险
- 准备应急计划
- 准备业务持续计划和灾难恢复计划

引言

在本书的最后一章中，我们要转到另一个本书中作为风险管理的一个基本领域而频繁提到的一般过程——应急计划。意外事故从根本上说是"可能（或不可能）发生的事件"，在某种程度上，这也是所有风险管理的着眼点——对或多或少不确定的事件作出计划。可是，对于那些固有地具有低概率、高影响的风险，应急计划被看做一种关键的减轻战略。低概率可能会诱使组织去承受风险，但高影响则促使组织制定备选方案。

对于"应急计划"、"业务持续性计划"和"灾难恢复计划"（还有"危机管理"，这是一个本教学大纲中没有采用的术语）这几个术语的一般用法，非常容易混淆。从根本上来说，应急计划（Contingency Planning）就是要制订 B 计划（应对方案、退却位置或后备计划），以防 A 计划受风险事件影响而脱离轨道。

业务持续性计划（BCP）是一个旨在将业务关键资源、职能和流程的灾难性风险最小化的积极主动的计划过程，它确保企业在面临供应链风险的时候还能保持关键业务可交付成果的连贯性。灾难恢复计划（DRP）是一个积极主动的灾难计划方法，组织借此方法，对灾难性事件的应急和恢复应对措施作出计划。业务持续性计划解决的是"保持运营"的问题，而 DRP 解决的是"将进展拉回轨道并维持运营"的问题。不过，两种过程都有助于形成企业和供应链的弹性：承受的能力或从损害性的打击中"弹回"的能力。一般来说，两个过程都包括公司沟通、公共关系和信誉保护等组成要素。

第一节　应　急　计　划

1.1　应急计划（Contingency Planning）是指通过制订第二计划、权宜之计、退却阵地或"B 计划"以防情况变糟或者最初的计划失败，从而减轻风险事件、偏差和失败所造成的影响。换句话说，应急计划就是提出这样的问题："如果……我们将做什么？"

1.2　举一个简单的例子，为新的电子采购系统没有按计划按期投入运行的可能性制订计划。应急计划（B 计划）可能包含如下一些措施：维持原有系统平行运行，恢复手工采购处理，将电子采购运营承包给一个预先选择的服务供应商。这样一个计划还可能包括如何将 A 计划带上正轨：下一次切换系统的机会是什么时候，我们如何确保过程延迟或差错已经得到了解决？它还可能包括有关延迟、后备计划、权宜安排等方面的利益相关者沟通计划。

1.3 另一个简单的例子，大家可能比较熟悉，就是在发生（一般不太可能）火灾、炸弹威胁或恐怖主义袭击的时候，工厂和办公室建筑物紧急疏散程序的计划。所有组织都制定了这样的程序，并且开展员工培训和授课、定期维护与测验（通过疏散操练或练习）。如果或者当"真正的灾难"发生的时候，理论上所有必要的资源和程序都应就位，而且利益相关者确切地知道要做什么。对于疏散、数据和建筑物保护等，应作出直接的规定。

1.4 在这样的危机水平应急中，直接的紧急响应计划也应当与更全面的计划联系起来。

- 为了维持业务持续性（Business Continuity），即让基本流程和服务在风险事件中能够连续下去（例如，通过启动临时替代的工作场所的预定安排、ICT 基础设施和数据的访问、与关键利益相关者的沟通、必要时聘用另外的 HR 资源）。
- 为了开始灾难恢复（Disaster Recovery），即开始恢复风险事件后丢失的数据、资产、基础设施和职能（例如，通过恢复数据、更换系统和设备、开发新的工作场所等）。

应急计划编制的作用

1.5 由于第一章介绍过的三个风险基本原则，应急计划有其重要意义。
- 许多风险不可能完全消除。它们可能是由组织所能控制之外的因素引起的（如自然灾害、疾病爆发、恐怖主义袭击或者第三方行动）；或者为了消除风险，对组织活动的限制过大以至于功能失调，使之失去了判断力、灵活性、创新性和机会。应急计划的基础就是认识到"坏事会发生"。

- 风险可能是低概率但高影响的。一个风险可能发生的可能性太小，以至于不值得采取持续的或代价高昂的措施来预防它的发生，但是其影响又足够大，有理由作出减轻措施计划（使成本和后果最小化）以防它真的发生。应急计划的基础是"积极思考，但要为最坏情况打算"。

- 积极主动的风险减轻措施要比被动的措施更加有效。风险减轻要求组织进行系统的计划、资源配置和执行提前期，所有这些在一旦发生风险事件时或在事件过程中可能会处于供应短缺状态。应急计划是准备好计划和资源，然后等待被触发时投入使用。

1.6 然而，《供应管理》2006年10月刊中的一篇文章指出，"大量的公司仍旧没有制订应急计划，来应对其供应链的中断"。根据《年度全球供应链进展调查》（计算机科学公司），44%的公司没有书面的应急计划。英国皇家管理学会的类似研究报告指出，49%的公司没有相应的计划来确保灾难发生时运营的持续性。

1.7 雷内·德·苏泽在《供应管理》（2006年5月25日）的专访中强调，保持供应连续性是采购职责的一部分，而这要求组织制定应急计划。"它真的至关重要。不论在私营部门，还是公共部门，你必须识别约束条件有哪些并制定适当的程序。否则可能会使企业的大量工作化为乌有，尤其是当你重视信誉的时候，你的客户希望你对此有所控制。"

制订应急计划

1.8 制订应急计划的一般过程如图13-1所示。

第十三章 应急计划编制

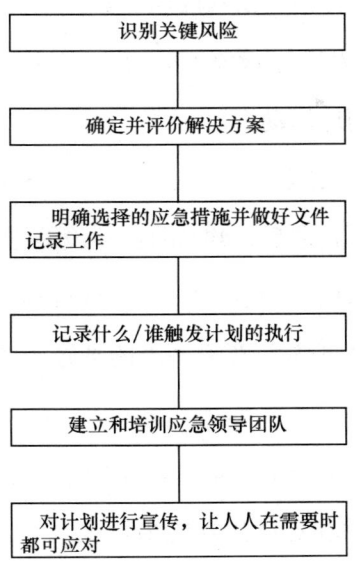

图 13-1 应急计划过程

第二节 业务持续性计划

2.1 业务持续性计划的目的是识别对组织关键活动或成功因素的潜在威胁,确保能够在风险事件中以维持业务职能和流程的方式减轻或者应对这些威胁。它关乎组织在中断期间或者在持续的变化过程期间维持基本的业务可交付成果。

2.2 因此,业务持续性计划是应急计划的一个分支,它特别强调威胁运营连续性的关键因素,以及在面临潜在中断事件、问题或故障时企业职能如何维持(或恢复)。如果应急计划提的问题是"如果意外事件 X 发生,B 计划是什么?"那么业务持续性计划提的问题就是:"能够让我们关门的意外事件是什么?并且,如果意外发生,我们如何才能保持核心职能维持运营?"

2.3 业务持续性学会(BCI)将业务持续性管理(BCM)定义为:"一个整体

的管理过程，在此过程中，识别威胁组织的潜在影响，提供一个建立弹性的框架，使组织有能力进行有效地应对，以保护其关键利益相关者的利益、信誉、品牌和价值创造活动。"

2.4 据 WE 海军航空工程设施（《防卫态势》，2003 年 10 月）报道，在一场重大的办公室或工厂火灾之后，44%的业务没能重新开张，同时有 33%的业务没能延续到三年以后。"底线在于，企业需要制订计划来应对事件（不论这些事件是重大的恐怖主义袭击，还是较小的硬件问题），并且借此避免重大的业务中断。"

2.5 业务持续性计划提供了一个框架，具体如下所述。

- 以确保企业的弹性和连续生存能力。
- 对企业层次的风险评估作出响应。
- 避免在对企业关键的流程或资源（包括数据和知识、系统、人才和供应链）上造成损失、损害、故障或中断，加强核心业务可交付成果的连续产出。
- 在受到破坏事件影响的时候，确保给关键客户提供的服务的连续性，保护有关的收入流。

2.6 业务持续性计划涉及有关维持核心业务职能抵御关键威胁的一项计划（或一系列计划）的制订、测试和维护流程与程序，它包括如下措施。

- 管理继任计划（确保领导和管理"人才"的连续性）。
- 知识管理（保护和保存对业务关键的知识）。
- 供应商过渡计划（将供应商"切换"造成的供应中断和资产、知识产权和/或交付情况等风险降至最低）。
- 技术或系统转变计划。
- 灾难恢复计划：在重大的危机事件、自然或人为灾难或故障之后，特定运营、职能、场所、服务和应用的恢复计划。

业务持续性计划过程

2.7 业务持续性管理是企业层次的风险管理运动。因此，获得组织内和供应链中关键利益相关者的参与和认可是很重要的。董事会应启动业务持续性计划，原因在于：

- 确保战略导向，集中于企业级风险和对业务关键的因素。
- 确保自上而下对计划的支持和拥护。

2.8 然后，组建跨职能业务持续性计划团队，负责启动并驱动计划过程。应规定业务持续性计划交付的时间表和预算（和项目一样）。

2.9 业务持续性计划的一般过程或项目生命周期总结如表13-1所示。

表13-1　业务持续性计划过程

项目启动与管理	确立业务持续性计划需求；获得管理层的支持与认可；确定BCP管理结构、预算和时间表
业务风险评估（BRA）	确定可能对组织造成不利影响的事件、内外部环境因素和/或灾难；集中于关键成功因素和业务可交付成果，识别对业务关键的各种威胁和脆弱性
业务影响分析	明确已识别破坏和灾难情形的业务影响，对由此造成的潜在损失或后果进行量化。这也有助于确定关键的业务职能、其恢复的优先级和相互的依赖关系，也是应急计划和恢复计划的首要任务 ● 什么人员或角色对组织功能（和/或对直接灾难后恢复）至关重要 ● 组织需要什么技术和系统才能运转正常 ● 企业的关键可交付成果是什么 ● 哪些利益相关者对组织有所依赖 ● 必须维持哪些合同的、法律的和规定的义务
业务持续性战略	评估可替代的运营保护和/或恢复战略
业务持续性行动计划	有些连续性计划是积极主动和持续的（如继任计划、知识管理、信息保证和供应商管理） 其他的则是应急计划、紧急应对计划（重大风险事件之后的应对与局势的稳定）或灾难恢复计划（在规定的时间范围内，将运营恢复到预定的水平。这些只有在清晰确定的威胁信号触发或风险事件发生时才可以实施

(续)

测试	特别地，应急和灾难恢复计划需要在现实的条件下进行测试，以确保其可行性和充分性。这可能包括"桌面操练"（例如，利用模拟或计算机模型）、（可能的话）实操训练、沟通测试和"完整的排练"
利益相关者参与	实施沟通和培训，这样所有参加的利益相关者都会注意到这些计划（并且会认真地对待起草这些计划的必要性）并且努力按要求完成计划中他们对应的部分（和持续的持续性管理过程）
维护	定期检查、测试、评估现有的计划，确保它们满足变化着的需求和威胁；定期进行业务风险评估，保持计划的循环。例如，在新系统安装启用、设备升级、战略供应商的更换或者供应链管理战略变化以后，业务持续性计划可能需要进行更新

2.10 英国业务持续性学会开发了一个五阶段过程模型，可以跨行业和部门应用的一个通用框架。

- 业务风险评估和业务影响计划。
- 计划制订。
- 文件。
- 测试。
- 维护。

2.11 一个全面的业务持续性计划应包含"七个P"。

- 人员（People）：角色、责任、意识和教育。
- 计划（Programme）：积极主动的过程管理。
- 流程（Processes）：所有业务流程，包括供应和信息管理。
- 建筑物（Premises）：大楼和设施。
- 供应商（Providers）：供应链及外包供应商。
- 形象（Profile）：品牌、形象和信誉。
- 绩效（Performance）：对标、评价和审计。

继任计划

2.12 正如我们在第三章中提到过的,组织面临的运营风险的一个主要来源是人事变动,特别是那些拥有对业务持续性和/或对风险管理至关重要的专门知识的关键人员离职。

2.13 有关业务运营和任务要求的重要知识可能丢失的风险也是存在的(包括某一特定领域的风险与风险管理计划)。

- 当熟练的和博学的人才通过退休、辞职、解雇或裁员从组织中流失的时候。
- 当原本由组织完成的活动外包给外部服务供应商的时候,这样内部单元缩小或者取消,内部知识库不再得到保留。

2.14 继任计划是组织积极主动地确定潜在负责人或关键职位替换人的过程,并且(通过系统的职业、技能和人员的发展)培养他们,以便在当前负责人或关键人员离开或退休的时候能够接替。

2.15 下面举几个例子,阐述一下缺乏系统的继任计划所造成的风险。

- 如果缺乏领导人发展和领导人接替管理,那么当领导人离开组织的时候就会造成领导的"真空",失去战略方向和动力,有可能引发冲突和不利的领导接替,由于仓促的或没有认真考虑的任命而造成绩效下降,利益相关者对领导失去信心。马莎百货公司在 1998~2004 年期间的领导过渡就是缺乏计划的、引发创伤的一个例子。
- 由于在未来领导人继任和推荐方面没有事先筹划,造成领导不连续、品牌和组织价值缺乏连贯性。
- 由于不成为问题的内部晋升传统和没有为关键岗位的"新鲜血液"制订计划,导致缺乏战略创新和文化变革能力。

- 领导人（或者关键岗位上的其他人员）接任了他们不足以胜任或者没有足够内部支持的职位。
- 离职的专业人员所具有的关键知识没有移交给预定的继任者（或者以知识库形式存储的关键知识，这样它在继任者需要时就可以拿来利用），导致关键知识的流失。
- 离职的专业人员所具有的关键技能没有传递给预定的继任者，导致关键技能的流失。

2.16 一个系统的继任计划可能包括如下活动。

- 识别关键的职位，这些关键职位需要的知识和技能是战略性的、必要的或者稀有的，因此其人员更替正是组织的脆弱性领域。
- 检查关键职位的职位描述和人员要求，或者进行职位分析以确定某一职位的关键任务、职责和知识需求。
- 使用组织的绩效评估系统，以发现可以晋升或调动到未来岗位上的可能人选（包括技能、才能、动机和志向等）。
- 制订并实施已识别潜在继任者的人才管理计划：评估他们当前的技能、经验和知识，识别培训需求；任命一位导师在接替过程中指导未来的继任者；对教育、培训和其他发展活动（项目或委员会工作、工作跟随、训练等）制订计划，使未来的岗位继任者作好准备。
- 执行内部管理发展计划：职业发展规划、管理教育与培训、职业辅导等。
- 检查招聘政策，以确保关键职位优先考虑内部招聘与晋升（及有关的继任计划）。
- 执行接替计划（与供应商更替一样）：可能的话，利用即将离职人员具备的资源，向其继任者介绍基本情况并对其进行辅导；确保他们的知识得到归档；确保任何进行中的工作得到了有序地组织、记录，并

- 作好了移交准备。
- 对即将离职的人员进行离职面谈，旨在确定离职的原因（为了在将来减少流动率），确保顺利过渡所需的信息。

知识管理

2.17 知识管理是指"为了实现组织目标，促进持续的个体、团组和组织学习发展的系统过程，包括知识的创造、获取、收集、转移、转化和应用（约翰·P. 威尔逊，《人力资源发展》）"。马林斯既把知识管理和组织学习联系在一起，又将它与组织"有效利用智力资产"的能力相提并论。

2.18 知识管理与组织学习紧密相关。它认识到，学和做对组织成功是至关重要的，在开发产品和流程、监督和检查项目等过程中获得的知识不应该被组织丢失掉。通过保证错误不再重复发生，知识共享能够降低风险事件发生的可能性。

2.19 MP. 克尔（"知识管理"，《职业心理学家》）提出了组织知识管理的七个动因。

- 商业创新压力。
- 跨组织企业（如合并、收购）。
- 网络化组织（包括供应链），以及协调地理上分散团组的要求（如在虚拟组织中）。
- 日渐复杂的、具有重要知识内涵的产品和服务。
- 全球市场的白热化竞争（产品生命周期和产品上市时间缩短、创新和响应压力加大）。
- 商业环境数字化和 ICT 革命（包括可利用知识和知识管理工具的激增）。
- 担心由于规模缩小、外包和员工流动所造成的组织知识的流失。

2.20 不同的组织和部门在知识管理问题方面有他们自己特殊的问题。例如，你可能会看到，现在音乐、电影、软件和消费电子公司为了保护他们的知识产权（著作权、专利和设计）作出了不懈的努力。通常，组织会努力在保护知识的需要（保密和知识产权：要求建立保护和控制的文化）和捕捉、共享、传播知识的需要（要求建立信任和透明的文化）之间寻找合理的平衡点。

2.21 系统的知识管理方法包括下述流程：

- 获取知识（获取途径包括环境调查、市场研究、采购研究、对标、建模和人际网等）。
- 产生或创造知识，方法包括思想生成（如头脑风暴法和智库）、研究与开发、利益相关者咨询（如建议征集、质量小组、早期供应商参与）、教训总结（如项目评审和学习捕捉）、培育供应商和全体员工的多样性（获取多样化的内容和信息）。
- 将信息转化为新知识（转化方法有汇编、合并、分析、解释或格式重整）。
- 捕捉未说出口的、内心的（心照不宣的、隐性的）知识，将它转化为公开的、陈述的（外显的）知识，这样就可以进行沟通、共享和使用。
- 在信息和知识管理系统中有效地储存知识。
- 在组织中共享或传播知识（如通过 ICT 网络、跨职能团队）。
- 保护独特的、增值的知识以维持竞争优势（如通过访问控制、保密协议和知识产权保护）。
- 应用知识来发展竞争对手不易模仿的能力（如创新能力或灵活供应能力）。

系统转化计划

2.22 在第五章，作为一种运营风险，我们在新技术和系统引进部分曾讨论过风险管理。一些旨在保证顺利过渡的业务持续性措施可能包括如下内容。

- 实施、跟踪变更的责任界定清晰：变更的代理人（如系统开发者或IT经理）应当与承担新系统使用责任的运营经理紧密合作。
- 新政策、系统和程序的全面归档：如用户手册、政策说明、程序流程图等。理想情况下，这些文件应与用户合作开发，这样有什么问题就能得到解决，设计的文档也易于用户理解。
- 对用户的初始教育与培训。在新系统引进的情况下，可能非常需要培训。
- 验收测试。如果可能的话，用户应该有操作新系统的机会，并且对于下述内容进行报告：新系统满足用户需求的程度有多大，以及老方法与变革项目规定可交付成果之间相比结果怎么样。然后如果有必要的话，就可以在验收和完全实施之前对系统进行调整。
- 需要时，跟进、支持和援助的机制：技术支持服务可能需要是持续性的，或者在启动时期可以利用。

2.23 新技术或系统的引进常常是按阶段管理的，将初期困难的风险降至最低，并留出嵌入和调整系统的时间。

- 直接转换是一个相当简单却又冒险的方法，其中，老系统完全地被新系统一步到位地取代。当两个系统迥异时，这可能是一个合理的解决方案。一般经常在非工作时间引入新系统，最小化业务中断的风险，如银行节假日、周末或停业期。
- 使用分阶段实施的方法风险小一些，根据这个方法，在继续前进到下一个阶段之前，要完成并嵌入一个分立的变化（或者总变革计划的一部分内容）。例如，一次完成一个过程的、产品类别的或供应商的变化。
- 平等运行允许新老系统平行运行一段时间。为了评估新系统，可以交叉检查结果。由于老系统提供了后备支持，所以可以将业务中断的风险降到最低。组织必须对平行运行进行谨慎地计划，以避免混乱和低效。

- 也可以使用试点项目，可以在组织中选择一个部门，或者选定一些供应商，这样就可以在线测试新系统，同时降低了发生问题时业务中断的风险。这就为组织提供了解决错误的机会，让用户可以在新系统上练习。然后，参与试点项目的人员就可以调配去辅导其他人了。

供应商转化计划

2.24 如果供应商提供的产品或服务对买方组织来说很重要，或者供应合同的支出很大，那么采用新的供应商或者用一个供应商去替换另一个，就成为一个重要的变化。有许多与此相关的关键问题，例如：

- 产品或服务规格、服务水平协议和供应合同的起草与谈判，以便清楚理解双方的期望及如何管理双方之间的关系（关于沟通与合作、质量和绩效管理、争议解决等）。
- 合同应当包括一个协商的过渡计划，详述转化过程中双方的风险和责任，包括未预见问题的识别和解决。在合同验收之前，也许是在试用阶段或试点项目期间，应该对验收测试作出规定（对照要求的规格，测量质量和所提供的服务）。
- 利益相关者、系统和基础设施为新合同执行准备就绪。买方和供方组织必须使计划、控制、系统和资源全都到位，来处理物流、库存、质量和其他操作层面的合同内容。双方组织中的人员需要了解这种新关系以及他们在其中的责任。需要让客户了解质量或交付的含义。
- 组织可能使用不同的转化方法。例如，采用试用期或者试点项目，可以让买方和供方组织测试他们是否准备就绪，在验收或全面铺开之前发现、解决问题。根据服务是否可以分解为分立的子集从而可以分为各个阶段，组织也可以使用直接实施或分阶段实施。可以使用一些其他形式的平行运行，使被替代供应商的活动逐渐减少或"下降"而替代供应商的活动不断增加。这个循序渐进的阶段可以为有关各方提供调整的机会，将中断降到最低（并且有机会对照旧供应商，来测量新供应商的绩效）。

- 通过合同管理和评审，以确保：与新供应商建立合作性的工作关系；跟进议定的规格或服务水平等方面的不足；系统地归档并管理合同条款的变更；随着时间的推移，供应商绩效得到持续改进（为了保持对活动的控制，这对于外包服务来说尤为重要）。

2.25 在任何供应商变更过程中都存在一种风险，即当前供应商可能试图破坏向新供应商的新合同期的业务转移，或者失去了提供所需服务水平的动力。我们可以使用一系列合同规定来最小化这一风险，涉及：在过渡期与被替换供应商的合作；关于进行中的工作、资产和文件的交接；为协助转交或把对日常运营造成的破坏最小化，共享所需的任何数据和报告。

2.26 为了激励供应商在当前合同结束的时候提供高品质的服务，可以利用与忠诚度或绩效挂钩的奖金或积极的供应商等级评定进行激励。然而，必要时也可以采用惩罚措施，以贯彻合同整个执行期间的合同条款和服务水平协议。

第三节　灾难恢复计划

3.1 灾难恢复计划是业务持续性计划的一门分支学科，特别强调在灾难性的故障或破坏事件（如火灾、洪水、战略供应商破产、重大产品召回或 IT 系统故障）中，在组织的基本运营、职能、场所、系统和资源等方面，提前进行必要的规划与准备。

3.2 业务持续性计划强调"保持业务运转"，而灾难恢复计划强调"振作起来，再度运转"。公司业务持续性计划可能包含一系列专门针对于特定类型灾难和/或特定场所、运营或业务系统的具体的灾难恢复计划。我们在讲述业务持续性计划过程时所讲的大部分内容（如表 13-1 中的内容）也同样适用于灾难恢复计划，灾难恢复计划特别强调恢复计划的测试（疏散训练、沟通测试、新系统压力测试等。）

有效的灾难恢复计划的优点

3.3 有效的灾难恢复计划的优点总结如下。

- 识别对业务关键的系统、流程、资源和有关的脆弱性，以支持风险管理（和恢复资源的优先排序）。
- 明确并界定负责响应行动的角色和责任，建立责任制，清楚地确定紧急状况下的沟通中心和负责人。
- 支持紧急情况下迅速的、协调一致的应对（紧急情况下，可能由于时间仓促、责任分工不清晰而无法开始作出响应）。
- 确定运营和服务（即关键的业务可交付成果和成功因素）恢复到最低可接受水平所需的资源和时间范围。
- 减少由于无计划的行动和慌乱应对所产生的间接风险或次级风险。
- 减少由于客户服务中断（和/或缺乏透明和负责任的危机应对）产生的信誉和商业风险。
- 从供应商和其他关键利益相关者获得积极主动对恢复过程投入的机会（例如，应急计划，恢复资源的预先承诺和支持）。
- 赢得宝贵的时间来开发用于恢复的资源和技术（例如，供应商开发、

- 信息保证协议或建立信誉度等所需的提前时间）。
- 使系统、产品和过程、关系的设计与开发更加严谨，以期建立弹性（从打击中存活的能力）。
- 提高组织的风险意识。

灾难恢复计划的内容

3.4 灾难恢复计划的一些基本要素如表 13-2 所示。

表 13-2 灾难恢复计划的基本要素

角色和责任	明确谁应该为每次行动负责，包括涉及关键角色的代理人（由于关键人员可能会受到灾难的影响）
关键人员的事故检查表	易于在紧急情况下执行的行动检查表
第一个阶段	对于事件之后至关重要的第一个小时，应该有清晰的、直接的指导文件，视为一个紧急响应计划
跟进阶段	应该有一个可以等到第一个小时之后所采取措施的单独检查表，这保证了重点紧急响应和清晰的优先顺序
文件检查	协商多长时间一次、何时、如何对计划进行检查，以确保它是最新的。对计划进行更新，以反映组织和风险的变化

3.5 根据一般性危机或灾难的生命周期，总结一个行动模板，如表 13-3 所示。

表 13-3 灾难恢复生命周期

1. 开始灾难日志	开始记录灾难事件开始的时间、决策（及谁作出的）与采取的措施
2. 应急服务	如果涉及应急服务，应该通过一位任命的联络官来进行联络。可能需要与公共权力部门进行协调，获取恢复资源和服务，在更广泛的恢复努力范围内工作（在有关的方面），并且保证遵守有关的法律、法规以及应急指导原则
3. 损害记录	开展损害评估并归档： • 对员工、访问者或公众人员的伤害 • 对财产的损害和存货损失 • 对建筑物、设施、设备和交通工具的损害 • 评估业务中断的程度

（续）

4. 组建恢复团队	在灾难恢复计划中应该清晰地规定应急响应和业务恢复团队（附上联络电话号码），包括替代人选	
5. 对员工进行照顾、支持和通报	当务之急是： • 将人员转移到安全的地方，确保所有员工都包括在内 • 对于受伤的人员，获取现场或厂区外的医疗救助并通知家属 • 对受到影响的员工提供适当的福利（如创伤心理辅导、搬迁援助） • 向所有经理和员工介绍灾难状态，以及是否/何时/到哪儿汇报工作（例如，通过文本信息或在线帮助），并保持所有简报的记录	
6. 通知利益相关者	通知客户、供应商和承包商；保持所有沟通的记录	
7. 公众和媒体关系	应当有危机沟通计划，在危机期间通知媒体和公众。作为第一个应急响应，在获得信息之前，可能需要一个事先准备好的"等待进一步消息"的声明；优先级不久将转向清晰、透明、负责的沟通	
8. 情况汇报与学习	在意外事故结束后，尽可能快地为利益相关者安排全面的情况汇报与审查。发布正面的反馈和危机处理中的教训。对危机起因有关的纠正或预防措施，分配责任、行动和时间表	
9. 检查灾难恢复计划	应该根据当前的灾难（是否正确地对风险进行了识别与评估）和处理它的方式（灾难恢复计划是否足以应对该任务），对灾难恢复计划（广义的业务持续性计划）进行检查和调整	

3.6 我们将简要讨论灾难恢复计划如何在有些特定灾难或危机情况下发挥作用。

计算机系统故障

3.7 计算机系统故障的灾难恢复计划可能包括如下一些要素。

- 设计并测试系统，将风险降至最低，实现最大的弹性。
- 使用电话串（一个呼叫清单，其中每一个收到通知的成员都负责呼叫他人）尽可能迅速地通知所有相关人员，告诉他们需要启动应急恢复措施。
- 凭借应急维修或更换（例如，根据预先规定的供应合同，启动高优先级的通知送货），或者动用后备灾难恢复服务（例如，复制系统和数据的远程 IT 服务），将设备恢复到工作状态。
- 从（预先计划的）厂区外仓库取回备份设备，或者从虚拟存储服务器访问备份数据。
- 重新安装软件和数据。
- 重新录入从上次备份以来到现在为止这段时间内的数据。
- 如果可能存在数据缺口或系统差错，适当的时候通知业务联系人和其他利益相关者。

供应商破产

3.8 供应商破产的灾难恢复计划（作为供应连续性计划的组成部分）可能包括如下一些要素。
- 提前对合同终止和过渡（退出战略）作出计划。
- 进行合同、绩效和关系管理，将供应商财务或运营问题引发的风险降至最低（和/或给出早期警报）。
- 供应链图析和环境（STEEPLE）监测，以便对供应脆弱性发出早期预警。
- 预先识别后备供应源并进行资格预审。
- 预先谈判好框架合同，考虑到应急（"热启动"）通知送货安排。
- 与低层级的供应商建立直接联系（以防第一层级供应商破产）。
- 预审批过的采购卡或现金支付设施，以便能付款给应急供应商（信用期也作了安排）。
- 在收到供应商破产或供应中断的通知后，利用电话、内部网或电子邮件通知所有相关人员，启动应急响应计划。
- 启动供应商转化安排和终止条款：使移交平稳进行，保护知识产权和机密数据，共担转化成本，合同涉及资产的所有权等。

- 酌情通知业务联络人和其他利益相关者。

火灾/洪水紧急情况和对建筑物的损害

3.9 针对火灾、洪水、地震、恐怖主义威胁、爆炸或其他意外事故的灾难恢复计划可能包括如下内容。

- 应急和疏散程序，设备警报和实操训练。
- 训练有素的应急官员（如消防管理员）来协调应急程序。
- 预先计划好对员工的福利规定：医疗治疗、危机心理辅导、简要指示。
- 使用远程访问 ICT 系统（笔记本电脑、移动电话、短信息）来协调活动。
- 积极使用厂区外数据备份和存储设施和/或 IT 服务。
- 备选住宿的准备和工作场所安排。
- 签订好适当的合同，以便能够利用随叫随到的后备服务来弥补业务中断（如 IT 服务部门、呼叫中心）。
- 启动快速应急采购，或者加速当前订单（如果存货受到损害）。
- 通知保险供应商。
- 酌情通知业务联络人和其他利益相关者。
- 执行公司沟通的危机管理计划。

本 章 小 结

- 应急计划试图通过制订备选计划以防情况变得糟糕，从而减轻风险事件的影响。
- 业务持续性计划的目的是识别对组织关键活动或成功因素的潜在威胁，确保能够在风险事件中以维持业务职能和流程的方式减轻或者应对这些威胁。
- 业务持续性计划的关键内容包括继任计划、知识管理、系统转变计划和供应商过渡计划。
- 灾难恢复计划是业务持续性计划的一个方面，它强调针对灾难性故障或毁坏的影响作出计划。例子包括自然灾害（例如火灾或洪水）、计算机系统故障和供应商破产。

 **自测题**
括号内数字为参考答案所在段落。

1．为什么说编制应急计划很重要？（1.5）
2．列出制订应急计划的各个过程。（图13-1）
3．定义业务持续性计划。（2.2）
4．业务持续性计划的"七个P"是什么？（2.11）
5．系统的知识管理方法包含哪些流程？（2.21）
6．请阐述分阶段实施新系统的一些方法。（2.22）
7．列举灾难恢复计划的好处。（3.3）
8．应对供应商失败的灾难恢复计划，其可能组成要素有哪些？（3.8）

中英合作采购与供应管理职业资格证书考试（高级）
供应链风险管理（课程代码：12374）
样卷

本试卷共 100 分。考试时间为 180 分钟。

戈利亚采石设备公司

背景介绍

20 世纪 60 年代末，戈利亚采石设备公司（以下简称"GQP 公司"）在英国成立，主要供应耐用、马力强劲的采石设备，这种设备每天能粉碎和筛选 5 000 公吨的矿石。

随着市场的扩展，GQP 公司成为全球领先的供应商。公司在英国的生产厂从 1 个扩展到 4 个。公司的主要工作重点转为新产品研发和确保与其品牌相符的产品质量和性能。

在过去的十年里，新的低成本竞争对手进入了采石设备产品市场，试图抢占 GQP 公司的市场份额。GQP 公司如果想继续维持领先的市场份额，必须要关注成本。公司主管认为必须继续维持品牌形象，成本要更低但质量保持不变。公司开始向低成本国家进行采购，但又产生了以下几个方面新的担忧：

- 产品质量较差。
- 所有权的转移。
- 供货协议达成后初始价格的上升。
- 订单不能准时运送，需要签订额外运输协议。

- 低成本国家的供应商会再次转包,但 GQP 公司对此毫不知情,这可能导致产品质量不合格。

供应源

西蒙·约翰是 GQP 公司的一名供应链经理,专门负责他所在厂区的生产采购。公司的制造供应商主要是本地的。西蒙意识到如果想要降低成本,需要进一步拓展供应源,引入竞争,考虑从低成本国家采购。西蒙需要检查制造过程,找出适合从低成本国家采购的产品线。西蒙觉得从低成本国家采购最好是在六个月后计划新产品引入之时开始实施。以下是西蒙拟订的采购计划:

表 1

任务	内容	预计完成所需时间(周)	前置任务
A	确定适合全球采购的产品线	2	
B	整理图样、资料,完成规格书	1	A
C	确定中期或长期所需数量	2	A
D	分析本地和国际供应商市场	3	A
E	比较并选择国际采购方案	3	D
F	发出招投标询价	2	B,C,F
G	拜访潜在供应商	2	F
H	接受投标	4	F
I	选择供应商	1	G,H
J	样件制造	6	I
K	空运待批准样件	1	J
L	审批样件	1	K
M	若审批,签订最终协议和合同	2	L

从低成本国家采购

GQP 公司制定了 6 个月的时间表来开发新产品,并且要求确保在截止日期前无任何闪失。

公司本地制造供应商的收入很大程度依赖于 GQP 公司,GQP 公司的业务占到本地供应市场的 80%。西蒙认为本地供应商在定价上可能互相串通。现在是时候改变了，并且西蒙认为从低成本国家采购可以削弱本地供应商在合作过程中的自满情绪。西蒙必须确保由本地采购到从低成本国家采购的过渡万无一失。

（本案例纯属虚构，仅作考试用途。如有雷同，纯属巧合。）

请结合案例信息，回答第一至四题。

一、本题包括第 1 小题，共计 25 分。

1．针对 A 到 E 的每个任务，阐述如何降低国际化采购和选择全球化供应商中的风险。（25 分）

二、本题包括第 2~4 小题，共计 25 分。

2．根据表 1 中信息，列出项目的关键路径，并计算采购项目的预计完成时间。（10 分）

3．为了减少项目总体完成时间，计算任务 H 的最大压缩时间。（表 1 中其他任务的完成时间不变，要求给出具体的计算过程）。（8 分）

4．若在任务 H 上实现了最大时间压缩，并且 GQP 公司总经理建议将任务 D 的所需时间减少 2 周，计算修改后的整体项目完工时间，以及如果项目要求在 9 月 1 日之前完成，估算项目启动时间。（7 分）

三、本题包括第 5 小题，共计 25 分。

5．为降低从低成本国家采购的各种风险，论述 GQP 公司应使用的合同条款。（25 分）

四、本题包括第 6、7 小题，共计 25 分。

6．为应对潜在风险，描述 GQP 公司需在风险登记表中包含的未来业务的主要风险。（13 分）

7．论述西蒙要成功引入低成本国家的供应商应采取怎样的供应商过渡计划。（12 分）

中英合作采购与供应管理职业资格证书考试（高级）
供应链风险管理样卷（课程代码：12374）
参考答案

一、本题包括第 1 小题，共计 25 分。

1. 答案可能包括：

国际采购和全球范围内关键供应商的选择对组织而言是一项复杂的任务，需要认真计划和处理好。考生答案应包含下列任务中的基本要点：

- 任务 A。

  识别和区分适合全球采购的产品线。将产品线按自然类别分组。

    - 产品线细分分析。

    - 利害性分析。

    - 选择战略团队与利益相关者。

    - 业务案例开发。

- 任务 B。

  收集所有图表、资料，完成规格说明。

    - 合规性要求。

    - 技术方案选择/加快过程。

- 任务 C。

  确定中期/长期所需数量。

    - 需求管理问题/评论。

    - 学习曲线分析。

- 任务 D。

  分析本地和国际供应商市场。
  - 供应市场分析/供应商分析。

- 任务 E。

  比较并选择国际采购方案。
  - 杠杆与组合分析/战略采购规划与选择。
  - 研究市场测试方案/选择参与市场测试的供应商。
  - 采购战略商业案例。

二、本题包括第 2~4 小题，共计 25 分。

2. 答案可能包括：

- 根据网络图所示，关键路径为：A，D，E，F，H，I，J，K，L 和 M。
- 关键路线上工作任务的累计时间是 25 周（2 周＋3 周＋3 周＋2 周＋4 周＋1 周＋6 周＋1 周＋1 周＋2 周）。

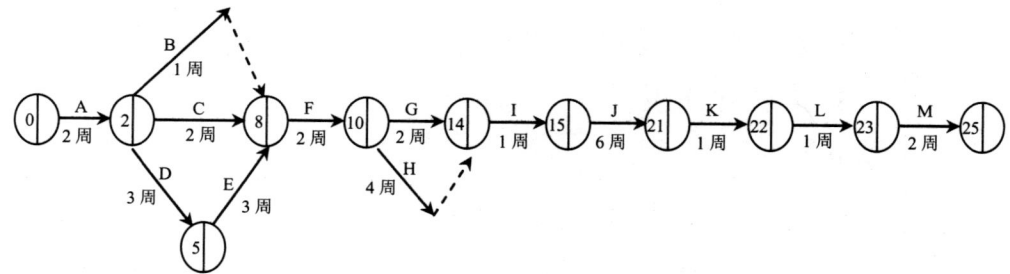

图 1　网络图

3. 答案可能包括：

- 如果任务 H 的完成时间减少到一定程度，其将不再在关键路径上，这时关键路径将为：A，D，E，F，G，I，J，K，L，M（23 周）。换句话说，如果其他任务的工作时间不再调整的话，23 周将是项目的最短完成时间。

- 即使任务 H 能减少到 1 周，项目完成时间也需要 23 周。任务 H 的最大有效节省时间是 2 周。

4. 答案可能包括：

- 如果任务 H 减少 2 周，同时任务 D 也减少 2 周，整个项目的完成时间将会是 21 周。
- 21 周约等于 5 个月，所以为了在 9 月 1 日前完成项目，项目应在 3 月中下旬开始（考虑 9 月 1 日前，计算出 21 周的考生都将给分，如 4 月 1 日及其他时间）。

三、本题包括第 5 小题，共计 25 分。

5. 答案可能包括：

合同条款应包含各方对合同权利和义务理解方面的声明。各方应明确报盘（或还盘）的内容，一旦另一方接受，即具有约束力。合同条款以明文规定的形式（这些是应被单方或双方特别写入合同中的）或以隐含条款形式（这些被自动作为合同条款的一部分，根据相关法规、习惯和商业规则）。在合同风险管理中很多最为重要的条款是明文规定的。

- 针对"产品质量较差"的风险：

  可采用以下检查和测试条款来保证：

  "在检查和（或）测试这批产品前，买方在法律上没有接收送达的产品（这里隐含了产品、所有权和风险的转移）的义务，直至产品符合说明并满足既定目标。"

  "允许买方有一定时间来检查和测试即将收货的产品。"

  检查权利的条款，允许外部分包商检查供应商的办公场所、过程或绩效，以便监督和合同履行。

对达不到特定绩效的，实施惩罚，如违约赔偿金，对绩效或改进实施激励措施，如奖金。

法律中有关于"质量满意和适合用途"的法令条款，买方可以得到法律更有利的保护，但在签订合同前，买方仍然有检查和选择的责任。

- 针对"所有权的转移"的风险：

GQP 公司希望规定，在货物送达时，经检查、测试和其他程序，并履行正式接收手续后，所有权才转移。

GQP 公司在检查和付款时要确保获得货物所有权，但可要求供应商保留部分或全部货物，以便减少自身库存。

如果双方没有涉及库存问题，当财产转移时可按照英国 1979 年《货物销售法》第 18 款的有关规则执行。

- 针对"供货协议达成后初始价格的上升"的风险：

GQP 公司可引入在合同期限内固定价格的条款，最根本的目的在于，要将与成本有关的风险转移给低成本国家的供应商。

合同价格调整条款，对如何确定新价格以及价格变化时如何达成一致作出详细描述，最根本的目的在于，要与供应商共担有关成本的风险，但同时降低了部分风险，如根据成本上升来调整价格，而不是接受带有通胀因素的预付价格。

调节纠纷条款，规定价格争议的解决方法。

- 针对"订单不能准时运送，需要签订额外运输协议"的风险：

"时间是合同中重要的内容"，因此，GQP 公司应在合同中明确交货日期。如果实际交货有延迟，受损一方可将其视作违反协议并拒绝支付（以及拒绝接受延迟交货）。这类时间条款一般被作为货物本质描述的一部分，并且受有关描述销售的隐含条款保护（《1979 年货物销售法》第 13 款）。

- 针对"低成本国家供应商会再次转包，但 GQP 公司对此毫不知情，这可能导致产品质量不合格"的风险：

  GQP 公司十分关注供应商的产品质量。公司并不希望供应商将合同转包给第三方——至少在没有预先允许和批准分包商之前。供应商对第三方的任何失误负有责任，但 GQP 公司不能接受由此产生的风险。

  转包和转让条款应明确，没有事先书面同意是不允许转包和转让的。一个典型的条款如下：

  "在没有得到买方书面同意时，供应商不能分包或转让合同整体或任意的部分，或分包合同中规定的任何产品的生产或供应。"

四、本题包括第 6、7 小题，共计 25 分。

6. 答案可能包括：

- 首先，考生应分析 GQP 公司的劣势和威胁：

  所有劣势和威胁分析应明确指出 GQP 公司面临的危险/中断/风险。每一风险应明确监控风险和更新风险表的责任人。定期报告风险表的内容是十分重要的，是监控、审查和升级的依据。

- 风险表中的风险应该包括：

  - 任何供应风险可能导致新产品生产延迟。
  - 目前 GQP 公司产品供应成本较高。
  - 本地制造供应商依赖于 GQP 公司，它是供应商的主要收入来源。
  - 本地供应商在定价上可能有串通。
  - 必须保证产品质量和可靠性，但监控海外供应更加困难。
  - 额外运费成本。
  - 低成本国家供应商转包的可能。
  - 公司海外采购潜在的现金流问题。

- 竞争者增加。
- 西蒙制订的采购计划某些时间比较紧。
- 其他潜在风险。

7. 答案可能包括：

对 GQP 公司来说，低成本国家供应商的引入意味着现有制造供应商来源有重要改变。合理规划和采用新供应商是重要的。

西蒙需要确保的合理规划包括下列方面：

- 谈判，准备产品规格、服务水平协议和供应合同。双方要明确理解各自的预期，以及如何处理双方之间的关系。（沟通，质量与绩效管理，争议解决等。）

- 合同应包含商定的过渡计划，明确双方的风险和责任，包括解决没预见到的问题。验收测试（试用期）条款也应包括在内。

- 实施向低成本国家供应商采购，利益相关者的系统与基础设施的准备情况。计划、控制、系统和资料要到位，以处理物流、库存、质量和合同中的其他操作事项。员工需要处理新的关系和明白其中的责任。顾客需要被告知质量和送货的有关信息。

- 在接受和全面实施前，应有试用期或试点项目允许买方或供应商去检验双方的诚意，发现问题和解决问题。分期实施可能是另一种选择。GQP 公司可以同时采用本地化采购和向低成本国家供应商采购，直到公司确信低成本国家供应商能满足他们的要求。

- 合同管理与评估，需要确保：和新供应商建立合作性工作关系；产品规格上的不足要跟进；系统地记录和管理合同条款变更情况；持续改进供应商绩效。

- 可以采用激励措施，以潜在的业务作为奖励，激励供应商在公司规定的时间范围内提供需要的服务。